本书得到中国传媒大学亚洲传媒研究中心资助

融媒体·新视听研究丛书

新兴媒体时代

广播发展研究

隋欣◎著

中国传媒大学出版社
·北京·

图书在版编目(CIP)数据

新兴媒体时代广播发展研究 / 隋欣著. —北京：中国传媒大学出版社，2017.6
(融媒体·新视听研究丛书)
ISBN 978-7-5657-2040-6

Ⅰ.①新… Ⅱ.①隋… Ⅲ.①广播事业—发展—研究—中国 Ⅳ.①G229.2

中国版本图书馆 CIP 数据核字(2017)第 119097 号

新兴媒体时代广播发展研究

XINXING MEITI SHIDAI GUANGBO FAZHAN YANJIU

著　　者	隋　欣
策划编辑	王雁来
责任编辑	王　硕
特约编辑	陈　默
封扉设计	王淑君
责任印制	曹　辉
出版发行	中国传媒大学出版社
社　　址	北京市朝阳区定福庄东街 1 号　　邮编：100024
电　　话	010-65450532 或 65450528　　传真：010-65779405
网　　址	http://www.cucp.com.cn
经　　销	全国新华书店
印　　刷	北京玺诚印务有限公司
开　　本	710mm×1000mm　1/16
印　　张	15
字　　数	209 千字
版　　次	2017 年 11 月第 1 版　2017 年 11 月第 1 次印刷
书　　号	ISBN 978-7-5657-2040-6/G·2040　　**定　价**　65.00 元

目 录 Contents

前　言

数字技术与网络引发了一场信息储存与传播方式的革命。得益于互联网、手提电脑和移动电话的出现，数字媒体时代的人指尖一点就能获得不计其数的信息。网民数量日益增长，他们会把喜欢的音视频节目下载到电脑、iPad和手机里。传统媒体发现自己处于变幻莫测的环境中，不得不思考如何应对这种巨大变化。命运多舛的中国广播，虽然在21世纪进入持续发展期，却被强势崛起的新兴媒体打乱了发展逻辑，并站在了全球媒体竞争的舞台之上。这是危机还是转机？

电视没有让广播消失，但让广播媒介的使用方法发生了巨大变化。同样，互联网也不会让广播消失，但是会改变我们使用广播的方法。广播业已清醒地认识到新兴媒体崛起与信息全球化为全行业带来的生存压力与变革动力。中央人民广播电台提出：在“变”与“不变”中创新发展。2000年，中央人民广播电台开办中国广播网，并于2005年开播“国家网络电台”银河电台，明确提出实施“台网一体、全台办网”战略。到2008年底，全国已经有80%的电台建立了自己的网站，上千套无线广播节目实现了网络流媒体播出。至2013年，全国已有几十家广播电台推出了自己的手机广播应用程序。

2014年8月18日，中央全面深化改革领导小组第四次会议通过《关于推动传统媒体和新兴媒体融合发展的指导意见》，文件要求在媒体格局发生深刻变化，提升主流媒体的传播力、公信力、影响力和舆论引导能力的任务日益凸显的今天，需要加快媒体融合的步伐。这种融合既要尊重新闻传播规律，也要掌握新兴媒体的发展规律；在互联网思维下，必须坚持一体化发展，坚持用先进的技术做支撑。广播行业借助新的媒体技术，不同程度上实现了广播传播渠道的数字化与网络化、接收终端的多样化等变革。从中也可以看到，广播业的发展不同程度上存在着重“硬件”轻“软件”、重“技术”轻“服务”等问题。中央至地方所有电台几乎都引进与应用了新技术，而在广播的内容提供、公共服务与价值理念等层面仍然受到现行广播机制、体制、人员配置等多种因素的制约，广播节目内容难以满足受众日益多元化、个性化、互动化的信息需求。

有学者提出：“数字化将重新塑造广播，并使之成为焕然一新的媒体。”在新兴媒体、移动互联网迅速发展的时代，广播有何变化，又如何实现重塑，转变为“焕然一新”的媒体，这是业界的困惑，也是学界关注的焦点。新媒介技术为我们展现了一幅声音传播的未来图景：广播成为数字化的、高度自由的、交互的音频信息平台，成为音频内容的生产者、提供者和运营者，传播范围更广、传播时效更快。我国广播业距离实现这一美好图景还有很长的路，广播业的重塑需要在现行体制与媒介生态竞争中艰难前行。习近平总书记提出了融合路径：“优势互补、一体发展，坚持先进技术为支撑、内容建设为根本，推动传统媒体和新兴媒体在内容、渠道、平台、经营、管理等方面的深度融合”。“一体发展”不是在原来传统媒体基础上的叠加，也不是传统媒体业务与新兴媒体业务的并行，而是要实现各种媒介资源、生产要素的有效整合，实现信息内容、技术应用、平台终端、人才资源的共享融通，形成一体化的组织结构和传播体系。如何突破技术层面的简单嫁接，实现内容生产与社会服务的良性“化学反应”，这是中国广播业当前以及今后相当长的一段时间内需要完成的功课。

本书将新媒介环境中的广播媒介作为研究对象，从媒介受众、传播流程、内容和功能等方面，考察广播媒介在新兴媒体时代“变”与“不变”之间的演变路径。本书提供了全球视野下的广播发展经验，以期为研究者提供借鉴与思考。在新兴媒体时代重塑广播，需要广播媒介特性与媒介功能的“回归”，并借力新传播技术实现传播方式和内容的拓展。本书共分为五章：

第一章论述了新兴媒体时代媒介格局与广播媒介理念的变革。新兴媒体的快速崛起为传统媒体带来了挑战及重塑的机会。传统媒体需借助新兴媒体技术，实现对自身“相对优势领域”的重塑。新兴媒体与传统媒体的关系不是“取代”与“被取代”，而是“互动”与“共生”。“非视觉传播”是广播媒介不变的核心资源，使广播成为一种能够呈现现场、表达思想、触发想象的媒介，一种能够参与听众生活建构、建立关系与情感的伴侣式媒介。广播之所以能在“电视时代”以及新兴媒体时代存活并持续发展，正是因为“非视觉传播”满足了人们“只听不看”的需求。新兴媒体时代对广播的重塑，是在新技术支持下实现广播核心资源——听觉信息传播优势开发的最大化及“适度视觉化”传播。引入“可视化”元素对传统广播听觉传播的工具性具有辅助作用，但应防止重塑广播过程中的“过度可视化”。

第二章考察了新兴媒体时代广播听众定位变化的新趋势。新兴媒体时代的受众呈现出主动性、碎片化、多媒体复合使用等特征。受电视冲击的广播业选择了听众细分，频率专业化、类型化的发展方向。当前，移动收听的听众数量已经超过固定收听的听众数量，不同兴趣、不同特征的“收听族群”正在形成，广播受众定位从分众转为“新的聚众”。聚众是在受众不断“分化”中，具有共同价值选择的个体实现的新的“聚合”。面对受众的个性化、多样化选择，广播须通过更为准确、科学的方法进行受众调查分析，提供更具针对性、有效性、必听性的广播内容，从终端至内容增强对听众生活的嵌入程度。

第三章论述新技术对广播传播流程的重塑。数字化、网络化技术使受众参与传播流程的各个环节成为可能。广播的传输技术从模拟至数字；网络广播、手机广播等多样化的接收终端为听众提供了多元选择。广播的数字化、网络化传播面临着从“技术摆设”至“方便应用”的跨越与挑战。新技术使原有的听觉传播功能得到提升，也拓展了广播媒介的人性化传播内涵。

第四章论述新兴媒体时代的广播内容呈现。相比于新技术为广播传播方式带来的革命性变化，广播媒介内容生产因受到多方面因素的制约，变革相对滞后。新兴媒体时代的广播实现跨地域传播，听觉信息内容由单一的“时间版面”变为“时间生存”与“空间生存”。Web2.0 背景下的广播节目生产，实现了从一次至 N 次传播、受众从被动选择至主动参与内容制作的转变。品牌化的音频产品不仅成为重塑广播多渠道、多终端传播的核心资源，亦显示了广播节目市场的潜力与前景。

第五章论述当前国情背景下广播媒介功能开发的新空间。应急广播是重大突发事件中的“生命线”媒介，是“危机预警”与“危机执政”的有效平台。社区广播是为民服务的超本地媒介。新媒介技术与制度安排拓展了“信息贫困”人群接触广播的渠道，丰富了他们的终端选择。加强对农民、老年人、残疾人等“信息贫困”人群的有效服务，实现信息资源的公平配置与公平服务是重塑广播的社会责任所在。

传媒科技的发展为重塑广播开辟了新的视野，传统广播走向数字化、网络化、移动化音频传播的新空间。新兴媒体时代重塑广播呼唤广播队伍素质优化以及广播机制与体制的深层变革。

第一章 广播生存观

从全球范围看,信息化已经成为时代发展的主流。新兴媒体在迅速发展的同时,越来越多地影响着当今人们的生活,引发媒介生态的变革。传统媒体与新兴媒体虽然进行着激烈竞争,但也在努力谋求合作。在这一传媒生态下,基于数字技术、网络技术的新兴媒体带来了传播语境的改变、传统话语权的解构和媒介内容生产方式的转变,使传统媒介正在发生并且会持续发生巨变,因为"大众传媒将被重新定义为发送和接收个人化信息和娱乐的系统"。[①] 本章将就新兴媒体带来的媒介变局和广播媒介的生存历史与现状展开论述,探讨新的媒介生态环境中的广播生存观。

第一节 媒介竞争与格局重塑

在科技零零碎碎或全面地发展并扩展了三千年之后,西方世界开始内爆。在全面性进展的时代里,我们的足迹踏上太空。时至今日,电子科技已经发展了一个多世纪,我们把全部的精力都放在人类的中枢神经系统,至于我们的地球,时空都被破坏殆尽。过不了多久,当认知的创造性过程拓展到整个人类社会时,我们即将逼近人类拓展的最后阶段——模拟意识,我们将利用

① 尼葛洛庞帝.数字化生存[M].胡泳,范海燕,译.海口:海南出版社,1997:15.

各式各样的媒体拓展我们的感官和神经。[1]

麦克卢汉:《理解媒介——论人的延伸》

一、技术进步带来新兴媒体崛起

(一)新兴媒体之"新"

新媒体(New Media)一词出现于20世纪60年代的美国,美国哥伦比亚广播电视网技术研究所所长P.戈尔德马克在一份商品开发计划书中使用了新媒体一词。之后,新媒体一词开始在美国流行并扩展至全世界。新媒体作为一种新兴的媒体形式,在社会发展与民众生活中扮演着越来越重要的角色。近年来,"新媒体"成为人们在观察和论及媒介领域时提及率最高的热门词语,其影响力如日中天,媒体市场上新的媒介形式层出不穷。什么是"新媒体"?对此概念,国内外专家众说纷纭。现在大家眼里的旧媒体,如广播、电视,诞生之初也是新媒体,印刷媒体相对于岩画、竹简也是新媒体,所谓的新媒体有朝一日也会成为旧媒体,所以新和旧只是一个相对的概念,是与同处某一时间段的原有媒体比较而言的。如麦克卢汉所说,我们对新媒体的理解在很大程度上源自观看"后视镜",新媒体的内容来自于它之前的媒体。[2] 新媒体是对旧媒体的优化与革新,如因特网集报纸、广播、电视等媒体的表现符号于一身,囊括了文字、图像、声音、影响、数据,并将它们作为其内容的表现元素。

一种说法认为,新媒体有广义和狭义之分。广义的新媒体包括新型媒体(经数字化改造和更新后的传统媒体,如数字广播、数字电视等)和新兴媒体。狭义的新媒体仅指新兴媒体,即与传统媒体对应的创新性媒体,其在传播理念、传播技术、传播方式和消费方式等方面均发生了质的飞跃,必须是在形态上前所未有的媒介或媒体,又必须是一种在理念上和应

---

① 麦克卢汉.理解媒介——论人的延伸[M].何道宽,译.北京:商务印书馆,2003:序言.

② 琼斯.新媒体百科全书[M].熊澄宇,译.北京:清华大学出版社,2007:序言.

用上新颖的媒介或媒体。[1] 匡文波认为，新媒体其实是一个通俗的说法，严谨的表述是"数字化互动式新媒体"。从技术上看，新媒体是数字化的；从传播特征看，新媒体具有高度的互动性。据此对新媒体下一个定义：新媒体是借助计算机（或具有计算机本质特征的数字设备）传播信息的载体。[2] 2014 年 8 月中央全面深化改革领导小组第四次会议审议通过的《关于推动传统媒体和新兴媒体融合发展的指导意见》中，将与传统媒体对应的媒体形态称为新兴媒体。

新兴媒体的繁荣发展表现在多个方面：近年来，我国新闻网站传播实力不断增强，成为网络传播领域绝对的主流媒体；网络论坛社区稳步发展并持续引导网络舆论，博客趋于理性成熟，微博日渐成为潮流，社交网站成为网络发展的绝对热点；即时通信成为颠覆社会交往方式的"潜传播"平台，IPTV 与数字电视快速发展，三网融合背景下手机报和手机电视备受关注，数字报纸和电子书市场潜力巨大。

从全球范围来看，新兴媒体传播的影响力与日俱增，人类已经从口语传播时代、文字传播时代、印刷传播时代、电子传播时代进入到全新的媒介传播时代，以互联网为代表的新兴媒体传播"为人类信息传播提供了一个崭新天地"。[3] 新兴媒体时代已成为学界与业界的广泛共识，也构成了传统媒体生存与发展的现实语境。

（二）新兴媒体的本质特征：数字化与互动化

数字化技术是指由 0、1 组成的二进制代码，按照一定的规则对信息进行编码，继而进行传递的技术。以二进制为基础的计算机语言设计，使得复杂的信息都可以用 0 和 1 进行标示，便于计算机的识别和操作。随

① 陆地，尹坤.2006 年中国新媒体发展报告[M]//崔保国.2007 年中国传媒产业发展报告.北京：清华大学出版社，2007：331.

② 匡文波.新媒体舆论：模型、实证、热点及展望[M].北京：中国人民大学出版社，2014：8.

③ 张允.关于网络传播的一些理论思考[J].国际新闻界，2002(1)：60-64.

着计算机在全球范围内的普及,以二进制为基础的数字化技术已经深刻影响到了人类生活的方方面面。数字化技术现在已经是计算机、多媒体、软件等多种智能技术的基础,可以说整个信息社会就是建立在二进制的基础上的。

1995年,美国麻省理工学院(MIT)教授兼媒体实验室主任尼古拉·尼葛洛庞帝推出了新作《数字化生存》。他认为,如果说物质时代世界的基本粒子是“原子”的话,那么构成信息时代新世界的基本粒子就是“比特”。“比特,作为信息的DNA正迅速取代原子而成为人类社会的基本要素”“信息高速公路的含义就是以光速在全球传输没有重量的比特”。尽管尼葛洛庞帝将“比特”褒扬得近乎无所不能的观点受到一些人的批评,但几乎所有的人都无法回避眼前的事实:数字化时代已经来临。数字化技术作为一种信息现代化技术形式,突出了信息社会、网络社会的数字形式对整个社会政治、经济、文化的全方位影响。

对现在所处的数字时代而言,新兴媒体是以数字技术为核心的传播媒介。数字化传媒是新兴媒体的显著特征,这个特征改变了以往大众传播的特点,更加适应受众需求的多样化和受众市场的细分化。以往媒体单向传播的特点,变成了双向互动,信息接收的主动权越来越多地向受众方向偏移。数字化传媒改变了以往受众收听收看广播电视必须依线性传播规律同步接收的特点,实现了主动选择、异步收听收看,即受众可在任意时间进行收听收看,如有兴趣或有必要可以反复收听收看;数字化传媒改变了以往频率稀缺的困境,频率类型更为丰富,信息的传播流通更为自由,尤其是通过互联网的强大功能,形成了海量信息源;数字化传媒改变了以往众多媒体地域性传播的局限,使传播的范围扩大至全球,有力地推动了信息全球化,使任何人在任何地点都可以与其他人进行任何形态的沟通交流。当然,数字化传媒和新兴媒体在产生积极作用的同时,也会产生负面作用、导致新的问题,这些问题包括虚假信息及不良信息泛滥、公民的隐私权遭到侵犯、著作权保护面临困难等。如何在数字化时代建构健康的传播生态及传播规则，是迫在眉睫的新课题。

正是因为新兴媒体是在数字技术的土壤中孕育出来的，即它是以数字语言——比特对信息进行建构和传播的，所以新兴媒体中的所有文本、声音、影像、图片、数据等信息都可被简化为 0 和 1。新兴媒体充分显现了与生俱来的数字化本性，即开放、兼容、共享的本质。从传播学的角度来看，互动性是新兴媒体的根本性特征。传统媒体的传播方式通常是单向的，传播方与接收方之间无法随时随地进行双向沟通，而新兴媒体既可以单向传播，也可以双向甚至多向传播，互动性极强。

（三）“媒介融合”——理论“假说”[①]与现实趋势

“媒介融合”（Media Convergence）是近年来国内新闻传播学界与业界颇为关注的一个热点话题。媒介融合的概念最早产生于西方，20 世纪 70 年代中叶计算机和网络发展起来后，有一些专家用此词说明计算与通讯系统的聚合。1978 年，麻省理工大学的尼古拉·尼葛洛庞帝用一个图例演示了三个互相交叉的圆环趋于重叠的聚合过程，这三个圆环分别代表计算机工业、出版印刷业和广播电影工业。他提出的不同工业正在走向融合的远见得到了商界领袖的青睐，获得了数百万美元的赞助，并于 1985 年创办了媒体实验室。十多年后他出版的《数字化生存》一书在世界范围内产生了巨大影响。

美国学者伊契尔·索勒·普尔在 1983 年提出了“传播形态融合”（the Convergence of Modes），被国内外不少研究者认为是与媒介融合大体相同的概念。世纪之交，在美国在线和时代华纳宣布合并之际，“融合”

---

① 假设是指“以已有事实材料和科学理论为依据而对未知事实或规律所提出的一种推测性说明，即假定”。“提出假说必须从事实材料出发，根据已被证实的科学理论，进行逻辑的论证。假说提出后还须得到实践的证实，才能成为科学原理”。夏征农，陈至立.辞海：第 6 版缩印本[M].上海：上海辞书出版社，2009：874.

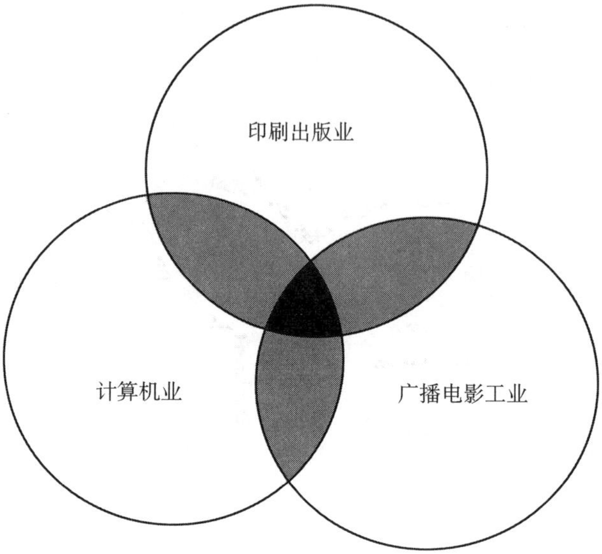

图 1-1　尼葛洛庞帝“三圆交叠”图示

(Convergence)一词已经成为电子信息传播中的常用语了。[①]

2003年,李奇·高登(Rich Gordon)根据不同传播语境下“融合(Convergence)”所表达的含义,将媒介融合所指称的对象分为六类:(1)媒介科技融合;(2)媒体所有权合并;(3)媒体战术性联合;(4)媒介组织结构性融合;(5)新闻采访技能融合;(6)新闻叙事形式融合。[②]李奇·高登的研究在一定程度上描绘了融合新闻在当时美国的真实状态,“融合”的对象已经从传播技术与形态拓展到了更广阔的范围。

2005年以后,媒介融合的概念被推介到国内,并受到相当程度的关注。国内学者在使用和阐释媒介融合这个概念时,指称对象是不同的。徐颖认为,媒介融合是分层次、分阶段进行的过程,第一层次是媒介互动,即媒体战术性融合;第二层次是媒介整合,即媒体组织结构融合;第三层

---

①② 宋昭勋.新闻传播学中Convergence一词溯源及内涵[J].现代传播,2006(1):51-53.

次是媒介大融合，即不同媒介形态集中到一个多媒体数字平台上。① 高钢将媒体融合定义为“现代信息技术推进的信息传播的技术手段、功能结构和形态模式的界限概念及能量交换”。② 西方关于“媒介融合”的研究涉及与媒介相关的方方面面，包括媒介的外部环境和内部机制，涉及媒介经营与新闻传播的各个角度。正因如此，“媒介融合”这个概念至今也没有一个得到公认的准确定义。从国内两位学者的论述中可以看出，他们为媒介融合的概念设定了不同的对象，包括传播介质融合、传播媒体融合、传播组织融合、传媒产业融合等。

由于概念对象的多样性，研究者难以在共同的、明确的语境中对“媒介融合”进行理论探讨。尽管在业界，各种媒介正在不同层面之间进行多种媒介融合的实践，但是“媒介融合”的理论③还没有成熟。正如美国密苏里大学新闻学院副院长布莱恩·布鲁克斯所说：“媒介融合是一个新闻学上的假设，……到今天为止这个概念仍然是一个假设。”④

在媒介融合的语境中，国内外研究者对未来的传媒发展态势做出了多种论断。国内的论断主要有四种：(1)绝对融合。认为媒介融合是媒介集团发展的一种定态和必然趋势。(2)绝对分化。认为分化是传媒发展至今的规律，也仍然是传媒未来的发展趋势。(3)先合后分。认为媒介融合带来的是载体先合后分的局面——先汇流在网络中，再分散到不同的终端。(4)竞合螺旋。认为媒体既不是绝对分化，也不是绝对融合，而是沿着“融合一分化”分阶段轮回地发展，螺旋上升。⑤ 这四种论断，尽管都

---

① 徐颖.互动 整合 融合——媒体融合的三个层次[J].国际新闻界，2006(7)：32-37.

② 高钢.媒体融合：追求信息传播理想境界的过程[J].国际新闻界，2007(3)：54-60.

③ 理论是“概念、原理的体系，是系统化了的理性知识，具有全面性、逻辑性和系统性的特征。……科学的理论是在社会实践基础上产生并经过社会实践检验和证明的理论，是客观事物的本质、规律性的正确反映”。夏征农，陈至立.辞海：第6版缩印本[M].上海：上海辞书出版社，2009：1121.

④ 高钢，陈绚.关于媒体融合的几点思索[J].国际新闻界，2006(9)：51-57.

⑤ 赵星耀.认知媒介融合的既有理念和实践[J].国际新闻界，2011(3)：65-69.

包含了某些合理思想，但还不能成为反映未来传媒发展的确切定论。假说不是科学真理，对媒介融合以及传媒未来发展的判断仍然需要理性认知与实践检验。对于传统媒介而言，当前的紧迫课题是如何借力新兴媒体寻找新的生长点，满足不断变化的受众期待。在此过程中须尽量避免从概念至概念、跟风盲从的负面影响，要理性、辩证、有效地探讨传统媒体在新媒介格局中的重塑。

虽然理论层面上的“媒介融合”仍待探讨，但是现实中的探索与尝试从未停止。上至国家政策，下至市场运作，都坚定地认可媒介大融合的趋势。2014 年 8 月 18 日，中央全面深化改革领导小组第四次会议审议通过了《关于推动传统媒体和新兴媒体融合发展的指导意见》，习近平总书记强调推动传统媒体和新兴媒体的融合发展，媒介融合成为媒体业的一种整体发展趋势。

(四)传统媒体与新兴媒体的融合与共生

虽然我们不能对传媒的未来下结论，却可以思考当下传统媒体与新兴媒体技术互动互融过程的发展定位。从纯技术的角度来讲，融报纸、广播、电视等各项传统媒介功能于一体的全新媒介终端已经出现。我们现在可以在互联网上读报、收听网络广播、观看网络电视、进行互动交流。技术的发展让我们只需要一部小巧的手机，就可以实现以上所有功能。但是，这样的全新媒介会不会是传统媒介的掘墓人呢？

对于这个问题，罗杰·菲德勒在《媒介形态变化——发现新媒介》一书中，引用 20 世纪 50 年代美国人对“万能运载器”的研究作出了形象的解答：“尽管媒介融合被鼓吹得天花乱坠，我们不应指望散布于人们家中的电视机、电话、广播、传真机、期刊和书籍会在突然之间被一种单一的互联网所取代。那种认为所有形式的传播媒介将融入一种巨大媒介的想法，几乎与一个流行于 20 世纪 50 年代的设想一样异想天开，当时人们以为所有的个人交通形式将被融入一种单一的‘万能运载器’。……尽管几部詹姆斯·邦德电影使用过这个概念，但是可以说，这种汽车/飞机/船交通工具从来没有被使用过。它不仅是一个看起来丑陋、矮胖的交通工具，还是一辆劣等车、一架劣等飞机和一艘劣等船。同样，一个想把各种形式的传播媒介混合起来的通用媒介，也不大可能把诸多功能都表现得特别好。”[①]根据菲德勒的观点，即使互联网的确可以融合电视、广播、电影等传统媒介，但是这样的互联网很可能会成为一台劣质的电视机、笨重的广播播放器、狭窄的电影屏的结合体。菲德勒的描述表明，一味地追求全能，实际上出现的可能不是集众家之长的万能媒介，而可能是集众家之短的“四不像”。每一种媒介都具备不同于其他媒介的独特优势，互联网并不是解决所有媒介传播问题的万能钥匙。

在生物学中，“共生”被定义为两个生物体为了共同利益的联合。在大众媒介的历史中，电视与电影展示了可以被称为共生的一种状态，录音和广播工业则展示了另一种共生关系。我们还可以看到更多存在于所有传播媒介中的共生协作的例子。尼葛洛庞帝的“三圆交叠”说中，人们往往强调三圆中的交叠部分——印刷、广电和计算机三种媒介行业的融合，却忽略了这个图形中的另一个部分，即三个圆圈中不相交叠的部分，这些不相交叠的部分代表了媒介自身独有的特征。新媒介科技为传统媒体带来了新的生存方式与发展逻辑，数字化技术使文字、图片、音频、视频等符号都能够以比特的形式呈现在网络平台上。崔保国认为，媒介融合并不意味着旧的媒介的消亡，媒介只是换了一种形态继续存在，可能有一天我们会分不清楚媒介的边界。[②]

在现阶段及一定时期之内，传统媒体不是与新兴媒体完全合为一体，而是借助新媒介技术，优化和放大自身原有的媒介优势，形成新的核心竞争力，与新兴媒体互相借力、互动互荣、共生发展。

---

① 菲德勒.媒介形态变化——认识新媒介[M].明安香，译.北京：华夏出版社，2000：169-170.

② 崔保国.2014年中国传媒业回望[J].新闻战线，2015(1)：2-6.

二、新兴媒体重塑传统媒体的发展逻辑

新兴媒体在一定程度上打破了媒介间的壁垒，消融了媒体介质之间、地域之间、传者与受者之间的界限，充分体现了即时快捷、参与互动、自由开放等更为人性化的优势。在新兴媒体发展如日中天的情况下，传统媒体的未来将走向何方？罗杰·菲德勒说："新媒介并不是自发、独立地产生的——它们从旧媒介的形态变化中逐渐产生。当比较新的传媒形式出现时，比较旧的形式通常不会死亡——它们会继续演进和适应。"①每当一种新的媒介形式出现后，它就会长年累月地、不同程度地影响其他一切现存媒介形式的发展。媒体之间并非取代或消亡，新兴媒体重塑传统媒体的发展逻辑是"继续演进和适应"。

（一）新兴媒体"核变"

电视、广播、报纸、杂志是传统的四大大众媒体，而互联网后来居上，成为新型的大众媒体。从1983年到2014年报纸、期刊、广播、电视、互联网广告的市场份额数据来看，互联网广告的市场份额不断扩大且上升趋势十分明显。1998年，互联网广告仅占媒体市场份额的0.06%，与四大传统媒体的广告份额相差甚远。随着互联网影响力的不断提升，互联网广告市场份额与日俱增。2005年，互联网广告在广告经营总额中的占比已扩大至2.21%，比期刊的广告市场份额高出0.45%（当年期刊广告的市场份额为1.76%）。到了2007年，互联网广告市场份额达6.09%，已经超过期刊和广播的广告市场份额。2010年之后，借由移动互联网的蓬勃发展之势，互联网广告市场份额继续保持逐年增长之势。2014年，互联网广告经营额占比为17.29%。虽然与同年电视广告经营额占比（22.81%）

① 菲德勒.媒介形态变化——认识新媒介[M].明安香，译.北京：华夏出版社，2000：19.

还有一定的差距，但是增势明显。①

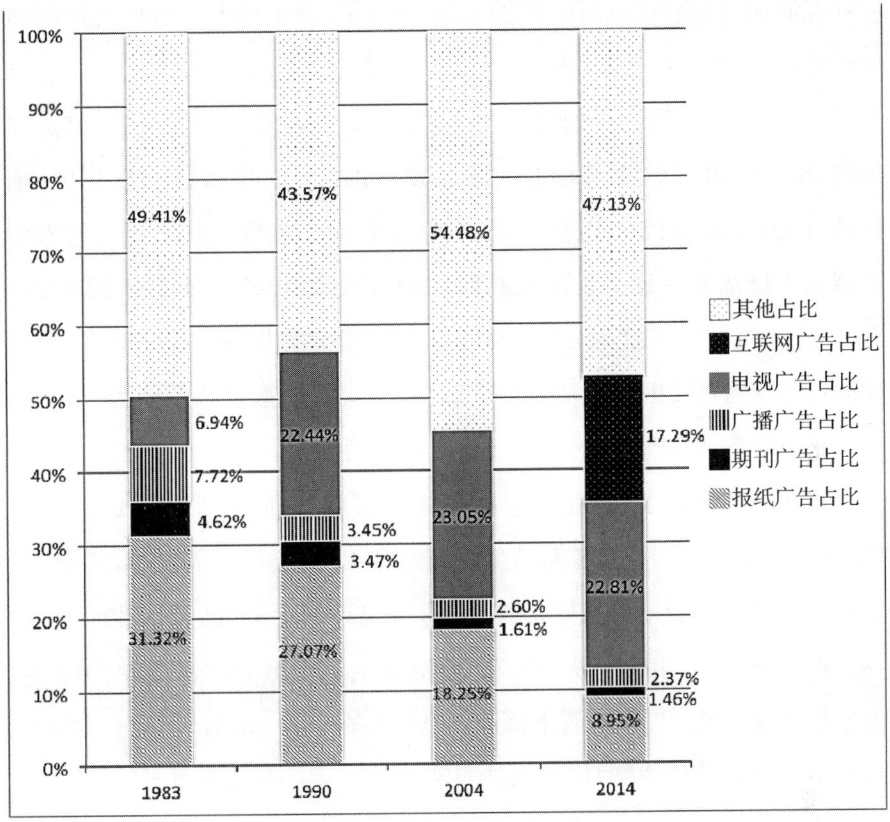

图 1－2　1983 年至 2014 年报纸、期刊、广播、电视、互联网广告的市场份额对比

广播问世 38 年之后拥有了 5 000 万受众，达到这一受众规模，报纸用了 50 年，电视用了近 13 年，而互联网只用了 4 年。2015 年 6 月底，中国网民数达到 6.68 亿，互联网普及率达 48.8%。手机网民规模达 5.94 亿，较传统互联网网民规模增幅更大。② 自由、互动、共享的互联网精神，使

① 数据及表格来源：文春英，隋欣，吴莹莹.当代中国大众传媒格局的演变(上篇)[J].传媒，2012(9)：75-77.

② 中国互联网络信息中心.第 32 次中国互联网络发展状况统计报告[R/OL].(2013-07-17)[2013-09-25].http://www.cnnic.cn/hlwfzyj/hlwxzbg/hlwtjbg/201307/t20130717_40664.htm.

知识的生产、资讯的传播乃至人类生活方式发生了核裂变式的巨大变化。移动互联网、社交网络媒体、智能 Apps、Web 3.0 正以不可阻挡之势撼动所有的行业、所有的人群，新的大众传媒格局已然宣告产生。

近年来，互联网的影响力日益提升，用户规模不断扩大。从世界范围来看，据联合国下属的国际电信联盟发布的《2013 年信息社会分析》统计，2013 年全球网民数量达 27 亿，移动互联网连接数达到 68 亿，与当前全球总人口基本一致。全球互联网平均普及率在 2013 年已达到 46%，全球高速宽带（网速超过 10Mbps 的宽带）普及率达到 13%。[①] 据 Netcraft 的调查数据显示，2013 年 11 月，全球网站数量达 7.85 亿个。[②]

1.美国受众调查：互联网是最不可或缺的媒体

阿比创的调查表明，在对不同媒体的需求方面，互联网已经超越电视，成为美国人生活中最不可或缺的媒体。12 岁及以上人群中，同意“互联网是生活中最为不可或缺的媒体”这一说法的比例，已经从 2002 年的 20%提升至 2010 年的 42%；认为“电视是生活中最为不可或缺的媒体”的比例则从 2002 年的 39%下降到 2010 年的 37%；认为“广播是生活中最为不可或缺的媒体”的比例虽然只有 14%，但对于受众而言，其重要性仍然高于报纸。电视和互联网在人们心中的重要程度发生了显著变化。与 2002 年相比，人们更同意让互联网取代电视。[③]

皮尤研究中心最新报告显示，2010 年美国在线广告营收首次超过印刷报纸广告营收。2010 年，报业广告营收为 228 亿美元，较四年前下降了 46%，而 2010 年在线广告营收比报业广告营收高出 30 亿美元。[④] 美

---

① AKAMAI.2013 年 Q1 全球平均网速首次超 3Mbps 宽带普及率达 46%[EB/OL].(2013-08-03)[2013-09-24].http://www.199it.com/archives/137564.html.

② Netcraft 官方网站，http://news. netcraft. com/archives/2013/11/01/november-2013-web-server-survey.html.

③ 王平.美国数字网络发展状况及其对广播媒体的影响[J].收听研究，2010(5).

④ 皮尤：2010 年美在线读者及广告营收首次超报业[EB/OL].(2011-03-14)[2012-01-15].http://www.techweb.com.cn.

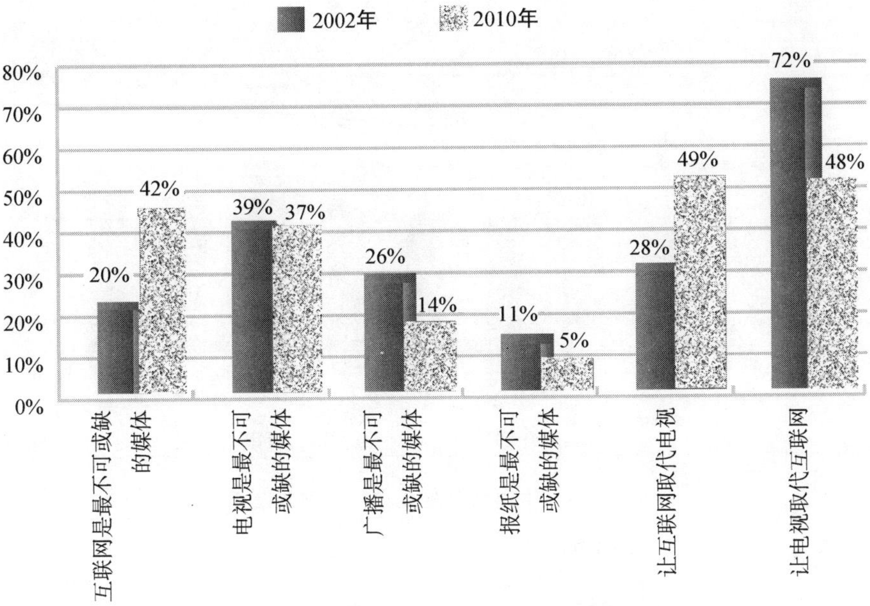

图 1－3　美国针对相关媒体持特定态度的人群的比例

国 Interactive Advertising Bureau 的数据显示，2013 年，美国互联网广告的收入为 428 亿美元，比上年上涨了 17%，首次超过了传统电视广告的收入。可见，传统媒体从受众规模至广告收入，都受到新兴媒体的较大冲击。

2.中国：网民数量高速增长

在中国，互联网用户数量一直呈高速增长态势。据《第 36 次中国互联网络发展状况统计报告》数据显示，2013 年 6 月，中国网民规模达到 5.91 亿，互联网普及率达到 44.1%，手机网民用户达 4.64 亿，网民中使用手机上网的人群占比提升至 78.5%。4G 的普及、无线网络的发展和手机应用的创新推动了我国手机网民数量的快速增加，移动互联网展现出巨大的发展潜力。近年来，中国的网站数量稳定增长，截至 2013 年 6 月底，中国的网站（即域名注册者在中国境内的网站）数为 294 万。

中国国务院新闻办公室 2013 年 5 月 14 日发表了《2012 年中国人权

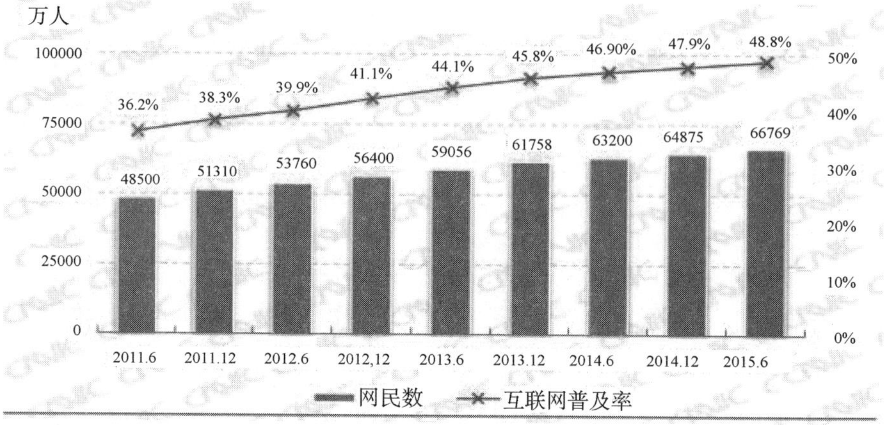

图 1－4　中国网民规模和互联网普及率

来源:CNNIC 中国互联网络信息中心,2015 年 6 月

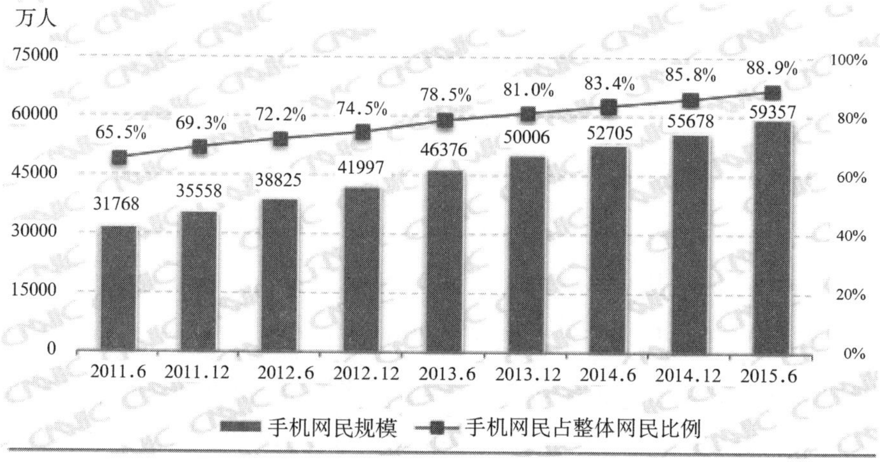

图 1－5　中国手机网民规模及其占网民比例

来源:CNNIC 中国互联网络信息中心,2015 年 6 月

事业的进展》白皮书,白皮书指出,互联网已成为公民行使知情权、参与权、表达权和监督权的重要渠道。2012 年底,中国网络微博用户规模为

3.09亿。据中国最有影响力的10家网站进行的统计，网民每天发表的论坛帖文和新闻评论达300多万条，微博每天发布和转发的信息超过2亿条。同时，中国领导人经常上网了解公众意愿，有时直接在网上与网民交流，讨论国家大事，回答网民的问题。各级政府出台重大政策前，通过互联网征求意见已成为普遍做法。近年来，每年通过互联网征求到的建议多达几百万条。网络媒体作为“公共论坛”，普罗意见自由市场的作用日益显现，保罗·莱文森认为网络发挥着“公共领域”的作用，它“绝不仅仅是一种传播手段，还是我们讨论、辩论、达成共识和投票选举的手段。因此可以说，因特网上的地球村本身就是一种治国机制”。[①]

3.网络媒体从边缘走向主流

早期的互联网媒体被视为边缘媒体，对于互联网是否能被称作“第四媒体”也有过争论。1999年5月8日，美国飞机轰炸了中国驻南斯拉夫大使馆，次日，广大网民聚集在网络上表达激愤之情，人民网“强国论坛”因此而生。[②] 此后，广州“孙志刚案件”、重庆“最牛钉子户”事件、山西“黑砖窑”事件、华南虎事件等轰动全国的新闻事件都是从网络发端，引起人们关注和热议，传统媒体进而跟进报道的。“5·12”汶川地震后的5分钟内，网络媒体报出了一条地震的消息，十几分钟后，新浪、搜狐、网易、腾讯等网站纷纷推出地震专题，一个多小时后，有的网络媒体就派出工作人员前往地震发生的地点。在2008年汶川地震和拉萨“3·14”事件等重大新闻事件中，网络媒体发挥了巨大作用，彰显了网络信息传递的迅速与民意表达渠道的畅通，标志着“中国网络媒体已经成熟”并“正在成为当今中国

① 莱文森.数字麦克卢汉[M].何道宽，译.北京：社会科学文献出版社，1997：72.

② 人民网“强国论坛”创办于1999年5月9日，当时，为让广大网友表达对以北约为首的美国袭击中国驻南斯拉夫大使馆的野蛮行径的强烈愤慨，人民网开通“强烈抗议北约暴行BBS论坛”。论坛开通一个多月即在海内外产生了重大影响。同年6月19日更名为“强国论坛”。

社会的主流媒体”。[①] 经过近年来的发展，中国的网民数量高速增长，中国网络媒体已与传统的报纸、广播、电视媒体平起平坐，跻身主流媒体的行列。

4.智能手机——口袋里的媒体

据国际电信联盟(ITU)的调查显示，在发达国家中，几乎每100人就拥有116部手机。到2010年底，全球手机用户数量将达到53亿，其中包括9.4亿高速连接用户。2013年，世界71亿人口中有68亿手机用户，2015年全球手机用户量首次超过全球人口总数。智能手机的出现是手机发展历程中的一个里程碑。智能手机不仅可以实现通话、短信的功能，还拥有更多智能化的应用，可以满足用户随时随地上网的需求。2015年，全球智能手机用户达到19.1亿，2016年该指数预计将增长12.6%，达到21.6亿。[②]

互联网的出现使麦克卢汉的“地球村”成为一个互动频繁的社会，手机则使“地球村”的村民能够离开固定的座位、摆脱网线的束缚，自由地到任何想去的地方。手机的小巧便携、实时、远程和互动特性，以及它具备的拍照、摄像、录音功能，使它在特定时刻可以代替照相机、摄像机、录音机，作为个人化的掌上媒体来记录和传播信息。3G、4G技术下的互联网连接与高速率，使手机具有比电视更便捷、比广播更普及的“迷你”媒介特点，手机成为继报纸、广播、电视、网络之后的“第五媒体”。

手机已经从最初的语音通讯工具，转变为重要的大众媒介终端之一，成为接收和发出信息的移动终端，成为网络媒体的延伸。点对点的迅速传播和即时反馈、群发的优势及连锁反应使手机具有传播面广，传播信息不受时空限制，传播行为个性化、私密化的特点。保罗·莱文森在《手机》

---

① 国新办官员：地震报道标志网络正成中国主流媒体[EB/OL].(2008-05-22)[2015-08-24].http://news.qq.com.

② 2015年全球智能手机用户将达到19.1亿[EB/OL].(2014-12-24)[2015-09-12].http://mobile.people.com.cn/n/2014/1224/c183175-26265297.html.

一书中说，手机（cell phone）像有机体的“细胞”（cell）一样可以移动，“手机使互联网络及其所包含的一切媒介都移动起来了。于是凡用手机的人都随身携带着一个流动的家园。一个有着心灵感应和瞬间交流、无处不能交流的社会随之应运而生”。①

基于无线通信网络的手机媒体具有很多传统媒体所不具备的优势，对消费者的影响力也变得越来越大。从媒体的发展演进阶段来看，尽管不断有新的媒体形式出现，但以往的媒体形态仍然存在，不同的媒体形态其实满足了不同用户群体不同层面的需求。手机媒体更多地满足消费者在零碎时间随时随地获取信息、进行娱乐的需求，并不会替代消费者对其他媒体的需求和其他媒体的使用场景，而是与其他媒体相互补充。

（二）数字化、网络化与传统媒体转型

新兴媒体只用了十年就赢得了传统媒体用数十年甚至上百年才能拥有的受众群，迅速从边缘化、非主流的媒体成长为传统媒体的竞争对手，大大分割了传统媒体的市场份额和广告资源。尼葛洛庞帝在《数字化生存》中指出，当一个个产业自问“我在数字化世界中有什么前途时，其实它们的前途百分百要看它们的产业和服务能不能转换成数字形式”。② 传统媒体将自己的生产流程进行了数字化改造，如电台普遍采用了数字音频工作站、电视台采用非线性编辑系统。传统媒体也开始了网络化、数字化征程：报纸、杂志、电台、电视台纷纷建立自己的网站，提供在线阅读、收听和收视服务；媒体主持人和记者通过微博、博客、网上社区、电子邮件等方式与受众进行互动。

1.报业：数字化转型与打造“新闻品牌”

报纸是文字传播与印刷技术相结合的产物，1609 年，世界上最早的报纸在德国问世。《纽约时报》的座右铭是：“所有适合印刷的新闻。”面对

① 莱文森.手机[M].何道宽，译.北京：中国人民大学出版社，2004：2.

② 尼葛洛庞帝.数字化生存[M].胡泳，范海燕，译.海口：海南出版社，1997：22-23.

广播“即时新闻”、电视“视听兼备”新闻的挑战，报纸以“读题时代、读图时代”“厚报时代”应对，这使纸质印刷符号的视觉传播效果得以持续。面对新兴媒体的冲击，2005 年 7 月，美国北卡罗来纳州立大学教授菲尔普·迈尔对报纸寿命做出预测，他说：“到 2044 年，确切地说，是 2044 年 10 月，最后一位日报读者将结账走人。”[①]2005 年上半年，伴随着国内各主要大报广告的普遍下滑和以三家门户网站为代表的网络媒体广告的飞速增长，一种悲观的情绪开始在整个中国报业的经营者之中蔓延。2014 年，全国报纸发行量下降了 25%左右，报业赖以生存的广告市场连续 4 年负增长，2014 年的下降幅度达到两位数。广告和发行量双双下滑表明报业步入衰退期，有专家称报业遭遇“断崖式”滑落。[②]

新兴媒体改变了原有的传播格局，越来越多的年轻人，甚至是中老年人都加入到了网民的行列，不少国家的报纸印刷量在逐年下降，而世界各地互联网的访问量都在逐年上升。更让传统媒体感到焦虑的是，新兴媒体从传统媒体那里切走了越来越多的广告蛋糕。新兴媒体会不会取代传统媒体呢？

当电视出现时，有人也提出面对电视视听优势，广播、报纸将消亡的悲观论。但是现实的发展并不像预言家们说的那样，报纸不但没有消亡，而且仍然是当今世界上最主要的大众传播媒介。传媒大亨默多克认为：“在未来的 21 世纪，民众比任何时候都更渴望获取信息，一旦读者陷入信息渠道竞争的‘沼泽’，他们就会回归传统：只获取值得信任的信息，这正是一直以来报纸的伟大使命，权威性必将使报纸在未来更强大。”[③]默多克认为，报纸之所以胜过博客与其他新媒体，就是因为报纸能获得读者信任。报纸将从实体形态转向“新闻品牌”，他强调报纸的核心业务已经不

① 周鸿铎.洞悉媒介——回应传媒变革[M].北京：社会科学文献出版社，2006：271.

② 崔保国.传媒蓝皮书：中国传媒产业发展报告(2015)[R].北京：社会科学文献出版社，2015.

③ 默多克：网络将使传统报业“涅槃重生”[EB/OL].(2008-11-19)[2015-10-15].http://news.163.com/08/1119/09/4R3RGTGQ00012QEA.html.

在于平面印刷，而是“给予我们读者优质的新闻与判断”。[①]

在新兴媒体的挤压和金融危机的刺激下，美国报业加速经营模式的转型，将互联网视为报业未来所系，从发展战略的高度大力发展新兴媒体、探索报网融合的模式。《纽约时报》的出版人、时报公司的主席小亚瑟·萨尔兹伯格（Arthur Sulzberger Jr.）表明了报纸在新媒介格局中的生存态度：“我们会跟随读者的方向前进。如果他们要求我们印刷报纸，我们就会提供纸上印刷。如果他们希望我们在网上出版，我们就做网络版。如果他们要我们在手机上发布，或提供下载以便让他们能听到我们的报纸，那我们也必须照做。最终，起关键作用的是我们收集到的受众以及受众的特性，而不是我们用什么方法来收集受众。”[②]美国各大报纸纷纷加大对其网站的投入，在改版中突出自己的特色，突破原有的报纸网络版的局限，以便与网络媒体及电视媒体展开竞争。以美国最大的报业集团甘奈特集团为例，2006年，其首席执行官克雷格·杜波（Craig Dubow）就宣布，集团旗下所有的报纸都将设立新的“信息中心”，全面取代已有的新闻编辑室，让原先的报纸读者能在任何时候、任何地方、通过任何平台接收新闻和信息。英国《金融时报》、美国《华尔街日报》以及日本的《日本经济新闻》在报业数字化方面取得了一定的成果，因为用户有意愿为有品质的内容付费。在数字化转型的过程中，如何在提高效益的同时保持新闻品质、重新赢回读者，将是未来报业面临的一大挑战。

2005年8月，中国新闻出版总署报刊司在第三届中国报业竞争力年会上首次提出“数字报业”的概念，并开始推进网络报纸、手机报、手机二维码、电子阅读器、户外显示屏等方面的数字报业战略。由此，报业逐渐打破单一纸媒形态的局限，朝着多媒体业态方向迈进。[③] 中央级报业集

---

① 默多克：网络将使传统报业“涅槃重生”[N].广州日报，2008-11-19.

② 罗德曼.认识媒体[M].邓建国，译.北京：世界图书出版公司，2010：125.

③ 新华社新闻研究所课题组.中国传媒全媒体发展研究报告[J].科技传播，2010(4)：81-87.

团以人民日报社为例，其已经初步建成以《人民日报》为主导，以《人民日报》和《人民日报》海外版、人民网为主体，以社属报刊为主体拓展的新闻传播格局。[①] 地方报社以解放日报报业集团为例，早在2006年集团高层就开始了针对新媒体业务的谋篇布局，相继推出了I-news手机报、I-mook数码杂志、I-street公共新闻视屏、I-paper电子报等新媒体，利用传统媒体的资源优势，进行产品衍生，实现以不同的终端覆盖各个细分市场的受众。解放日报报业集团在实施跨媒体发展计划过程中，开创了一种“创意＋内容＋资本”的全新商业合作模式，通过提供创意和内容，利用品牌优势与民营资本合作，积极抢占新媒体市场。

如果说前一个阶段数字报业的内容是“报纸办新媒体”，即数字媒介渠道延伸的探索，那么2014年前后，一部分报纸企业转换思路，正视以互联网为代表的新产业模式释放出的巨大信息产业能量，主动融入互联网，探索“互联网＋报纸”的新型数字报纸形态，这成为国内报业数字化探索的最新态势。有学者总结了报业探索数字化体现出的四个方面的新特征：全面融入互联网；用户驱动发展；参与构建新型平台媒体；重新定义企业合作伙伴，构建新的经营模式。[②] 2014年到2015年上半年，《南方都市报》《成都商报》《都市消费晨报》《宁波日报》《重庆商报》《京华时报》《半岛都市报》等市场化程度较高的报纸，开始探索如何全面融入互联网，以“生产出让用户离不开的、改变生活方式的优秀互联网产品”为阶段目标，不断贴近互联网、融入互联网、变身互联网。数字报业的探索尽管刚刚起步，但却从思维、逻辑、操作系统、平台基础框架、用户规模等更深层次努

① 创办于1997年的人民网用文字、图片、动漫、音视频、论坛、博客、播客、掘客、手机、聚合新闻(RSS)、网上直播等多种手段，依托人民日报社国内外70余个分社的采编力量，每天24小时向全球网民发布各种信息，内容包括政治、经济、社会、文化等各个领域。人民网正着力打造Web2.0多媒体原创互动体系，提供人民电视、人民播客、人民掘客和手机人民网、手机强坛、手机电视、手机报、手机短信等新媒体服务。

② 吕尚彬.试论中国数字报业2.0[J].中国报业，2015(11)：64-69.

力向互联网迁移。[①]

央视市场研究针对2014年中国城市居民的调查显示，报纸在城市居民总体中的日到达率继续下滑，从2013年的53.5%降至2014年的45.5%，但电子报纸的日到达率在稳步上升。2012年，电子报纸的日到达率为11.9%，2013年增至13.4%，2014年时已达到21.9%。虽然报业增长放缓与新兴媒体崛起带来的巨大压力是传统媒体不得不面对的事实，但对报业来说进行数字化转型升级、改革创新才是积极的发展逻辑。

2.传统收视群体收缩，数字视频崛起

来自国内外媒体调查公司和机构的数据显示，传统电视的受众正呈现出分流和递减的趋势。

自2001年以来，我国观众人均收视时间一直呈现下滑趋势，而且有一个现象是55岁及以上老年群体收视明显领先于其他群体。[②] 央视－索福瑞的数据显示，2010年以来15岁至34岁观众的人均收视分钟数均在下降，但中老年人群体的人均收视分钟数稳中有升。英国市场研究公司ICM和英国广播公司共同完成的一项调查结果显示："越来越多的人选择收看网络电视，普通电视观众人群已经日渐减少。将近3/4的被访者说，和一年前相比，他们都花了更多的时间观看网络电视。"[③]从以上数据可以发现，青年观众流失成为电视业的潜在危机，电视媒体引领群雄的信息传播格局面临着严峻挑战。

2002年，一位华语电视台的主管提出了"绝非危言耸听的盛世危言"。他认为"面对全球化步伐的加快，面对平面媒体的新格局，面对电脑前的一代一天天成长，我们必须充满危机感"。[④] 2007年，美国微软公司董事长比尔·盖茨在世界经济论坛年会上说，随着在线视频产品日益发

① 吕尚彬.试论中国数字报业2.0[J].中国报业，2015(11)：64-69.

② 王兰柱.中国电视收视年鉴(2008)[M].北京：中国传媒大学出版社，2008：26.

③ 黄煜池.2006全球电视业"小"报告[J].新周刊，2007(8).

④ 刘春.中国电视的"盛世危言"[J].现代传播，2002(1)：12-15.

展，互联网将在五年内“颠覆”电视的地位。① 电视业内人士也表达了对中国电视的忧虑：“从某种意义上说，中国电视产业的成长需要的是一场针对基因的改革。”在技术革新带来的生活方式变革下，电视媒体在多屏时代受到的挑战是无法避免的。

数字视频时代的到来已经是大势所趋。视频用户越来越习惯于按照自己的喜好、习惯和方式快速选取想要观看的视频内容，而相比传统电视，网络视频更加适合这种视频消费模式。自2008年以来，网络视频行业的用户规模一直呈增长趋势。2015年6月，网络视频用户规模达4.6亿，69.1%的网民使用网络视频服务。② 为应对市场对电视媒体的新要求、维护市场份额，国外传统电视媒体纷纷开始转型或开展全新的业务。英国天空广播公司(British Sky Broadcasting)为非天空用户推出“即付即用”网络电视服务(NowTV)；法国Canal+电视台Multi-Ecran使用户可通过单个会员账号在电视、PC、平板电脑、智能手机等观看全部5个高清频道；英国BT Vision引入社交媒体和个人推荐等。国内以中国网络电视台(CNTV)为代表的网站提供包括视频直播、点播、上传、搜索、分享等服务，在线收看的观众人数不断飙升。③ 实现融合转型，是国内外传统电视媒体应对挑战的共同选择。未来，视频媒体的发展将催生更多的内容提供方式和信息服务形式变革，推动整个传媒业的多媒体发展进程。

普利策新闻奖得主、美国著名报纸《芝加哥论坛报》前总编、芝加哥论坛报公司总裁杰克·富勒在《信息时代的新闻价值观》(*News Values: Ideas for an Information Age*)一书中指出：“每一种媒介都有自身的优势与劣势，它也会将这些强加在所携带的讯息上。新媒介通常并不会消

---

① 比尔·盖茨预言：互联网5年内“颠覆”电视[EB/OL].(2007-01-29)[2007-02-03].http://news.sina.com.cn/w/2007－01－29/035411109295s.shtml.

② 中国互联网络信息中心.第36次中国互联网络发展状况统计报告[R/OL].(2015-07-22)[2016-02-08].http://www.cnnic.cn/hlwfzyj/hlwxzbg/hlwtjbg/201507/t20150722_52624.htm.

③ 王晓.“互联网＋”时代传统电视媒体的融合转型[J].中国广播电视学刊,2015(6):69-71.

灭旧媒介，他们只是将旧媒介推到它们具有相对优势的领域。”[①]这是从动态的、比较的视角来看待媒介形态演变的问题。新兴媒体以其特有的优势将传统媒介推到“相对优势的领域”。对于传统媒介来说，必须考虑在一个多媒体共存的环境中，如何定位自己的“相对优势领域”，重新调整受众定位，调整传播内容与功能，满足重新定位出的受众群体。传统媒体将会依靠新兴媒体拓展“相对优势领域”，寻找更加清晰、鲜明的媒介定位和媒介功能拓展。

第二节　社会变革中的广播媒介

人类传播经历了口语传播、文字传播、印刷传播、电子传播（包括广播、电视）和网络传播时代。广播借助电波传播技术，开创了以口语传播为主体的声音传播时代，亦被称为“新的口传时代”。以声音传播为主体的广播媒介在不同时期、不同国家面临不止一次的“广播消亡论”的悲观预言，而广播业又以积极应对与变革一次次粉碎了消亡的预言。

一、从工业社会到信息社会的美国广播

自1922年第一家商业广播电台开始播音至今，美国广播业已经发展成为一个高度成熟的产业。工业革命发展了机械工业，造就了千百万现代技术工人。机械化提高了生产效率、缩短了工作程序的必要时间，从而使劳动者有了休闲时间。文化程度不高的工人和外来移民成为对文化和娱乐信息有迫切需求的庞大听众群。20世纪初期，广播的出现使人类有史以来第一次全民参与文化交流，听广播逐渐成为普通人的生活方式，从而造就了独特的美国式广播文化。1920年，美国第一家电台——KDKA广播电台开始广播。KDKA的成功使许多公司开办了电台，收听广播成

① 富勒.信息时代的新闻价值观[M].展江，译.北京：新华出版社，1999：244.

为美国全国性的热潮。1925 年至 1930 年，美国共售出收音机 1 700 万台，广播真正成为一种大众媒介，并走向商业化经营。“二战”期间的广播进入黄金时代。罗斯福总统的“炉边谈话”成为凝聚人心的经典记忆。爱德华·默罗的战地报道《这里是伦敦》伴随着美国听众走出战争阴影直至胜利。美国广播的黄金时代从 20 世纪 30 年代一直持续到“二战”之后。“二战”胜利后，美国人心目中的英雄爱德华·默罗的声望仅次于盟军统帅艾森豪威尔。

在 20 世纪 50 年代的美国，电视广泛进入家庭。面对电视视听兼备的优势，广播“消亡论”“替代论”等观点在传媒界颇有市场。美国广播界为应对电视的挑战，实行了三个对策：发展 FM 广播，以高保真的听觉品质适应美国人多元文化的选择，针对不同音乐爱好人群的多种音乐频率的热播；发展半导体收音机，半导体伴随着汽车进入家庭，成为移动人群的必听伴侣式媒介；发展格式化广播，以时钟规则为代表的“听觉版面”的有序性编排，彰显节目标志与听觉文本有序性，促进广播内容与听众生活方式的契合，达到了广播唯一不变的目的：吸引听众持续收听广播。20 世纪 90 年代初期，广播实现了平均每年 10%左右的增长。2003 年，12 岁以上的美国广播收听人群达到 96%，每天收听广播的人群占 77%。

20 世纪 90 年代以来，美国以举国体制构建“信息高速公路”，较早进入数字化、网络化时代。21 世纪初的经济危机使传媒业严重受挫。2009 年，美国报业广告收入下降 11%；2010 年，美国报业广告收入（包括印刷报纸广告和在线报纸广告）为 258 亿美元，创 1985 年来最低点，广告主转向免费或更为便宜的互联网渠道。其中报业的印刷版广告下降 8%，报业在线广告增长了 11%。① 从前景来看，平板电脑可能成为阅读故事和观看视频的重要选择，亦可看出新媒介格局中报业重塑的走向。在经济

① 2010 年美报业广告营收创 25 年来新低[EB/OL].(2011-03-16)[2016-05-12].http://www.techweb.com.cn/world/2011-03-16/994246.shtml.

危机的冲击下，美国广播在2010年有"回暖"的趋势。继2009年广播大幅衰退后，2010年美国广播取得4%的增长。2011年，大多数美国人仍然每周都会收听中波/调频(AM/FM)广播，有38%的美国人每周都会用数字设备听广播。[①] 当前，拥有听众最为广泛的广播仍是传统的中波/调频广播，采用其他新技术形式的广播处于蓬勃发展的新生时期，互联网广播正变得越来越受欢迎。可以说，美国广播发展史是技术促进产业、受众决定需求，在与其他媒体的竞争中不断开发广播资源、调整媒介定位的历史。

二、中国广播的变革历程

(一)中国广播的起点："先天不足"

广播是20世纪初从西方世界引入中国的。广播进入中国之时，恰逢清王朝向民国过渡的社会转型期；广播在中国起步和开始普及之时，又遇到当时的国民党政权尽力巩固自身统治及影响，努力掌控全国局面的时期；之后不久，中国进入了全面抗战的历史阶段。在西方将无线电技术成功转化为一种大众媒体时，中国的广播始终处于缓慢、滞后的发展状态，广播基本上属于城市上层社会，与广大人民群众无缘。中国广播事业一开始就打上了经济、文化侵略的烙印，经济技术的落后使中国缺乏对广播技术和广播接收设备的进行研究能力，广播只是属于少数人的奢侈品，很难进入普通大众的家庭。

现行广播体制的雏形在抗日战争复杂的社会环境中、在延安革命根据地内诞生和发展，并从1949年随着中国共产党执政地位的确立而走向全国。[②] 广播在改革开放之前的六七十年代，是首屈一指的电子大众传媒；在"文化大革命"中，全国有线广播网的建设，也曾达到迄今为止最庞

① 宋青.2011年美国广播市场盘点[J].中国广播，2012(10)：86-89.
② 邓炘炘.动力与困窘：中国广播体制改革研究[M].北京：中国经济出版社，2006：4.

大的规模和覆盖范围。广播是当时传播速度最快、瞬间覆盖范围最广的政治宣传媒介，广播作为政府的喉舌体现了鲜明的政治宣教色彩和上情下达的单向传播模式。

（二）改革开放后的中国广播：行政体制下的中观与微观改革效果显著

改革开放之后，电视崛起并成为“第一媒体”。自 1986 年以来，电视的全国人口覆盖率就超过了广播。面对电视的冲击，中国广播业受到严峻挑战。中国广播如何走出电视时代的低谷期，实现在新的媒介格局中的变革发展成为迫切需要解决的课题。

随着思想上的拨乱反正，广播的媒介功能也从政治教化为主转为传播信息、进行社会教育、提供娱乐等。1983 年，第十一次广播电视工作会议提出“四级办广播，四级办电视，四级混合覆盖”的方针。这一方针调动了各地广播电视机构的积极性，促使广电行业大幅度扩张，同时也导致了广电机构数量过多、各单位分立的局面，播出内容重复，资料浪费较大。

1986 年的广东珠江经济台实行“事业单位企业化经营”的运行模式，解决了在政府减少或取消财政支持的情况下，电台自我生存的财源问题。“珠江模式”抓住了以听众为主体的办台原则，开设大时段版块节目，通过直播、听众参与反馈等运作方式，打破了多年来广播作为文字传媒报纸“有声版”的制作模式，进入了探索广播作为听觉传媒的个性化阶段。随后各地电台纷纷模仿“珠江模式”，在全国形成一股“广播热”。由“珠江模式”引发的媒介理念和运作形态的微观变革逐渐进入分众化、频率专业化、经营频率化等中观层面。1990 年北京人民广播电台建立了第一家专业台，从此开始了频率专业化的改革，以听众为中心设计内容成为广播改革的基本着眼点。音乐广播、交通广播等专业频率因其鲜明的定位、特色的内容成为社会效应与经济效益双丰收的专业频率。

2002 年，以“音乐之声”频率开播为标志，中央人民广播电台的频率改革开始了。2003 年，国家广电总局把该年定为“广播发展年”，要求全行业把增加广播收听率、影响力和年度创收力作为同等重要的任务，并规定了广播年收入增幅20%的具体指标。中央电台也加快了改革的步伐。2004年，中央电台一套新闻综合频率改版为“中国之声”，加强贴近性与服务性，转换居高临下的传播语态，根据受众的生活节奏编排节目，频率的信息含量、功能与风格发生了明显变化。

改革开放以后，中国广播业进入社会主义市场经济体制。由“珠江模式”引发的媒介理念和运作形态的变化推动了中国广播界的频率专业化、经营频率化等变革，广播的媒介优势与潜能得到了前所未有的开发。但是，广播行业的改革依然是一种处在行政框架内和地域限定的规则下的变通性局部调整，是一种行政权力、传播权力和牟利权力的暂时叠加。就传播覆盖范围和内容安排来说，广播和电视相比，都处在尴尬的弱势位置，而这种问题的根源是制度安排欠妥。[①] 受到体制、机制层面的限制与制约，我国广播并没有形成独立、成熟、开放的产业格局，广播业在整个媒体生态环境中的价值、功能和意义仍需审视。与此同时，新兴媒体以势不可挡的速度从一种技术转变为广播媒介生存的现实语境。可以说，中国广播业在改革路上探索前行的时候，又遇到了新兴媒体的挑战。

(三)21世纪的中国广播:拓展与重塑

21世纪的中国广播进入稳定的持续发展期。城市交通的发展和年轻消费群体的兴起，为广播媒体的经营发展提供了历史机遇。音乐广播和交通广播成为广播经营的发力点，带动了全国广播市场的增长。2000年至2005年，中国广播行业经营收入的年增长率的平均值为20.83%，如果以2000年广播业15.2亿元的经营收入为基数计算，到2005年翻了一倍半还多。[②] 从2003年提出“广播发展年”到2007年，全国广播电台的广

---

① 邓炘炘.没带地图的旅行:感思中国广播改革30年[J].中国广播,2008(12):13-15.

② 黄升民,宋红梅.过去、现在与未来——广播媒体应对挑战与摸索转型的轨迹探析[J].现代传播,2006(6):95-98.

告收入都以两位数的增长率攀升。2008 年之后，全球经济危机爆发，经济不景气导致的广告业的衰退大面积影响到媒体市场，但其中受冲击最小的则是广播行业，我国广播业收入仍保持小幅增长。2004 年和 2006 年，广播广告的增速均实现了这一时期的重大突破，分别为 28.80%和 47.17%。2010 年至 2014 年间，居民私家车拥有量大幅上涨，广播广告市场得到一定的推动，2012 年的广播广告经营额较上年增长了 55.09%，然而，在 2014 年，广播广告经营额再次出现负增长（—5.91%）。

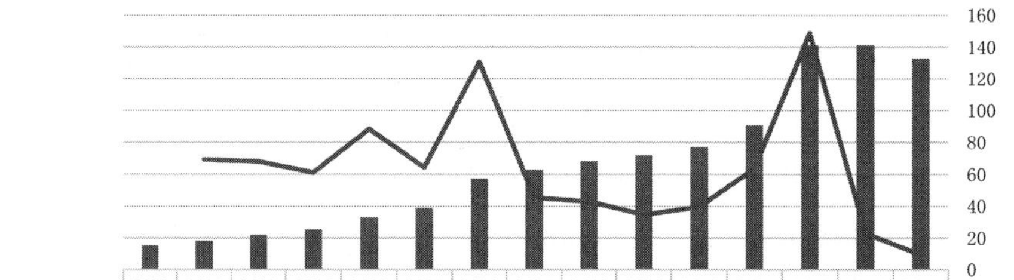

	2000	2001	2002	2003	2004	2005	2006	2007	2008	2009	2010	2011	2012	2013	2014
广告额	15.2	18.28	21.9	25.57	32.9	38.86	57.19	62.82	68.34	71.87	77.17	90.95	141.0	141.1	132.8
增长率		20.26	19.80	16.76	28.67	18.12	47.17	9.84%	8.79%	5.17%	7.37%	17.86	55.10	0.09%	-5.91

图 1－6　2000 年—2014 年广播广告经营额（亿元）及增长率（%）

数据来源：《中国广播收听年鉴》《中国广告年鉴》等

根据《中国广播电视年鉴》的统计，1999 年以后，国家对广播电台实行合并和整治，电台数量逐渐减少，2010 年全国共有广播电台 227 个，2013 年减少为 153 个。国家级广播电台有中央人民广播电台和中国国际广播电台，每个省、自治区或直辖市，每个地级或以上城市基本都至少有一个广播电台。全国中、短波广播发射台 850 座，调频发射台 10 334 座。全国广播人口综合覆盖率达到 97.79%。[①]

2013 年，全国公共广播节目播出时间为 1 379.55 万小时，其中，播出新闻资讯类节目 282.01 万小时、专题服务类节目 310.86 万小时、综艺益

① 陈若愚.2014 中国广播收听年鉴[M].北京：中国传媒大学出版社，2015：4.

智类节目 373.24 万小时、广播剧类节目 77.01 万小时、广告类节目 125.93 万小时。其他类节目 210.50 万小时。2013 年全年全国广电系统制作广播节目 739.12 万小时，其中，新闻资讯类节目 139.74 万小时、专题服务类节目 209.18 万小时、综艺类节目 197.62 万小时、广播剧类节目 17.82 万小时、广告类节目 78.52 万小时、其他类节目 96.24 万小时。①

据 CSM 媒介研究的数据显示，从全国整体来看，2013 年省级电台所占有的市场份额为 55.9%，所占据的市场份额超过所有频率总和的一半以上，保持领先的地位。省级电台大多拥有 10 个左右的频率，在省会城市或所在城市有较强的竞争力，并且多数频率覆盖全省（自治区），较城市电台具有明显的覆盖优势。市级频率 2013 年所占的市场份额接近整体市场的 1/3，比例为 32%。广播是一种地域性很强的媒体，我国众多的城市电台以及区、县电台主要覆盖各自所在的城市或地区，在本地往往具有明显的竞争优势。中央级电台在全国广播收听市场所占的市场份额为 10.2%。

新闻、音乐、交通类频率仍然是广播市场的主角，合计占有整体市场份额的 86.3%，保持连续增长之势，三大频率的竞争力进一步提升。其中，全国所有的交通频率合计占有的市场份额继续上升达到 32.6%，延续了近几年来的上升势头；新闻频率的整体市场份额同样保持增长，主要因为“中国之声”在两年前全面改版以后，在全国各地的影响力明显提升。同时，不少省台新闻频率也进行了“全新闻电台”或“类型化”改革，赢得了不少听众；音乐类频率的市场份额则呈下降之势，2013 年降至 23.4%。此外，经济、都市生活、文艺等类型的频率在收听市场所占的份额进一步缩小，降至 5%左右甚至以下，与新闻、音乐、交通类频率的差距进一步被拉大。

近年来，我国广播产业也逐渐重视方言和少数民族语言的力量。根

① 陈若愚.2014 中国广播收听年鉴[M].北京：中国传媒大学出版社，2015：4.

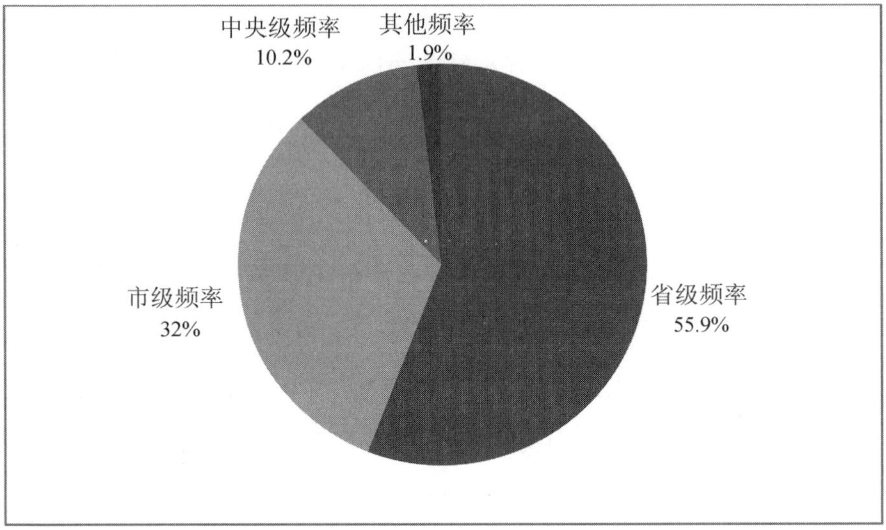

图 1－7　2013 年各级电台在全国的市场份额

数据来源:CSM 媒介研究,2013 年

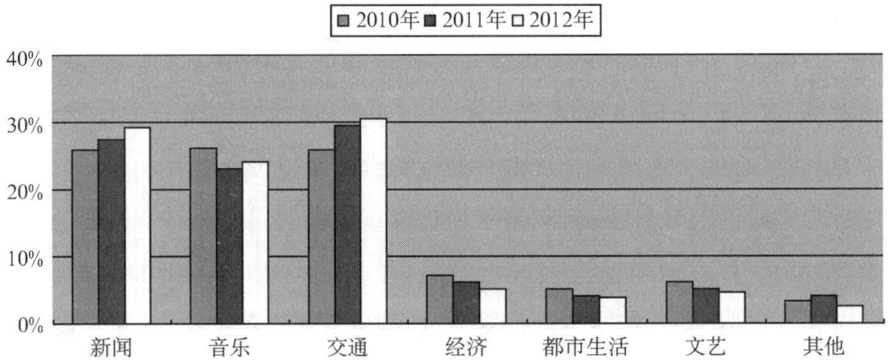

图 1－8　2010—2012 年各类型电台在全国的市场份额

数据来源:赛立信媒介研究,2010—2012 年

据对广东、浙江、湖南、四川等省广播市场的考察,广播媒体的地域性与贴近性进一步凸显:本地新闻资讯增多;主持人风格贴近本地审美趣味;节目中更多使用方言和地方语言;节目反映当地居民生活习惯和特点并更

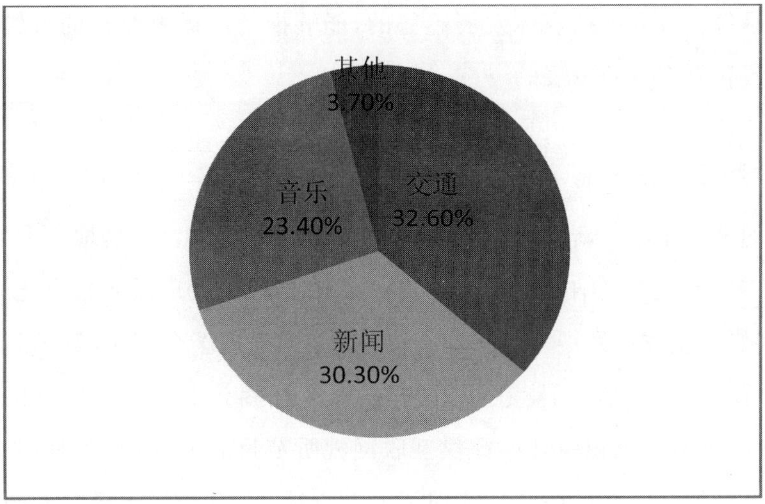

图 1－9　2013 年各类型电台在全国的市场份额

数据来源：赛立信媒介研究，2013 年

多地满足听众的本地需求。纽约城市大学教授乔治·罗德曼认为，今天的广播听众群体变得越来越碎片化。[①] 电台用越来越细分的方式满足不同地区、不同年龄、不同兴趣的听众群体，这也是新兴媒体时代广播的应对之道之一。

组建各种形式的联盟，形成行业内的横向合作。早在 2002 年，环球七福广告公司整合中央电台音乐之声及一些城市的音乐频率，形成一定类别的广播联盟，此后联盟与合作趋势不断深化。2009 年 6 月，由中央电台发起、132 家电台参与的中国广播联盟成立，希望借此开展有效合作，优化资源配置，联手打造“中国广播”这个品牌。广播联盟的合作不仅能提高内容生产能力、资源共享能力、媒体传播能力，同时能提高舆论引导能力、公共服务能力，可实现经济效益和社会效益的双赢。广播联盟的

① 2009 年 2 月 24 日，中国国际广播电台开通华语方言网络电台，打造使用客家话、闽南话、广州话和潮州话四种方言的“世界华声”网络电台。2009 年 3 月 1 日，中央人民广播电台藏语频道开播，全天播音 18 个小时。

合作是符合世界广播媒体发展趋势的，能够推动广播由原有的自给自足向现代化生产方式发展。

广播事业在取得成果的同时，仍然处在不断改革探索中。广播的出现与发展本身就是技术的产物，技术手段的更新对广播发展起到了至关重要的推动作用。新兴媒体时代的广播，无论是中央台还是地方台，都认识到广播不仅要接纳新兴媒体还要积极与之融合，使广播向数字化、网络化、多媒体化方向发展。2010 年，中国广播网实现了全部 13 套节目的在线收听和在线点播，国际在线已拥有 61 个传播语种、12 家环球网络电台；各省级电台也积极开办提供互联网视听节目服务的网站，其中 27 家省级电台的 167 套广播节目实现了网上直播。[①] 自智能手机和平板电脑快速发展以来，广播界就给予了持续的关注。一方面，从终端来说，手机具有天然的嫁接功能；另一方面，音频非常适合数字化与网络化转换。一些传统广播电台应需开发了手机应用。从广播界的实践可以看出，广播与新兴媒体的融合愈加紧密。

我国广播媒介的发展经历了初创期的“先天不足”、电视时代的低谷与调整、改革开放后的变革，21 世纪进入持续发展期，随即遭遇传媒格局的洗牌。在新媒介环境中，广播的危机与转机同在，传统广播要完成对自身的革命性重塑，面临着行业发展中的束缚与难题。目前广播业仍是依附于行政体制框架的行业，很大程度上不是一个开放和完整的行业。国家限制多种体制经营合作的广播电台，一定程度上限制了广播业市场属性的发挥；广播业规模庞大，从中央到省、市按照行政区域划分，电台推行内部改革往往过程缓慢而复杂；广播是地方化的媒体，我国经济发展差异较大，城乡经济发展失衡，广播受这种发展不均衡的经济格局影响，也表现出了明显的地区差异，但广播电台在行政体制框架下的运行模式基本相同，难以因地制宜地进行改革；在三网融合已有实质性进展的背景下，

---

① 王太华于 2010 年 10 月 20 日在全国广播电台台长座谈会上的讲话。

虽然国家政策支持广电的“跨界”[①]运行，但广播业的跨界运作还与环境条件、资金实力、技术潜力、上下游产业衔接、市场形势、法规配套、用户心理等许多因素密切相关，前景仍不明朗；此外，广播还面临着受众老龄化与如何吸引年轻受众等问题。广播业中观以及微观的改革是在体制框架内的改革。由于广播业的体制改革还在摸索与进行中，没有形成理想的体制框架，所以广播业在新的媒介格局中的重塑必然面临各种各样的束缚与压力。

第三节　广播的媒介特征：“非视觉传播”

“非视觉传播”是相对于“视觉化传播”而言的概念。电视出现以后，以图像、视频为主要传播符号的视觉传播得到了充分发展。电视使视觉信息得到了充分甚至过度传播。有研究认为，普通个体通过视觉获得的表象信息量往往是最多的。广播以声音作为唯一的传播符号，是典型的“非视觉传播”媒介。听觉信息相比文字或者声画所传递的信息具有很多不确定性因素。与电视等视听化传播媒介相比，广播的发展往往会受到较大冲击，乃至被认为是弱势媒介。“非视觉传播”看似是广播的不足，但也是广播区别于其他媒介的根本特性。

一、广播是“盲媒介”：满足人们“听而不看”的需求

对于广播来说，最明显的特征就是它是一个“看不见的”媒体。有人概括为三个“看不见”：看不见说话的人；看不见所说的事；看不见相关的文字。我们无法“看见”广播的讯息，因为广播讯息只是由声音和静默组

① 所谓国内传播媒介的“跨界”运行，有意义不同的两个层面指向：一是指传播服务的扩展，比如在原有文字传播的基础上，添加了音视频服务等，或者在原来单一纸质载体上，增加了数字化、移动化电子载体样式；二是指传媒机构进入其他非传媒行业领域进行竞争与运行。邓炘炘，周霞.“三网融合”中的广电业跨界风险释因[J].新闻实践，2011(1)：19-21.

成的。英国广播专家安德鲁教授指出，过去几十年来科技的发展让广播“看不见的”这个特性显得越来越重要。第一个广播收音机是矿石接收机，接收效果非常差，人们必须使用耳机才能收听。因此，收听广播本身是一种相当孤立的活动，而且限制听众在很小的范围内收听，听众无法从事其他活动。但是，20 世纪初期，真空管无线电的接收机被大量生产出来，几乎完全取代了矿石收音机。而且，扬声器与接收机组合，使收听广播可以成为家庭活动。扬声器取代耳机的意义在于，当我们在收听无线电广播的时候，可以在扬声器输出的范围内从事其他活动，把广播当作“背景”。20 世纪 60 年代初期，晶体管完全取代真空管，使广播接收产生了革命性的变化。调幅、调频和立体声的发展，让接收音质有了极大改善。同时，晶体管让广播收音机耗电量降低，价格也更便宜。20 世纪 70 年代，每个英国家庭平均拥有 2.53 台收音机，或者说英国境内的成年人和儿童，每一个人都拥有一台收音机。广播虽然拥有数以万计的听众，但又非常努力地向个人进行传播。[①] 收听广播再一次变成一种孤立的活动，广播也成为一种伴侣式的媒体。

保罗·莱文森指出：媒介互相竞争，争夺我们的注意力，它们在多大程度上能够存活，那要看它们是否有独特的性能满足人的需要。莱文森举了无声电影和无线电广播的例子。无声电影和广播是单向度的媒介（只有视觉或声音），在 20 世纪早些时候都曾经盛极一时，同时两者都受到视听媒介的挑战。在有声片的环境里，无声片很快就消逝了。进入电视时代，人们同样担心广播的命运，但是结果并非悲剧：广播不仅在与电视的竞争中存活了下来，而且成了投资较少、效益较高的媒介。至此，莱文森给出他的答案：这个世界每天晚上都要笼罩在黑暗之中，但它不会寂静无声。我们容易闭上眼睛，但耳朵却随时开放，耳朵是关闭不了的。听而不看是人的一个基本生理功能，视而不听却不是人的生理功能。因此，

---

① 克里塞尔.广播概论[M].赵庭辉，译.台北：亚太图书出版社，2002：14-15.

从这一角度讲，广播“幸存”下来的原因是它满足了人已有的一个传播模式：专注地听、偷听或无意识地听。[①]

莱文森还提出，从媒介的人类学理论来说，媒介倾向于复制前技术世界，[②]他以此来解释电视出现后无声片消失而广播依然活得很好的境况。莱文森认为，只用听觉不用视觉的媒介的适应能力或成功机遇，必然和前技术世界存在着某种关系，这种现象在某种程度上反映了真实传播活动里基本要素间的关系。在前技术世界里，只用听觉不用视觉在生理上和一般的交流中都很方便。如果只想听不想看，只需要闭上眼睛就可以，我们每次在睡梦中被吵醒就是这样的传播模式；我们在黑暗中听别人讲故事、偷听隔壁的人说话、竖起耳朵听山那边的动静等，都是这样的传播模式。相反，只用视力而不用听力的传播模式，从生理上说是很难成立的。在自然环境里，这样的事情几乎是闻所未闻的。在真实世界里，视觉总是得到声音的陪伴，如果想要用眼睛看的时候不用耳朵听，就不得不捂住耳朵，这样做既不舒服，效果也不一定好。因此，在前技术传播的全套“剧目”里，只听不看似乎是不可或缺的一部分，只看不听却完全不同。[③] 用这个观察结论来看广播的成功和无声片的失败，原因自明。广播之所以活得不错，是因为它接近前技术世界的传播模式；无声片消亡，是因为它不符合前技术世界的传播模式和规律。

莱文森将广播与无声片对比，指出听而不看是人的一个基本生理功能，这是广播之所以没有消亡的原因。笔者认为，这个解释同样可以作为广播在电视时代以及新兴媒体时代仍能生存的理由。广播作为声音媒体，虽然具有线性传播、被动性、不确定性、稍纵即逝、信息容量有限等局

---

① 莱文森.莱文森精粹[M].何道宽，译.北京：中国人民大学出版社，2007：215-216.

② 所谓“前技术”的传播，莱文森提出必须满足两个条件：(1)审议之中的传播模式的存在是否独立于复制它的技术，或者是否可以在技术或缺的情况下存在；(2)从历史的观点来看问题，该传播模式是否在复制它的技术开发出来之前就已经存在。比如，人对颜色的感知能力被认为是前技术，这是因为人类能够在摄影术和电视被发明之前就看到颜色。

③ 莱文森.莱文森精粹[M].何道宽，译.北京：中国人民大学出版社，2007：33-34.

限，但从积极的角度来说，所谓“局限”也成就了广播的非独占性与伴随性，正好满足了人们对“只听不看”的需求。广播的“非视觉传播”凸显了“只听不看”的认识世界的模式，决定了广播的媒介特征与社会功能，主要体现在以下几个方面：

（一）广播是现场的媒介

在文学中，我们需要想象每一个作者提及的事物，因为除了印出来的字词之外，我们看不见任何东西，也听不到任何事物。而在视觉媒体中，我们看得见也听得到很多事物，因此不太需要运用想象力。在广播中，听众不仅听到很多事物，同时也了解这些事物可以与这个物质世界产生相当直接而且非常亲密的关系。广播的符号是听觉化的(auditory)，所以，和文学比较起来，我们可以通过广播创造出“现场”(live)的感觉。在我们开始阅读书籍的时候，就知道最后一页的结论是什么，但是，即使广播的节目已经预先录好，它仍然是一个“现在式”的媒体。就像戏剧、电影和电视一样，广播是针对目前“正在”进行的事物提供解读和诠释，而不是针对“已经”发生过的事物加以记录。[①]

丹尼斯·麦奎尔认为，从信息的记录、报道和传播的方面来说，作为电子传媒的广播与以往的媒介传播方式不同了。广播首先提供了实时观察、记录和传播现场事件的可能性。人们感知周围社会变动情况的速度因广播的出现而发生了变化，“现场直播”影响到人们对信息真实性的判断，人们因此做出相应反应的速度加快了。[②] “二战”时在伦敦遭到轰炸期间，爱德华·默罗制作的现场新闻报道“这里是伦敦”系列节目给远离欧洲战场的美国听众留下了深刻的印象，“我现在感觉探照灯似乎就在头顶扫视。你将马上听到更近一点儿的两声爆炸。听！这猛烈的、冷酷的

① 克里塞尔.广播概论[M].赵庭辉，译.台北：亚太图书出版社，2002：11-12.

② MCQUAIL D.Mass communication theory：an introduction：third edition[M]. London：Sage Publications，1994：18-19.

爆炸声”。广播现场直播的魅力被发挥得淋漓尽致。在现在的广播新闻报道，尤其是重大事件的报道中，广播现场直播已成为常态样式，得到广泛应用。现场直播被认为是最能够发挥广播快速、灵便、现场感强等优势的报道形式。

（二）广播是适合表达思想的媒介

麦克卢汉认为，印刷媒体使人类背离他们的自然状态而发生异化。在前大众媒体时代，人们通过自己的观察与亲身经历，或是通过他们的同伴来获得关于世界的认知。人们面对面地接触，并且相互进行口头交流。在麦克卢汉看来，这是一种原始公社式的生存状态，其中包含所有感觉——视觉、听觉、嗅觉、味觉还有触觉。这种公社式的、部落化的状态被文字传播所“侵蚀”，因为书面文字会使人陷入孤立的、沉思式的阅读行为之中。涉及思想却不涉及感觉的书面文字导致了人类的“去部落化”。麦克卢汉注意到，电视正在带来“部落化”的回归。书籍、杂志、报纸注重思想，电视却注重感觉。麦克卢汉对文字传播的评价似乎不够全面，文字还能凝聚思想、传承文明。印刷技术使文字传播进入大众生活，新思想在传播中碰撞和扩大，使人类进入大众传播时代。

广播满足了人们的一种独特需求——对于“想法”(idea)的需求。在如今这样一个“读图”时代，似乎人人都能够通过图像来理解周围的万事万物。但是，很多抽象的概念无法仅仅通过影像来表达，比如智慧、道德、信仰、观点、理论等。广播对于阐明想法观点而言是理想媒介，因为影像的加入往往会使听众无法集中注意力去理解观点。我们在倾听广播的时候，视觉还在工作，但是所见跟所听是毫无联系的，或者所见从属于所听。所以说，关于那些超越影像层面的内容，包括看法、价值观等论题适合使用广播传播。

美国学者提出，把注意力集中到一种感官上，有利于高效率地接收外来信息。因为感觉器官通向大脑的路径是只有一条“车道”的“公路”，多感官接收的信息需要依次进入大脑，所以一个人不可能同时从两种感觉器官获得双倍于只通过一种器官所获得的信息量，而且同时利用视听传播渠道，非但远不能获得双倍的效果，有时候还可能不如只利用一种感官传播渠道有效。[①]

麦克卢汉说："电视对广播的影响之一，就是把广播从娱乐媒介送入神经系统一样的信息系统之中。新闻报道、报时信号、交通信息，特别是天气报告，使广播固有的力量增加，使人们参与相互交往。"[②]麦克卢汉特别强调广播在多媒体并存格局下的信息告知和促进思考的功能。

广播适合表达思想这一特点在新兴媒体时代尤其值得重视。新兴媒体带来海量信息的同时，也给受众带来身处信息海洋的超负荷感与"信息焦虑"。作为声音媒体的广播应通过制作高品质的新闻、评论、谈话等节目，形成对受众思想观念与主流价值观的引导，使自身成为新兴媒体时代的"智慧媒介"。

(三)广播是想象的媒介

广播既不同于印刷媒介的专注于思想，也异于电视的注重感觉。它是一种思想与感觉兼而有之的媒介。

广播的重要优点之一是对于想象的诉求。因为广播只提供声音，不像电视可以提供画面和声音，听众不得不自己"供应"视觉资料，即通过听觉联想，构建听觉形象和听觉感悟。声音中的相关细节描述会激活听众的信息储备，唤醒听众的想象。想象的范围实际上是没有任何限制的：我们不仅能够描绘出逼真实体，同时也能够描绘出幻想的"实体"，包括现实中根本不可能出现的场景等。总之，与依靠视觉方式来传送讯息的媒体相比，广播对于想象的诉求几乎没有什么限制，想象可以再一次塑造内容品质的理解过程。[③]

---

① 施拉姆，波特.传播学概论[M].陈亮，周立方，李启，译.北京：新华出版社，1984：124.

② 麦克卢汉，秦格龙.麦克卢汉精粹[M].南京：南京大学出版社，2000：418.

③ 克里塞尔.广播概论[M].赵庭辉，译.台北：亚太图书出版社，2002：8-9.

广播用声音营造了一个自足的世界，如同文学作品，读者通过阅读文字引起联想，形成意象。广播也一样，它的话语、音响和音乐是一种中介，通过这一中介的刺激和解码，把声音符号转化为嗅觉、味觉和视觉体验，为听众打开回忆和经验世界之门，广播的使命之一在于开发这种综合感觉的声音的潜质。[①]“收音机中传来的声音会刺激听众根据广播中的声音，在头脑当中描画所听到的内容，并且勾画出播音者的形象”。

皮特・刘易斯(Peter Lewis)谈到：“对于剧院、电视和电影来说，我们很少有机会去发挥视觉想象力，因为我们正在观看，视觉已经完全被外部的图像所占据。”[②]电视作为一种声画媒体，电视画面是一种固定的呈现，充满了解释性说明和直接介绍，而形象性最大的特点是意象存在于头脑中，因而想象性在电视传播中被消减。广播依赖声音符号，不仅可以唤起受众综合多种感受的体验，而且还具有不用于普通意义上的视觉功能——内视功能，内视能力依赖想象发生作用。电视媒介的视觉功能为受众提供了一种通常意义上的视觉消费，而广播的内视功能则在个体受众的心灵内部展开。广播作为一种声音媒介，是非视觉的媒介，但有趣的是广播却善于利用声音激发听众的视觉想象力，唤起听众独一无二的内视能力，把广播受众引入深层的情感记忆回视、理性思索以及内省的情境中。[③]

广播适合想象的特点，在故事广播节目中被充分发挥。在我国儿童广播节目普遍萎缩的情况下，针对儿童的睡前故事节目具有较好的收听表现。中央电台的老牌儿童节目《小喇叭》开办了睡前故事版块。故事广播能够依靠声音形象充分激发儿童想象，让儿童在脑海中营造出图片和影像无法表现的美好虚拟世界。从这个角度来说，广播对于儿童来说是

① RABAN J.Icon or symbol：the writer and the “medium”[M]//LEWIS P. Radio drama. London：Longman，1981：80-81.

② LEWIS P. Radio drama[M]. London：Longman，1981：9.

③ 孟伟.声音传播——多媒介传播时代的广播听觉文本[M].北京：中国传媒大学出版社，2006：21-22.

一种健康的、绿色的智慧媒介。

(四)广播是情感媒介

广播是一种长距离的传播媒介，但是，广播也可以长驱直入、进入听众内心，成为听众亲密的伴侣媒介。听众的收听愉悦来自于他在广播媒介中“遇到”的陪伴关系，听众的匿名性以及声音的陪伴，使听众从“真实生活”的重担中解放出来。

广播听众与自己喜爱的电台有着微妙的情感联系。有调查显示，43%的听众同意这样的说法：“我发现我好像正在与广播中的主持人交谈。”[①]这种交谈是一种私密的交谈感受。同时，广播也确实与听众有着实实在在的沟通，如电话连线、爱心捐助、求助热线等。

麦克卢汉说：“广播曾经采取一种集体收听的形式，它曾经使教堂空无一人。可是电视面世以后，它已经逆转而具有隐私的和个人的用途。青少年退出电视的集体，转向了个人的收音机。”[②]广播使人深度参与的力量表现在“现在，收音机给青少年以静居独处的机会，同时它又提供了共同市场天地里的部落纽带，提供了歌唱和共鸣天地中的部落纽带”“听收音机的时候，我就生活在收音机里”。[③] 这是因为人们对通过听觉传递的信息更为敏感，广播以人与人直接私下打交道的形式出现时，具有一种沟通的魔力。正如坐在黑暗的屋子里谈话，话语突然就获得了新的意义和异常的质感，这种质感在晚上更为明显。[④] 这正是晚间一个人单独收听广播却不会感到寂寞的原因。

广播节目主持人体现了媒介和人物的个性形象，可以成为节目与听众的情感纽带。有学者提出，广播节目主持人应定位为“友好的撒马利人”。撒马利人是《圣经》里的一个拔刀相助、助人为乐、为人排忧解难的

---

① 王平.积极认识和开发广播媒体的特有传播价值[J].收听研究，2010(3).

② 麦克卢汉.理解媒介——论人的延伸[M].何道宽，译.北京：商务印书馆，2003：378.

③ 麦克卢汉.理解媒介——论人的延伸[M].何道宽，译.北京：商务印书馆，2003：373.

④ 邓炘炘.动力与困窘：中国广播体制改革研究[M].北京：中国经济出版社，2006：46.

人物。20世纪20年代，美国开办广播之后不久，最早的播音员就成了广播谈话员，被美国的听众称为“友好的撒马利人”。[①] 因此，具有品牌效应的广播主持人会与听众产生亲密关系是广播媒介的一大魅力。广播媒介不仅具有使用价值，还具有认同价值与情感价值。不论是传统广播还是新兴媒体时代的广播，都致力于用越来越人性化的方式，成为听众既“贴身”又“贴心”的伴侣媒介。

二、“非视觉传播”与“时间版面”生存

“版面”是指报纸每一页的完整页面，是各类稿件在报纸上编排布局的整体产物。版面是一个空间的概念，亦是报纸内容的载体。传统广播的传播符号是声音，传播方式是依时间流程的线性传播。因此，广播没有看得见、摸得着的“版面”，负载广播内容的介质是时间。广播的内容播出是以24小时为基准的“时间版面”。广播节目依照听众的生活方式和内容需求，编辑生成不同类别和形态的广播栏目。听众依照广播节目播出时间，选择收听的节目。因此，时间对广播媒介来讲有重要意义。

(一)社会进步与人类时间观念变革

人类关于时间的认知随历史不断发生变化，在以往的媒介研究中，时间也作为变量多次出现。正如美国社会学家戴维·哈维在《后现代的状况》一书中所提到的：“不同的社会培养不同的时间观念。”[②]随着人类社会从农业社会、工业社会再到信息社会，时间观念也经历了自然时间到钟表时间再到媒介时间概念的演变。

1.农业社会与自然时间

在早期的人类社会中，时间是人们在体验外部世界的漫长过程中演

① 张彩.美日广播节目形态、理念及未来发展趋势.作者在中广协会城市广播年会暨全国城市广播高峰论坛上的发言。

② 哈维.后现代的状况[M].阎嘉，译.北京：商务印书馆，2003：242.

化形成的产物。从日升日落、潮起潮落、四季交替以及各种事物的运动变化中，人们慢慢体会到了时间。在长期的劳作实践中，这些规律性的自然现象作为传播媒介进入人们的观念世界，为人们时间观念的形成奠定了原始的基础。在农耕社会，历法和沙漏等简易计时工具的出现也许就是人们对于时间最基础的理解方式。

2.工业社会与钟表时间

随着社会进步和物质文明的发展，人类进入工业社会时期。在工业社会，人们的生产生活需要更加精确的计时，而过去的历法规定与时间计量工具很难满足社会发展的需要。钟表的出现解决了这一难题。随着钟表的普及，它不再仅仅只是一项简单的机械技术，而是成为一种社会成员共同遵守的时间符号。工业社会的钟表时间观念逐渐取代了农业社会的自然时间观念，从而引发了社会生活的深刻变化。过去，人们从自身的需求出发，按照历法来安排生产生活，时间只是一种工具性的存在。而在工业社会，时间成了统治者和管理者。人们已经不能像在自然时间时期那样根据天体和身体的信号自主地行动，也不能完全按照个人意志和需要进行时间安排。尽管确立了标准时区，但是标准时区中的“首都时间”（如北京时间）还是彻底改变了自然时间的原有规律和秩序，让东西相距千里的人在相同时间里，获得“同时不同天，同天不同时”的空间景观和时间感受。① 广播是工业文明的产物。工业社会的钟表时间理念为广播提供了赖以生存的“时间版面”。因此，钟表时间理念对广播来讲不仅是内容依托，亦是一种维度，是广播媒介为听众选择提供的重要标志。

3.信息社会与媒介时间

以广播电视为代表的电子媒介，通过内容的组织、节目的编排和时间的提示等手段，不仅完成了时间参考标准的转化，更实现了对日常生活中

① 邵培仁.论电视的时间经营与销售[EB/OL].(2008-08-05)[2016-06-12].http://media.people.com.cn/GB/22114/125417/131105/7612670.html.

时间安排的结构性影响。近年来,数字化、网络化技术带来了计算机、网络、手机等新兴媒体。新兴媒体以其互动性、个人性、开放性、便捷性等特点颠覆了人们对时间理念的传统认知。这些新兴媒体和电子媒介一起,建构着人类新的时间观念。

传统广播的数字化、网络化生存,打破了听觉信息内容依托时间进行线性传播的被动收听局面,进入了受众在任何时间、任何地点主动“拉”出所需内容的时代。信息社会媒介时间理念不仅影响人们日常生活建构和媒介选择、运用方式,也在影响着人们对时间形态的传统认识和人们的心理认知,有着深刻的社会影响。

新兴媒体时代的媒介时间具有瞬时、零散、无序等特点。网络广播、手机广播等新媒介形态,通过内容和技术的双重作用,完成了对人类思维方式和日常生活的普遍渗透。如何从媒介时间的视角探寻和考量重塑广播的思路,亦是当代广播人需要直面的时代课题。

(二)时钟规则——广播内容的体现方式

“媒介时间”所代表的不仅仅是电子媒介技术的进步,也是电子媒介内容的体现方式,广电媒介的一切运作活动都需要在时间的维度上进行,因此需要遵循“时钟规则”。

1.听觉信息的有序性呈现

报纸是存在于“空间版面”的媒介,打开报纸,内容一览无余、一目了然。广播是存在于“时间版面”的媒介,时间是无形、不可触碰的,属稀缺资源。因此,广播节目的时间、样式、形态、叙述方式须依照“时钟规则”,实现听觉信息的有序性呈现,从而影响听众收听行为与收听效果。

首先,为使听觉信息“不确定性”降至最低,广播听觉文本要求简单、明确、一听就懂。声音转瞬即逝,过耳不留,且听众只有一次机会,声音传播在清楚明白方面的要求更为严格。想让听众一听就懂,需要努力提升听觉信息的有效传播效果。

其次，为实现听觉信息的有效传播，广播人应树立鲜明的“路标”意识。广播除了连续不断的听觉符号，没有其他辅助符号提示，所以广播节目进行时须适时确认播出的内容，包括正在播出的节目名称，以及对关键人物、事件、地点等要素的提示关照，还包括对将要播出的节目进行预告。“路标”意识体现广播人的专业素养，使听众对无形的、持续流动的“声音版面”内容做到心中有数。

最后，放大“瞬间”状态的冲击力。广播依托电波技术实现了即时、同步传播。直播使听众处于“现在进行时”状态。电子媒介的瞬时性加强了人们对信息流动加速的心理感受，现场直播已成为常态性报道手段，现场直播的“瞬时传播”效果，不仅使听众如临其境，也满足了人们对信息传播“即时满足”的需求。

2.格式化广播：信息在表盘上的“舞蹈”

格式化(format)是指能够为某个电台创造可识别声音和特点的节目编排方式。在电视大受欢迎的年代，格式化广播的出现是保证广播生存的重要因素之一。

格式化广播最早出现于美国广播界，1949 年前后由内布拉斯加州奥马哈市的一家电台的经营者陶德·斯托尔兹(Todd Storz)和达拉斯 KLIF 电台的老板戈登·麦克林登(Gordon McLendon)首创。这两位广播电台主管同时注意到，当地酒馆的老主顾一遍又一遍地在点唱机上播放同一首歌曲，却没有引起其他顾客的抱怨。斯托尔兹和麦克林登也希望让他们的电台听众产生同样的忠诚。TOP40 这种流行的音乐节目形式，就来自于那时典型的点唱机中储存的唱片数量。电台经营者喜欢格式化方式，因为它能提升听众的忠诚度。广告投放者也喜欢格式化，因为他们能够针对有特定需求和购买习惯的听众投放广告。[①] 如今，美国几乎所有的商业电台都已经格式化了，夜以继日地播放同一类型的声音，如

① 罗德曼.认识媒体[M].邓建国，译.北京：世界图书出版公司，2010：279.

古典音乐、节奏布鲁斯、爵士乐或另类摇滚乐，同时用各种各样的口号来宣传自己的格式，如“年轻的乡村音乐”“不要说唱、不要金属”或者“全火爆金曲”。

以纽约全新闻电台1010WINS为例，来考察格式化编排方式的“时间版面”特点。1010WINS是位于“世界广播之都”纽约的一个全新闻电台，它被称为“全美收听率最高的新闻台”，也是全美广告收入最高、广告利润率最高的新闻台。目前在纽约每周有超过200万人收听1010WINS电台。[①] 1010WINS以20分钟为一个单元，全天24小时滚轮式播出新闻，新闻都是提要式的，每条长度不超过40秒。它的广告词是：“给我们20分钟，我们给你整个世界。”1010WINS坚持按照下面这种格式每天24个小时不间断播出：

每22分钟完整地更新一次新闻；

每3分钟报一次时间；

每5分钟报一次天气；

每10分钟报告一次交通情况；

每小时的前后15分钟各报告一次体育消息。

每当有重大事件发生，1010WINS就会打破常规格式，对其进行全方位的跟踪报道。听众不管什么时候打开收音机，都能听到他所期待或需要的内容。1010WINS主要靠交通、天气、报时和每个组合里的头条新闻吸引听众。无论是提要(5条)、头条、新闻更新频次、新闻长度(不超过1分钟)、记者播报长度(不超过40秒)，还是新闻“寿命”期限(6—7小时)，都有十分明确的规范标准，节目编导对广播时间的安排有一种公式可以

① RAMA B. CBS radio online sales kit[EB/OL].[2015-08-15].http://www.1010wins.com/pages/2098788.php.

参考，这种公式可以被画成类似于饼图的时钟形状来说明，展现了节目时间安排的每个方面。广播编导考虑最多的是如何吸引听众收听节目。编导假设听众会随机地换频率，偶然听到某个频率的节目，因此格式化编排的主要策略就是对广播的每一分钟都做好计划，这样一旦听众转到这个电台，识别出该电台后就会继续听下去。

美国格式化电台也存在某些问题：某个电台成功的格式会被模仿，导致格式的趋同化；电台的目标不是播出那些让听众有惊奇发现的内容，而是只要做到不让听众因为讨厌节目内容而关掉收音机就可以。这样做导致的后果就是格式化电台越来越有条理，却越来越没有生气。在我国，格式化电台仍处于探索与起步阶段，远没有美国发展成熟，电台节目和数量也没有美国广播那样细化和丰富。如何探索格式化广播的内容与个性特色亦是我们面临的课题。

第四节　广播“可视化”探讨

“广播可视化”曾是形容传统声音广播的一个概念，是指“广播运用语言、音响和音乐三要素，在诉诸听众听觉的同时，努力激活听众的形象思维，使其头脑里呈现出相应的视觉图像，多感官参与感悟听觉信息，从而达到提升传播效果的目的”。[①] 这个概念下的“广播可视化”，侧重于探讨广播如何利用声音激活听觉联想，引发听觉形象，发挥听觉的冲击力与感染力，取得听觉传播的深层效果。

在新兴媒体时代，“广播可视化”具有了与以往不同的内涵。“广播可视化”传播，有这样几种表达形式：广播与新兴媒体融合后，部分节目内容可以在网页上用文字、图片和视频表达，听众可以在网上看到以文字和图像形式提供的节目材料以及主持人介绍，通过超链接手段获取更多的背

① 张健康，黄彬.厘清“广播视觉化”的相关概念[J].中国广播电视学刊，2009(3):22-23.

景资料，还能与其他网友即时互动交流，成为“看得见的广播”；数字多媒体广播(DMB)采用数字多媒体广播接入数字电视的方式，向手持移动终端发送包括声音、图像等在内的内容，实现视觉化传播，如北京人民广播电台已开通数字多媒体广播，接收者可以在七寸以下的屏幕上获得声音和图像。这个概念中的“广播可视化”，是将传统音频广播置于媒介融合背景下，借力新的媒体技术实现传播过程的“可视”。本文所说的“广播可视化”，就是指后者。

一、广播“可视化”的实现方式

(一)用视觉符号实现“导听”功能

广播电台开办网站，是广播“可视化”的一种方式。1996 年底，广东珠江电台就开通了网络广播，成为中国首家上网的电台。到 2008 年底，全国已经有 80%的电台建设了自己的网站。大多数的广播电台实现了广播的直播和点播。虽然同一个频率通过互联网和收音机收听到的内容并无差异，但收听方式还是存在差别。收音机只需开机、调台就可以收听，而在网络中需要寻找相关网站和在线收听位置，这就需要文字等视觉符号的引导。可以说，文字、图片等视觉符号的“导听”，对广播节目的网络化生存来说十分必要。

广播节目的点播脱离了广播线性传播的特征，从“时间版面”生存转为“空间版面”生存，实现了可寻、可选、可存留。既然是“空间生存”，就需要符合空间编排方式，需要更加合理的、方便的视觉化信息来指引用户选择。

(二)广播内容的视觉化呈现

广播电台开办网站后，可以用文字、图片和视频体现节目内容，听众在网上可以看到以文字和图像形式提供的节目材料、主持人介绍以及各种背景资料，还能与其他网友即时互动交流。

2000年，中央人民广播电台开办中国广播网，现更名为央广网。央广网依托网络中心、电视中心积极发展数字、卫星、网络和手机广播电视业务，努力实现广播的“可听、可视、可读”，明确提出实施“台网一体、全台办网”战略。由于广播在重大突发事件中具有快速、便捷的优势，“中国之声”在2008年南方雨雪冰冻灾害、汶川地震、玉树地震等重大突发事件报道中发出了大量第一手的有效信息。电台的信息资源通过网络以文字、图片、音频等多种形态传播至整个网络，是广播内容视觉化最普遍的实现方式。

数字化、网络化技术使广播节目加入视频元素成为可能。北京广播网是北京人民广播电台的官方网站，“突出音频，保证视频，拓展图文”是北京广播网的办网方针。北京广播网的一大特色是：北京人民广播电台有28档栏目在节目播出的同时进行网络视频直播，节目播出后还可以在北京广播网点播视频；另有一档北京广播网自创的栏目《播播会客厅》，只在网络上以视频形式播出。在广播节目网络视频直播的同时，网友可以登录网上聊天室，与正在上节目的主持人和嘉宾聊天交流。视频直播使广播节目实现了同步的视觉化呈现，但在广播界和学界也有人认为，视频信号的出现背离了广播的传播特性，也削弱了广播原有的魅力。有些广播节目的网上视频直播效果并不理想，如视频画面单调，包括直播间、主持人和嘉宾，画面较简单，镜头变化少，人们长时间收看难免会疲劳。广播节目主持人的表现力主要在于声音，而直播间装上摄像头，主持人须兼顾在镜头前的表现，在控制节目、与嘉宾交流之余还要不时和收看节目的观众互动，而节目对象主要是收音机前的听众，难免有顾此失彼的情况。

广播如何对待“视觉化”，如何把握好“度”成为关键。因此，有学者提出，重塑广播，应使传统广播的“非视觉传播”转变为以听觉信息资源为主体的“适度视觉化”传播，同时还要防止“过度视觉化”。

二、广播“过度视觉化”的反思与“适度视觉化”前景

(一)“过度视觉化”:将视频作为广播的核心资源

在广播业借力新兴媒体的过程中,一些电台明确提出走“全媒体”发展道路,大力开展视频业务,认为视频的声画并茂能够弥补广播“看不见”的“弱势”。有的电台开办视频频道,有的电台忙于广播电视“整合”,将广播视为电视的音频内容。有学者提出传统广播将被新的广播形态替代,广播应向“全媒体”方向发展等。亦有学者提出“新兴媒体时代广播不拒绝网络,但应拒绝视频”的观点。还有学者提出“融合时代只有用户,没有受众”,受众观念将全面被用户观念取代,并“意味着广播听众时代的终结”!“广播可视化,是通过视频拍摄的手段将广播内容‘可视化’,广播的视频化可以将传统广播原有的核心资源‘可视化’,从而使得传统广播成为 3G 的内容提供商”。

网络与新技术的结合使传统广播实现了多渠道传输、多符号呈现、多终端接收,同时可以实现“异步”收听,节目内容可保存、可调出,突破了广播线性传播局限。在肯定数字化、网络化技术为传统广播带来的变革同时,应该思考的是:广播的本质和核心要素是什么;广播“触网”以及加入“视觉”元素是否真正增强了传播效果?广播“可视化”是近年来一些电台的探索,许多问题还需要科学与实践的验证。新的媒介技术为传统广播提供了技术支持,而用户的选择与使用才能真正激活新技术的潜能。“可视化”如何更加理性和有前瞻性地探索传统广播与“可视化”开发,如何把握“适度视觉化”,防止“过度视觉化”,是新兴媒体时代广播能够健康发展的重要选择与决策。

(二)广播“适度视觉化”前景

在新兴媒体时代重塑广播的进程中,如何选择和把握新技术带来的“可视化”传播效果,是关乎广播能否持续健康发展的战略抉择。因此,针

对“过度视觉化”引发的种种值得注意的问题，本文提出“适度视觉化”传播理念。

电台网站的功能在于“导听”：指导用户使用各种适合自己的方式获得音频内容。实现“导听”的方法主要在于文字、图片以及网站的呈现方式：通过文字，指引用户在网络上选择声音；通过图片，辅助用户理解声音传播的内容。而视频不是广播电台及网站的重点业务，因为广播电台没有视频资源的优势。一些广播电台尝试广播节目的视频直播和点播，但视频直播与点播的前提是节目高度品牌化，只有明星级的主持人和节目，加之粉丝级别的听众/用户，才可能产生选择视频直播或点播的行为。网络广播的理念应是“适度视觉化”，而不是将网络广播变身为网络电视。要防止“种了别人的田，荒了自己的地”。

声音传播是广播的立身之本，忽视音频无异于放弃广播的生命。因此，电台在开发广播“可视化”的过程中，应当清醒地认识到可视化元素的功能是工具性辅助功能，应避免陷入对新技术的过度崇拜。不论是信息还是技术，能被解读才能变得有用。在硬件不断完善、技术提供无限可能性的背景下，广播媒介更重要的任务仍是“软件”升级。

“适度视觉化”的首选是广播音频内容的网络化生存。从世界广播发展来看，广播音频节目上网，开办电台和节目的广播网已普遍开花并成为大势所趋。广播节目网络化生存的优势在一定程度上弥补了广播声音传播的局限：被动收听、转瞬即逝、难以储存、频率资源稀缺等，实现了信息储存、超链接、即时互动反馈等功能，包括了文字、图片、视频等的“可视化”传播。需要强调的是，“可视化”元素对于重塑传统广播来说具有工具性辅助功能，是对广播听觉传播效果的拓展，而非替代，要注意避免主次倒置。这就要求当代广播人树立科学的媒介观，在技术“魅力”和媒介市场竞争中，确立理性、科学的重塑广播理念与战略。

本章小结

本章通过对新兴媒体时代广播的生存环境与现状进行考察，提出以数字化、网络化技术重构媒介格局。新兴媒体凭借自由开放、互动性强等传播优势备受青睐，传统媒体则拥有资源优势与专业优势。传统媒体的数字化进程使报刊、广播、电视的内容都可以被转化为以二进制方式排列组合的字符串，并可在不同介质和通道中传播和存储，这就为新旧媒体的合作提供了现实可能性。从20世纪末开始，新兴媒体与传统媒体之间开始实现业务的融合、技术的融合、渠道和平台的融合。新旧媒体各展所长，它们之间既竞争又合作是大势所趋。

广播的历史是技术、内容与功能相互促进的过程。美国广播发展史是技术促进产业、受众决定需求，在与其他媒体的竞争中不断开发广播资源、调整媒介定位的历史。中国广播在改革开放之后，才开始回归听觉传播的本体特征。半导体技术使广播成为移动化、个人化收听的伴侣媒介；FM、立体声技术提升了广播听觉传播感染力；频率专业化为细分听众提供多元内容。以数字化、网络化为代表的新技术为广播重塑提供了全新平台：广播实现多符号呈现、多渠道传输、多终端接收等。如果说，电子传播时代的中国广播是对听觉传播规律的回归与拓展，那么，新兴媒体时代的广播需要完成对自身的重塑。

本章论述了广播之所以成为广播的根本特性——非视觉传播。广播因为看不见，常被认为信息符号单一，缺乏形象感。如果从积极的角度来解读，“非视觉传播”释放了受众的双眼和双脚，成就了广播的伴随性与非独占性；声音传播的特质使广播成为一种想象的、具思想性与智慧的、朋友式的媒体。因此，广播并没有在电视时代灭亡，也不会消失于新兴媒体时代。尺有所短，寸有所长。从这个角度来说，“非视觉传播”看似使广播显得不够“完美”，同时，“非视觉传播”亦成为广播可持续生存和发展的“相对优势领域”与核心竞争力。

广播的数字化与网络化生存为广播提供了视觉符号的支持。本章提出广播“适度视觉化”发展的观点，对过度引入视频冲击或改变了广播核心资源优势的“过度视觉化”提出质疑和反思。新兴媒体时代重塑广播需要通过新的媒介技术与手段，将广播的“非视觉传播”优势放大，并从“工具性辅助”层面进行补充和拓展，使受众能够通过更为人性化的方式，更好地接触和使用焕然一新的广播。

第二章　广播受众的转型

中国广播的听众曾在相当长的时期内，处于被动和无可选择的境地。改革开放以后，这种局面很大程度上得到了改善。中国社会的转型变化直接影响和推动了广播听众的整体规模和结构变化，催生出越来越多样化的受众需求。新兴媒体时代彻底改变了受众使用媒体的方式。不论是与数字科技共同生长的"数字土著"，还是半途进入的"数字移民"[①]，新兴媒体改变了所有人的生活方式，也改变了媒介与受众的关系。本章从新兴媒体时代的受众总体特征入手，分析广播受众的变化与特征。

第一节　新兴媒体时代的受众特征

受众对传媒所提供的信息具有决定权，他们同样也决定着某一个特定的传媒产品，甚至决定着媒体本身是否能生存。媒体化信息的生产者，比如记者、编辑乃至作家、导演等，可能在头脑中形成特定的信息，但是对该信息的意义与价值有决定权的是受众。新的传播技术改变着传播渠道、传播手段、传播形态、传播方式等，不断提升受众的主体地位。新技术

① 北卡罗来纳大学的 Marc Prensky 把伴随网络成长的一代人称作"数字土著"，而在技术爆炸之前成长起来的人则被称作"数字移民"。"数字土著"(Digital Natives)，指和高科技一起诞生、学习生活、长大成人者。"数字移民"(Digital Immigrants)，指因为出生较早，在面对数字科技、数字文化时，必须经历并不顺畅且较为艰难的学习过程的人。

的推广和普及最终也要得到受众的认可,受众的选择亦成为新传媒技术的试金石。因此,研究新兴媒体时代的受众特征,对传统媒体的重塑具有重要价值。

一、受众主体地位的回归

在人类历史进程中,媒介不断变革和发展。自原始社会的口语传播到今天的网络传播的媒介发展史,是媒介适应社会需求和科技进步的媒介演变历史。传播中受众的主体性也经历了从固有、丧失到回归、重构的过程。

原始社会,人类的交流靠各种非语言传播进行。如马歇尔·麦克卢汉所说,最早的媒介是人类身体的延伸。公元前4000年左右,文字登上了传播舞台,文字大大加速和改变着文明的进程和形态。文字传播剥离传者与符号,实现传者与受者历史性的分离,揭开了以传者为中心的传播时代序幕。印刷术的发明赋予民众更强大的声音,更多人学会阅读,产生新思想。报纸适应了工业文明时代人们对信息交流的期待,“新闻纸”的出现和普及,使作为印刷媒介的报纸开启了人类大众传播时代。20世纪是电子传播媒介大发展的时代。广播电视作为媒介新贵出现在传播舞台,并掀开了人类传播史的新纪元。广播电视在一定程度上向现实物性世界靠拢,回归和放大了人类耳闻目睹式的信息交流形态。电子时代的传播主体,其机构化和制度化逐步完善,电子传媒凭着技术超越时空,在一定程度上把持着大众话语,左右着人们对世界的认识、印象和态度。在社会不断进步、科技飞速发展的今天,我们似乎已经窥见一个由崭新媒介引领的、返璞归真式的受者中心时代的来临。就像麦克卢汉40年前所说:媒介的演化史是一个“部落化—非部落化—重新部落化”的过程。在新型的网络传播中,网络媒介高度兼容和整合着传统的视听符号;在新的技术条件支持下,它打破声音、文字、图片、图像等传统媒介之间的壁垒和阻隔，充分发展人与人、人与机、机与机之间的实时互动，大众传播的面貌正在逐日更新，信息传播正朝着真正以接受者为主体的方向发展。

在早期的传播效果研究中，受众是受传播者控制和摆布的被动接受者，是“枪弹论”中应声倒下的“靶子”。20 世纪 40 年代开始研究的“使用与满足理论”，从受众需求的角度探讨大众传播的影响，提出受众使用媒体是基于个人的需求和愿望，受众是有选择、有识别能力的，人们会因为不同的需要而接触不同的媒体内容。哈佛大学心理学家鲍尔曾说：以往的研究总是问“讯息如何作用于受众”，而现在的研究则应问“受众如何处理信息”。这说明了早期受众研究与现今受众研究的不同视角和结论。

新兴媒体所具有的开放性、交互性、多元化等特征带来了海量的信息及人和信息的自由互动，受众处于主动参与的主体性地位。普通民众通过互联网、手机等便携工具，以及网络 BBS、博客、微博、即时通讯软件等新技术，让使用与处理信息的方式发生着巨大改变。如默多克所说：“他们不习惯靠早晨读报来获得最新的信息，也不需要报纸以上帝似的口吻来告诉他们什么事情最重要。他们希望信息能按需出现，并且有实际用途。他们希望控制信息来源，而不是被控制。”①

多年来，受众在一个高度“中心化”的世界里成长。信息的社会传播流向以及“话语权”一直是少数人享有的“专利”。传统广播传播是单向的、以传播者为话语中心的封闭型传播，受传播载体和技术条件所限，听众往往处于被动接受的状态。听众只有选择收听或者不收听的自由，而没有对答回应、平等参与、交流对话的自由。新兴媒体时代的技术变革带来了受众主体性的回归，实现了受众的主动选择，开创了传受平等互动的新格局，使大众传媒从业者逐步确立了“受众为主体”的现代媒介理念。

① 默多克在美国报业编辑协会论坛上的发言，2005 年。

二、受众呈现"碎片化"特征

"碎片化"理论认为，当一个社会的人均收入在1 000至3 000美元时，这个社会便处在由传统社会向现代社会转型的过渡期，其基本特征就是社会的"碎片化"。传统的社会关系、市场结构及社会观念的整一性被打破，话语方式、消费模式瓦解，取而代之的是一个个利益族群、差异化诉求及社会成分的碎片化。社会的"碎片化"在受众需求领域主要体现为两个特点：一是受众需求心理更加丰富、多元，受众希望获得多种满足；二是受众生活环境节奏变化，受众希望在不同时间获得不同满足。① 随着社会经济的发展，人们生活水平不断提高，消费选择不断扩大，生活方式及意识形态呈现多样化趋向。即使是年龄、教育、收入基本相同的消费阶层内部也可能由于态度观念的不同，呈现出逐步分化离散的状态。

中国的受众消费正处在一个"裂变"的过程。发达国家经历数十年的"集中—分化—断裂"的漫长过程，在中国缩短为短短十余年。消费者"碎片化"是在大众市场基础上，由不同分众市场板块不断碰撞而形成的。这种"碎片化"的影响体现在消费者的消费行为、品牌选择、媒介接触和生活方式等方面，展现出的是一个个立体、生动、高度同质化的消费者集合体。如果说物质消费形态的"碎片化"主要体现在消费者的产品消费方面，那么精神消费形态的"碎片化"则主要体现在受众的媒介接触方面。以北京受众的媒介接触情况为例，1998年至2003年，其电视收视时间和报纸阅读时间逐年增长，而广播收听率和杂志阅读率基本呈逐年下降趋势。2003年以后，受众的媒介接触发生了显著变化，收看电视、阅读报纸的时

---

① 陈国权.市场机制比融合更重要——以美国在线－时代华纳为例反思媒介融合兼谈媒介分化的意义[J].新闻记者，2010(12)：44-48.

间开始缩短，而接触广播、杂志的比例明显上升。[①] 从中可以看出，受众被电视、报纸这些传统观念中的大众媒体垄断的局面逐渐被打破。随着私家车拥有量的增长和杂志专业化程度的深入，面对受众的多元信息期待与选择，广播、杂志这些针对特定受众群的媒体脱颖而出，以网络为代表的新兴媒体的发展更是独占鳌头。媒体市场格局演变是受众多元选择的结果。新的媒体技术为受众的主体作用增加了“砝码”，亦为传统媒介的数字化、网络化生存提供了崭新空间，但也为其带来直面受众多元选择的挑战。

三、受众的媒介选择：多媒体复合使用

新媒介不仅深刻改变着新闻传播的生产机制和媒介行业的竞争格局，也深刻影响着受众接收信息的需求、行为及习惯。在多媒体信息爆炸的时代，受众对媒体的选择并不是使用一个、摒弃其他，而是多种媒体并行，各种信息渠道全方位地占据人们的目光和注意力。

（一）受众媒介使用：复合性、移动性

据中国城市居民调查（China National Resident Survey，CNRS）[②]的数据显示，中国城市居民同时接触多种媒体的受众比例在上升，而只接触1种媒体的人群在逐渐减少。

央视市场研究的数据显示，互联网高速发展的十余年来，全媒体复合受众[③]规模持续增长。2001年全媒体复合受众规模为6 140万，到2014

---

① 中国传媒大学广告学院IMI市场信息研究所从1995年开始对中国城市居民的消费行为与生活形态进行调查，至2005年历时十年。黄升民，杨雪睿.碎片化背景下的分众传播与新媒体发展[J].市场观察·广告主，2006(5)：34-37.

② 中国城市居民调查是CTR市场研究在中国大陆进行的关于居民媒体习惯、产品及品牌消费习惯和生活形态的同源连续性大型市场调查，是目前国内规模最大的城市居民连续性研究项目。

③ 全媒体复合受众规模＝报纸、杂志、广播、电视、互联网的日受众规模＋户外的周受众规模，由央视市场研究界定。

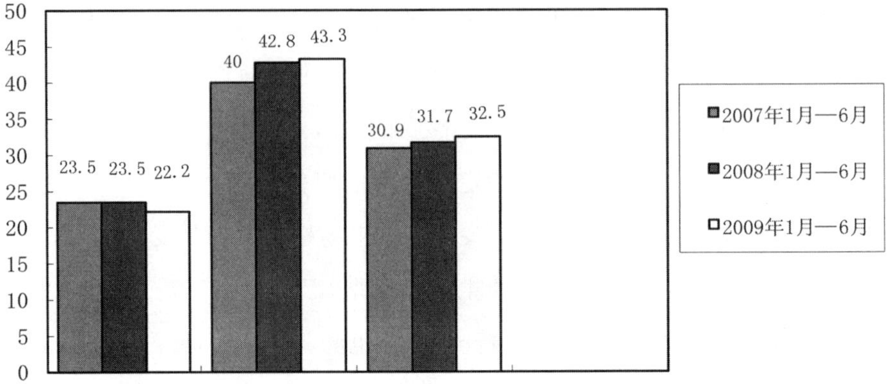

图 2-1　中国城市居民接触不同数量媒体受众占比的变化

数据来源:CNRS 中国城市居民调查

年为 1.46 亿,翻了 1.4 倍。网络媒体用户快速增长的同时,传统媒体受众规模也在增长。仅使用新媒介而放弃使用传统媒介的受众数量在目前微乎其微,绝大多数受众对新旧媒介实行复合使用。2011 年,日接触 4 种以上媒体的城市居民比例为 40%,至 2014 年虽有下滑,但也达到 34%。对于用户来说,传统媒体与新兴媒体的界限并不清晰或绝对,用户会根据自己的需要,在合适的时间、地点选用合适的媒体形式与内容。

2014 年,广播日到达率为 15.5%,相比 2013 年,增长了 2.1%,是传统媒体中唯一日到达率在增长的媒体。同时,广播的日收听时间也在增加。在多媒体复合使用的环境中,广播也许不是使用时间最长、受众面最广的媒体,却是受新兴媒体冲击较小、受众忠诚度较高的媒体。

媒介使用的时空移动性是指随着新媒介技术的发展,特别是终端、无线和移动技术的进步,受众使用媒介不必再局限于特定的时空范围(例如典型的看电视场景是晚间下班后在家中客厅收看),而是呈现出移动、流动的特征(如可以上班途中在公交车和地铁上看电视、在室外无线上网)。各类媒介在移动情境下的使用比例均不同程度地提升了。广播的总体受众数量虽然不大,但是广播受众的忠诚度较高。传统广播本就是适合移动使用的媒体,借助移动互联网的迅速发展,移动收听的比例持续增长。央视媒介研究的数据显示,2010 年广播听众移动收听比例为 9.3%,到 2014 年,这一比例达到 22.4%。私家车中收听广播比例更是达到 64%。可以说,移动广播是广播未来发展的中坚力量。

(二)受众的新闻取向:"全时""多媒体"获取新闻

新闻已经变得无所不在。受众越来越倾向于通过多种终端的多媒体平台,以各种形式接触新闻,而非忠诚于某种媒体形式或某个新闻组织。

调查显示,绝大多数的美国人使用多媒体平台获得新闻,包括全国性的电视台、地方电视台、互联网、地方报纸、广播和全国性报纸。46%的美国人认为在具备代表性的一天中,他们会通过 4—6 种媒体平台获取新闻。仅有 7%的人在具备代表性的一天中,只通过单一的媒体形式获取新闻。①

互联网作为一个新闻平台已经在普及性上超过了报纸和广播,如今仅排在电视之后。56%的美国成年人认为他们已经习惯"全时或几乎全时"地跟踪新闻,另有 25%的人至少是"时不时"地跟踪新闻。99%的美国成年人认为在典型的一天中,他们至少通过以下一种媒体形式获得新闻:一家当地或者全国性印刷版报纸,一个当地或者全国性的电视台新闻频道,广播或者互联网。多数美国成年人在典型的一天中,会使用在线和离线相结合的方式来获取新闻。②

78%的美国人通过本地电视台获取新闻。

73%的美国人从全国性的电视网,例如 CBS(哥伦比亚广播公司)或者像 CNN(美国有线电视新闻网)、FOX(福克斯)这样的有线电视台获取新闻。

---

①② 杨晓白.2010 年美国受众新闻消费特征报告[J].青年记者,2010(10):75-76.

> 61%的美国人从互联网中获得新闻。
>
> 54%的美国人在家或者在驾车过程中收听新闻广播。
>
> 50%的美国人通过当地报纸阅读新闻。
>
> 17%的美国人通过阅读全国性报纸(比如《纽约时报》或者《今日美国》)获得新闻。
>
> 92%的美国成年人如今已经习惯从多种信息来源和各种信息平台获得新闻,其中半数的人每天使用4—6种媒介形式。只有38%的人只依赖离线新闻来源,仅有2%的人只依赖互联网获得每天的新闻。

值得注意的是,在线人群更喜欢收听广播新闻:44%的非互联网用户会规律性地收听新闻,而57%的互联网用户会规律性地收听新闻。39%的只使用固定电话而不使用手机的人会收听广播新闻;53%的只使用移动电话而不使用固定电话的人会收听广播新闻。

不论是我国还是美国,新兴媒体时代的受众均呈现出注意力分化、多渠道获取信息的特点。因此,传统媒体并不需要恐惧完全被新兴媒体所替代,而需要考虑受众的媒体使用习惯与信息需求变化,在新的媒体技术支持下,将自身独有的优势与潜能开发至极限。

(三)广播:适应受众多层次注意的媒体

在对受众注意力的占有上,不同媒介体现不同的特点。印刷媒介的受众必须付出足够的注意力才能获取必要的信息并享受该媒介的服务;电视媒介对受众注意力的占有相对印刷媒介更具弹性,允许受众一定程度上有注意力的游离。但是,电视视听兼备的传播特点要求受众必须坐在电视机前,视觉传播对人具有独占性,限制了受众的自由。传统电视的线性传播特点,亦使观众处于被动收视状态。在"时间就是金钱"的时代,忙碌的人群难以承受电视对自身自由度的"侵犯",从而造成电视观众主流人群的流失。

传统广播的听觉传播唯一性，即“非视觉传播”的动态收听状态，解放了人的双眼、双手和双脚，使广播成为动态收听的伴随性贴身媒介。因此，听众收听广播时的注意力付出可能有以下几种：一类听众注意力集中、专注收听；一类听众处于半收听状态中，一边做其他事情一边收听；一类听众处于无意识收听状态。广播既提供那些需要听众集中注意力收听的节目，也提供不间断的声音流。例如，音乐流可以伴随听众的其他活动，听众既可以付出全部的注意力，也可以处于半收听状态，甚至处于无意识收听状态，此时的广播声音成为一种背景，也可以被称为“声音壁纸”。

英国广播研究专家安德鲁教授提出“广播是独一无二的伴随性媒介”。[①] 听众收听广播的状态是多样的，且可随着节目内容而改变。相当部分听众（忠实听众除外）往往出于偶然的原因收听广播，动机可能有很多种，比如正好想听点什么，于是打开了收音机，在收听过程中，有时候被内容吸引进入专注性收听，有时候则是一种半游离状态下的非注意收听，也可能对内容完全没有听进去乃至关掉收音机。收听广播的理想状态是：广播与所做的事情融合在一起，成为参与时间进行的一个自然部分。从这个意义上讲，广播确实是独一无二的伴随性媒介。

第二节　“移动”与“重聚”——新广播时代广播受众转型

正是听众发明了以今天这样的形式存在的广播。[②]

——乔治·罗德曼《认识媒体》

---

① CRISELL A.Understanding radio[M].Oxford:Routledge, 1994:212.

② 罗德曼.认识媒体[M].邓建国，译.北京：世界图书出版公司，2010:291.

一、当代广播受众的状态选择:移动化拓展全新媒介空间

"移动"一词在《现代汉语词典》中的解释是"改换原来的位置"。日常生活中的"移动"可以包括上下班、上学、放学、出差、旅行、外出采购、休闲、交际等活动。当代生活的快节奏使居民的移动程度不断加深,"移动"日益成为当代人的典型状态和特征。不断变化的听众生活方式和收听行为正在改变着广播的"时间版面"。当广播作为家庭娱乐工具时,黄金时段指吃完晚饭后的时间。今天,广播成为贴身的个人媒介,大多数听众是早出晚归的上班族,因此早晨和下午的开车、乘车时间成为广播节目的黄金时段。当代广播的忠诚听众为收听自己喜爱的节目,可以静态或动态专注地收听。广播收听的整体趋势是更多听众将选择动态收听。

(一)现代化、城市化与广播的移动化生存

《2007IMI 城市受众移动生活形态与新媒体接触研究报告》显示,对于北京、上海两地"已经工作并且有比较固定上下班时间"①的人群来说,平日主要的外出活动是上下班、上班期间的外出活动和晚上下班后的外出活动。北京样本在上下班路上花费的时间一共是 81.4 分钟,上海样本是 72.6 分钟。两城市有 10%左右的有固定上下班时间的人在"工作中需要外出"。到了 2014 年,《中国劳动力市场发展报告》显示,北京的上下班通勤时间达到 97 分钟,居第一位。第二位的上海通勤时间也超过 90 分钟。可见,城市的扩张延长了上班族在上下班路上花费的时间。同时,各种休闲娱乐活动的兴起吸引着居民走出家门,城市道路的改造、交通设施的完善以及私家车的普及更是为人们外出提供了便利条件。随着城市

---

① 2007 年出版的《2007IMI 城市受众移动生活形态与新媒体接触研究报告》以受众的生活形态研究为基础,研究城市受众的移动生活形态对受众新媒体接触的影响。报告中根据工作、生活状态的不同,将城市受众划分为三大类:上班族、正在上学的学生、退休或赋闲在家人员。其中上班族又由于工作性质的不同可以再分为有比较固定上下班时间的人群和没有比较固定上下班时间的人群。

受众移动程度的增强，各种形式的移动新媒体为适应受众移动生活状态的变化应运而生，移动过程中的媒体接触既扩大了受众接触媒体的空间，也延长了受众接触媒体的时间，从而带来信息传播方式的变革。

移动性已经成为人们生活的重要特征，移动的生活促进人们对移动媒介的消费。广播流动收听量的增加，主要缘于三点：一是汽车快速进入家庭，驾车听众规模越来越大，同时国内大部分省级交通台几乎全程覆盖高速公路，交通广播无处不在，从而大大提升了驾车人士的收听量；二是广播电台进入地铁、公共汽车、各大购物商场。在不少城市的公共汽车、购物商场，甚至地铁站等场所都能够听到广播，这扩大了公共场所的广播收听量；三是居民在户外活动休闲的时间增多，“伴随性”特色明显的广播成为许多人的“朋友”。特别要关注的是社会转型背景下、城市化进程中流动的庞大农民工群体。2014 年，中国流动人口为 2.53 亿，新生代流动人口已经成为流动人口的主体。因此，新兴媒体时代的广播应将庞大的流动人口视为新的目标受众群体。从技术到内容提供贴心服务，这亦是重塑广播责任的时代性课题。

（二）广播：受众“在路上”的最佳伴侣媒介

广播的重新崛起过程就是广播所拥有的天然移动性媒体特征被重新发现的过程。人的感知器官大多都必须集中于人的主要活动，而不能长时间独立去获取信息，但人们在大部分活动中，依然可以只依靠听觉获取信息。20 世纪以来的传播新技术，不同程度地推动着媒体伴随化的进程。收音机的体积越来越小且便于携带，收听质量也越来越好。随着收音机被装进汽车，收听广播给驾车人和乘车人带来了新的生活方式。电视发明之后，广播在相当一段时间内没有找到更适合自身与现实的运作方式。而随着现代化、城市化进程的推进，都市生活的节奏加快，人们“在路上”的时间增加，自然也增加了人们与广播的接触度。广播所具有的传播信息的即时性、表达内容的传真性、对人注意力的非独占性等特点被人们重新发现，并与受众移动化、伴随性的要求结合在一起，广播找到了适应自身发展的新方向。

赛立信媒介研究调查显示，2013 年，使用手机收听广播的听众比例达到 47.8%。此外，通过车载收音系统、电脑网络收听广播的听众比例也有不同程度的上升，可见，手机、车载收音系统以及互联网等新兴媒体已经成为广播主要的收听终端。2013 年，私家车逐渐成为听众最经常收听广播的地方，把私家车作为最经常收听广播地方的选择比例达到了 35.7%，比 2012 年的 29.5%有明显提升。

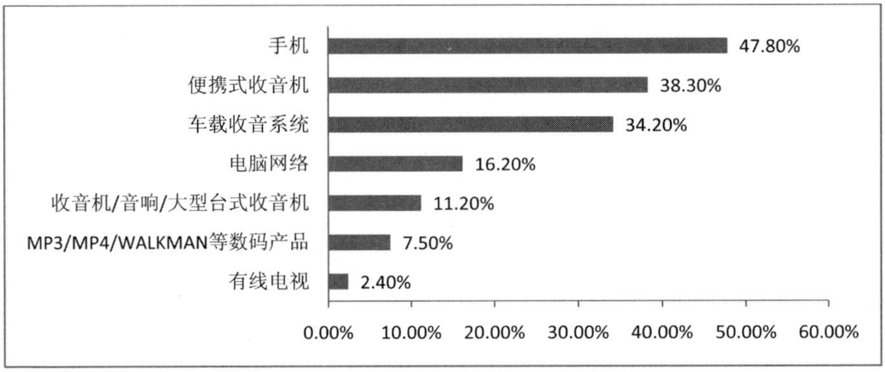

图 2-2　2013 年中国城市广播听众收听广播的工具

数据来源：赛立信媒介研究，2013 年

截至 2014 年底，全国汽车保有量为 1.54 亿辆，其中私家车达 1.05 亿辆，全国汽车驾驶员人数超过 2.46 亿。全国城市出租车总量保持在百万辆规模以上。在城市规模日益扩大的今天，出租车也已成为市民特别是白领阶层的主要出行方式之一。① 赛立信针对 2012 年移动收听市场的调查结果显示，90%以上的驾车人士通常都有在车上收听广播的习惯。

① 黄学平.2012 中国广播广告影响力发展研究报告[EB/OL].(2013-06-03)[2016-08-12].http://www.bpes.com.cn/zh-CN/displaynews.php? id=846.

在国内各大中城市“堵车”成为常态的时候，广播成为驾车人士了解路况信息、新闻资讯和娱乐消息的重要渠道。大部分私家车主平均每周有4—6天收听广播，每次收听广播的平均时间接近1小时，出租车司机则几乎每天都收听广播，而且每次收听的时间更长，平均约2个小时。

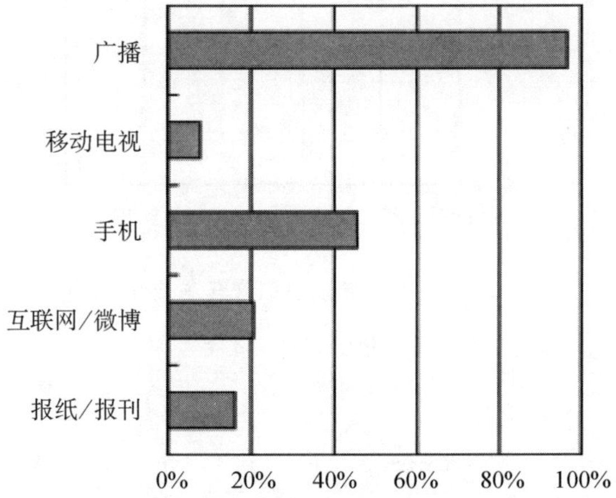

图2-3　移动听众获取信息选择的渠道

来源：赛立信媒介研究，2012年

以上调查数据说明，移动收听渐渐成为受众收听广播的主要方式，广播媒介需要使受众通过最适合他们的方式，得到他们需要和最感兴趣的信息内容。

(三)移动听众的特征与收听行为

1.车上听众特点：年轻化、高文化程度、高收入

快速增长的流动听众群是驱动广播听众年轻化、高文化程度的主要因素。赛立信媒介研究在2013年针对全国33个城市在车上收听广播的听众的调查结果显示，车上听众主要集中于25—44岁年龄段，即车上听众以中青年为主。受教育程度方面，具有大学及以上教育程度的听众比

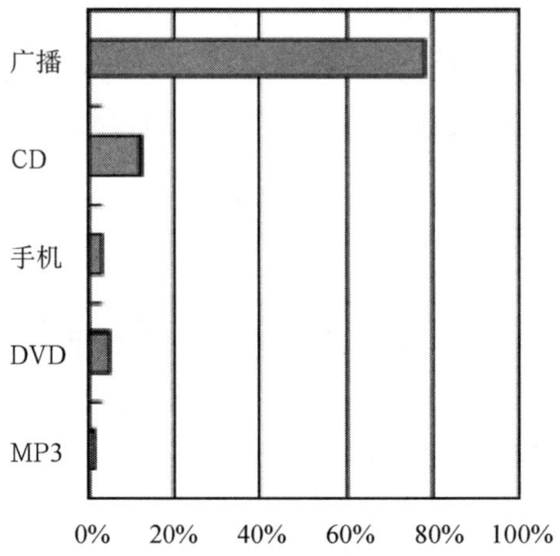

图 2－4　移动听众获取音乐选择的渠道

来源：赛立信媒介研究，2012 年

例最高，接近 40%。车上听众收入也比较高，个人月收入超过 3 000 元的比例较高，明显高于其他收入水平听众的比例。[①] 车上听众热衷追求高品质的产品，具有较强的消费能力和购买力。

移动听众群体的日益壮大令广播听众的含金量，即听众的市场价值大大提升。毕竟，私车车主的购买力和消费能力，是任何一个商家，包括广告主和广告公司都不会忽视的。

2.车上听众：忠诚度较高

NOP 媒介研究公司针对美国驾车听众的一项个案研究显示，车上收听量的高低，与驾驶旅程的特点和远近有关：听众在日常反复、固定的驾驶旅程和长途驾驶旅程中的收听率相对较高；90%的小轿车收音机有预设的电台，驾乘人员会选择收听这些预设的电台；每辆小轿车上平均有 7 个预设的电台；三分之二的驾驶员曾经收听过绝大多数甚至所有预设的电台。[②]

① 陈若愚.中国广播收听年鉴 2014[M].北京：中国传媒大学出版社，2015：169.

② 王平.积极认识和开发广播媒体的特有传播价值[J].收听研究，2010(3).

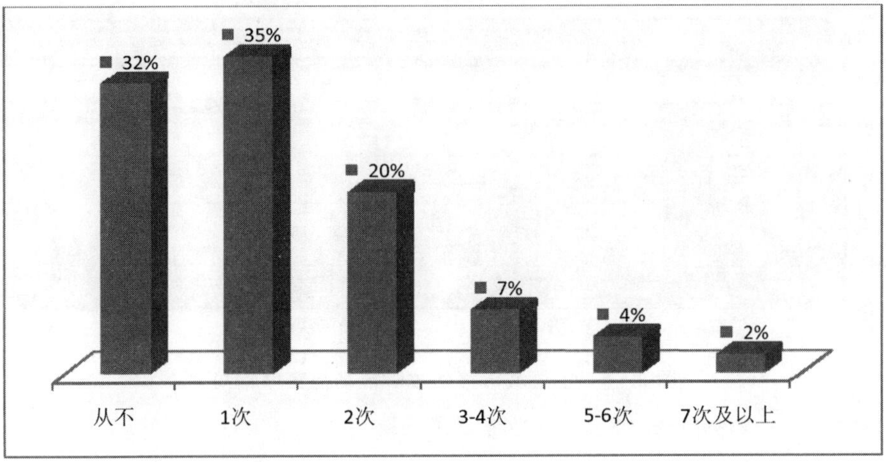

图 2-5 美国驾车上下班途中收听广播期间换台人数的比例

资料来源:RAB/NOP Media

尽管外部原因可能会导致听众频繁换台,但在现实生活中,车上听众换台比例之低出人意料。对于不同的驾驶行程,也会有不同的换台模式。长途驾驶的换台率最高,上下班行程的换台率相对较低。同样,中国移动听众收听的频率或节目也相对比较固定,其中超过40%的听众长期在一些固定的频率或节目中切换,并已经形成固定的收听习惯。赛立信的调查显示,在移动收听市场,以路况信息为卖点的交通类频率和伴随性强的音乐类频率表现最为活跃,合计共占接近70%的市场份额。交通广播已成为全国广播市场中最重要的主力频率,2011年交通广播的市场份额超过全国广播收听市场的1/4,在全国城市广播市场中更是占据主导地位。与2011年相比,2012年交通广播的市场份额略有下滑,音乐广播和其他类型频率略有上升,新闻广播基本持平。

调查结果显示,车上听众往往会锁定自己喜欢的几个电台,很少换台,忠诚度较高。这就要求频率品牌化程度较高,思考如何编排才能吸引听众持续、伴随收听。这就要求面向驾车族的交通频率,要凭借内容的专

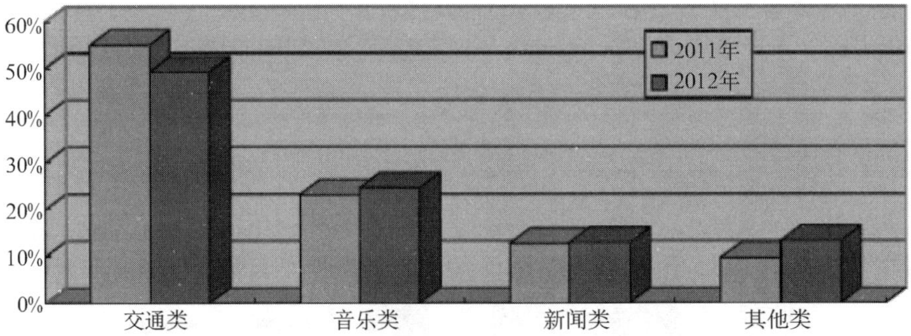

图 2-6　主要城市移动收听市场的竞争格局

来源：赛立信媒介研究，2011—2012 年

业性和服务信息的实用性，不断提升对目标受众的吸引力及其忠诚度。

二、广播受众定位演变：广众—分众—新的聚众

广播媒介诞生伊始，努力追求对最广泛的受众进行信息传播，从而获取尽可能广泛的影响力，并将其转化为经济利益。伴随着市场经济的深入发展，“分众”理论一度成为传播及营销领域的主流理念。媒介的分众传播针对有类似需求的目标群体做出相对准确、有效的信息传播。新兴媒体时代的受众呈现出新的特点，受众的分化造成了受众群体的“碎片化”，媒体需特别重视细分的个性化受众群体的信息需要，提供更具针对性、贴近性的信息服务，不断满足受众的个性化需求。电子传播时代，广播为应对电视的冲击，做出了从广众至分众的频率专业化、类型化战略选择，这使广播走上了持续发展之路。新兴媒体时代的受众选择呈现“碎片化”趋势，新的媒体技术打破了传统广播的频率资源稀缺状态，新媒体数据库储存的海量内容也为受众的个性化选择提供了有力支持。网络的交互性、开放性使个性化听众更容易发现和形成具有共同兴趣和审美取向的新聚众群。这体现了新的媒体技术提升受众人本内涵的积极作用。

(一)从美国广播类型化看受众细分

从美国等发达国家和地区的广播发展看,当广播遭遇电视普及的重创后,广播的应对决策是听众细分化、频率专业化和类型化。类型化广播至今长盛不衰,成为美国乃至世界广播业的主流运行模式。

早期,美国的广播电台致力于打造有广泛吸引力的节目以寻找大规模的受众。在广播流行的早期阶段,大多数广播电台的节目在晚上播出,在一个被称为“盆栽棕榈音乐”(potted-palm music)的节目中,音乐夹杂着独奏、诗歌和公共演说等内容。随着广播拓展到白天,广播电台使用了更多的录音以增加节目的多样性。20 世纪 20 年代后期,晚间节目变得更为多样,丰富多样的广播节目在 20 世纪 30 年代吸引了大批听众,成为国家文化统一的因素之一,那时几乎每个美国人都有过收听广播的经历。

20 世纪 50 年代,受众大规模向电视转移,尤其是喜剧、戏剧和智力节目从 20 世纪 40 年代末期到 50 年代初期开始向电视转移,广告商也从广播流向了电视领域。随着听众的大量减少,地方电台开始更多地播放录制音乐以降低成本。在前电视时代,多数广播电台提供了多种多样的节目,但是一些电台仍然强调固定的节目种类:乡村音乐分布在南方;一些电台只播放宗教题材的节目;20 世纪 50 年代,克里夫兰广播员艾伦·弗里德播放了摇滚舞曲,摇滚舞曲很快成为上百家广播电台的选择。在今天的美国,几乎没有一家电台尝试提供一档让每个人都喜欢的节目,但是每个人都可以从广播节目中找到自己的所爱。更多的细分广播节目出现,人人各得其所。

美国有超过 15 000 家广播电台,综合性电台已逐步退出市场,类型化电台占据绝对主导地位,其中约有 70% 为音乐台;音乐台中又分出古典音乐台、乡村音乐台、流行金曲台、美国黑人音乐台、爵士音乐台、途中音乐台、动感摇滚音乐台、怀旧金曲台等。细分的目的是使每个想听音乐的人都能从广播中找到自己的最爱。专业化频率实际上是对听众资源的细分与重组，从而满足特定听众群对某一类信息内容的更具专业性的收听需求。随着当代听众信息的多元需求的变化，专业电台的听众定位也经历着不断调整和完善的过程。

广播节目的细分弱化了其承担的文化统一的职能。几乎每一个人都听广播，但是听强节奏摇滚乐台的人和听公共事务信息台、宗教台或轻音乐广播台的人几乎没有相同之处。今天，收听广播的共同感受只局限于一个个有限的细分人群之中。①

麦克卢汉解释了广播的共时性动员和分化听众之间的关系。他说，广播虽然使世界缩小为一个村落，可是它并不具备使村民同质化的效能。根据麦克卢汉的看法，广播曾沿用报纸的既定模式，而电视把广播从这种模式中解放出来。电视在新闻报道、信息服务、娱乐消遣等方面比广播更具优势。“所以电台能放手去发展多样化。它可以自由地着手形成地区和地方的服务网点，这种多样化的形式，即使在初期业余爱好者摆弄收音机的时候也不曾有过。自电视出现之后，电台转向为一日之间不同时候的、不同个人的需求服务，与此同步发展的是各式各样的收音机，卧室、卫生间、厨房、汽车里的收音机相继问世，现在又出现了袖珍式收音机。”②麦克卢汉清晰地看到当其他大众媒介高度发展之后，广播向针对性强、分众和适位的媒介发展的历史倾向。

（二）中国广播的受众细分：从综合台至专业台

随着改革开放的推进，20 世纪 80 年代中期，中国进入电视普及时代。面对电视的冲击，中国广播进入低谷期。中国广播从低谷走向振兴的重要标志是“珠江模式”的开创和推广。

1986 年，珠江经济广播电台（简称珠江台）开播。珠江台开播四个月，广东的电台收听率提升了从未有过的 78%，而香港电台在广东地区

---

① 维维安.大众传播媒介：第 7 版[M].顾宜凡，等译.北京：北京大学出版社，2010：186.

② 麦克卢汉.理解媒介——论人的延伸[M].何道宽，译.北京：商务印书馆，2003：377-378.

的收听率下降了22%。珠江台的开播扭转了珠江三角洲电波传播格局。珠江台的历史性突破集中反映了独具特色的广播运作模式,亦称"珠江模式"。

"珠江模式"的主要特点在于,全程采用以直播为主的播出方式,打破了广播多年来以录播为主的"文字模式声音版"的传统运作方式,从而将广播以口语为主体的声音传播的听觉冲击力、感染力开发出来;为以主持人为代表的大时段直播节目赋予个性化风格;多种形式的听众参与和即时反馈提升了听众的主体地位,体现了听众为本的现代广播理念。"珠江模式"推出一年后,大江南北的广播热开始升温,一时间"直播热""主持热""听众参与热"成为广播界的热点。这标志着中国广播已经从低谷走向了振兴。

"珠江模式"体现了广播回归声音传播规律的广播理念与运作模式,是中国广播改革的历史性突破,具有重要意义。但是,"珠江模式"就其受众定位来讲仍属综合台的广播定位。对"珠江模式"的借鉴、推广,使部分电台出现频率定位同质化、广播节目粗放化等负面倾向。其中,有急功近利的克隆模仿,亦有对广播特有的声音传播规律的忽视与误读。放眼全球范围内的广播发展脉络,美国广播同行在20世纪50年代应对电视冲击的重要对策——听众细分理念在中国还未得到充分重视和理解。继"珠江模式"之后,为满足不断提升的听众期望值和听众对多元信息的迫切需要,从综合台的广众定位转为专业频率的分众定位,已成为20世纪90年代中国广播改革的必然选择。

随着汽车进入家庭和流动听众的骤增,移动收听大军迫切的专业性信息需求催生了具有中国特色的专业广播频率——交通广播、音乐广播,它们成为广播的重要内容。由于中青年乐迷追求不同风格的现代流行音乐,极具个性风格的音乐广播应运而生。近年来,更是形成新闻综合频率、音乐频率和交通频率三足鼎立之势。2012年,新闻、音乐、交通类频率依然是广播市场的主角，合计占有整体市场份额的83.9%。经济频率、生活频率、体育频率等所占份额也较大。许多频率已经成为当地媒体中的强势品牌，广播的经营收入亦取得可喜成果，成为媒介同行中的佼佼者。近年来，国内细分频率越来越多，出现了如故事广播、旅游广播、相声广播等满足某类细分听众需求的频率。

如何解读广播频率专业化的理论内涵？邓炘炘认为，广播频率专业化(类型化)发展有以下推动因素：第一，官方的肯定和政策推动；第二，国外广播的发展轨迹同样显示出，专业化、类型化是行业演进的一个必然阶段和趋势；第三，改革开放以后，行业内从业人员对于广播的社会功能的认识发生了变化，由过去认为它只是一种指导性和指令性的运转，变成一种适应型和服务型的运转。既然是适应和服务，就有一个目标性、针对性的问题，因而就需要更多地了解和认可目标听众对服务的需求，并相应地改变原有的工作和运行方式；第四，广播行业自身振兴的需要，这也是广播受到其他媒介的“压迫”、处境日益边缘化、迫切需要重新寻找出路的结果，而进行专业化的改造是使广播走出竞争困境的方式之一；第五，深化广播体制的改革需要以频率专业化、类型化为主攻点，带动广播节目的多元创新、资源整合、受众市场细分、广播科技升级以及广播机构管理、宣传运转和用人机制等一系列的改变。① 上述因素在推动广播专业化、类型化的进程中发挥着多元交织的组合作用。频道专业化的实质是广播业在竞争环境中，将一个市场分成细小的单元，其核心是顾客偏好产品特性的组合，而这种组合能创造出压倒其他对手的竞争优势。② 这是频道专业化的目的所在。

(三)分众至聚众：新的收听族群的聚合与分化

“碎片化”是描述当前中国社会传播语境的一个形象的说法。当一个

---

① 邓炘炘.类型化新闻广播模式与传播策略[J].中国广播，2009(3).

② 张振华.中国广播电视新论[M].北京：中国广播电视出版社，2004：317.

社会的人均收入在1 000—3 000美元时，便处在由传统社会向现代社会转型的过渡期，而这个过渡期的一个基本特征就是社会的"碎片化"：传统的社会关系、市场结构及社会观念的整一性——从精神家园到信用体系，从话语方式到消费模式——瓦解了，代之以一个个利益族群和"文化部落"的诉求差异化及社会成分的碎片化。

过去人们生活在现实中，受到现实关系的种种约束；现在人们借助于虚拟网络可以摆脱现实关系的羁绊，在更广阔的世界里找到"同声相求、同气相求"的朋友，强化个性和自我。在受众的分化过程中出现了许多受众群落的"碎片"，传播致效的一个基本前提就是必须特别重视每一个细分的个性化族群的特征，以及每一个单一消费者的个性和心理需求。碎片化实质上是指在"分众"背后的新的"聚众"的需求。"分"，是指从面目模糊的庞大社会大众的总体中，分出清晰的有个性特征的小族群来；而"聚"，则是指将有着同一价值追求、生活模式与文化特征的众多个体，通过某种传播手段和渠道平台聚集到一起。[①] 从传受主体而言，传者、受众的身份不再固定不变，任何人、任何组织都可以同时兼具主体与客体的双重身份。他们依照自己的理解去选择、改变接收的信息，以创造二次、多次传播，在传播过程中便形成了兴趣相投、审美相近的"族群"。

理解与重视受众的碎片化对于广播的意义在于启发我们如何将这些碎片重新归聚起来。先细分，再归聚，这样得到的将是特征明确的目标传播对象群体，从而以最小的传播代价获取最大的传播效果。

本章小结

本章论述的是新兴媒体时代受众的变迁与广播受众的变化趋势。新兴媒体时代的受众从根本上扭转了被动接受的地位，实现了受众主体地位的回归与拓展。经过权威机构的调查发现，新兴媒体并没有完全"掠

---

① 喻国明.传媒新视界：中国传媒发展前沿探索[M].北京：新华出版社，2011：27-28.

夺”传统媒体的受众，受众呈现出多种媒体复合使用、媒体总体使用时间增加的趋势。而广播听众与互联网用户之间呈现出高度的重叠关系。[①]在社会转型与新的媒体格局中，广播受众呈现出新的特点：随着移动听众的增加，广播的移动收听份额提高；广播在经历了广众传播、分众传播后，正在经历一个受众重聚的过程，将有着同一价值追求、生活模式与文化特征的众多个体，以某种传播手段和渠道平台聚合到一起。麦克卢汉曾说：“媒介总是以叠加的方式向前发展的，新的媒介的出现并不代表旧媒介的消亡。”传统广播与互联网在受众层面形成重叠与融合的趋势，说明广播媒介是与新媒体技术嫁接较好的传统媒介。如何争取“数字土著”一代的注意力，成为他们数字生活中不可或缺的一部分并嵌入广播受众的“圈子”——生活圈、工作圈与消费圈，是未来广播发展需关注的重要课题。

① 广播听众中有31.3%为网民，网民中则有82.7%为广播听众。郑维东.新媒体趋势与广播发展：关于消费与重塑的讨论[J].收听研究，2009(5).

第三章 广播传播方式的重塑

与传统媒体相比，以互联网为代表的新一代媒介实现了载体性能的根本改变，从整个社会范围来看，传播方式从传统媒介主导的单向式变为专业媒介组织与普通公民共同参与的分享式、互动式，受众的主体地位大大提升，受众活跃在信源、传播、反馈等各个传播流程之中。数字技术带来了广播传输方式从模拟走向数字化的趋势，也实现了广播传播的多符号呈现与多终端接收。传统广播借力新的媒体技术，已在一定程度上实现了传播流程的重塑。

第一节 广播内容生产模式变化

在人类历史的进程中，媒介是不断变革和发展的，传播中受众的主体性也经历了从固有、丧失至回归的过程。新兴媒体时代背景下，网络媒介高度兼容和整合着传统的多元视听符号，人与人、人与机、机与机之间的实时互动空前发展，信息传播正朝着真正以受众为主体的方向发展。受众主体性的凸显也体现在广播流程的全过程，包括信源、传播、反馈等各个传播环节中。

一、广播信源结构的整合

信源即信息的来源。互联网出现之前，为传统媒介提供信息的主要是政府机构、社会团体和企业组织，进行新闻信息采集与发布的主要是职业新闻工作者及有关部门的通讯员队伍。20世纪80年代中期，广播改革的先行模式——“珠江模式”将听众参与、热线电话放在重要地位。近年来，广播热线类参与节目亦成为广播的重要节目形态，这显示出广播听众主体意识的提高，但离受众主体地位的根本实现尚有较大差距。虽然有广播通过开设热线电话或群众来信等渠道获取信息，但这类信源数量较少，采用率也较低。数字技术为受众与信息源之间搭建了即时、高效的回传通路，受众可以从头开始参与节目策划和创意，这有利于提升内容的民众原创性和贴近性。受众可以更多地参与传播过程，体现了“因特网重新定义大众媒介诸多定义”[①]的深刻内涵。

(一)“公民记者”提供民间信源

网络的出现赋予了普通公民一个崭新的角色——新闻报道者。在新的媒介技术日益发展的今天，受众可以一改往日在新闻信息传递过程中的被动地位，积极主动地参与到信息的制作和传播中来。他们不再被大众媒体所设置的议题牵着鼻子走。对于重要的新闻事实，他们不仅可以提供即时信息，还可以有自己的判断。

“公民新闻”在一定程度上打破了传统媒体在新闻传播中的垄断，使传统媒体的信源结构发生了变化，传统媒体对新闻信息的“议程设置”功能受到影响。以突发性新闻事件为代表，其报道方式正逐渐从以往的专业记者报道方式向专业记者与公民记者相结合的报道形态转变。在新闻事件现场，任何一位公民都有可能成为“临时记者”，任何一位公民也都有可能成为信息来源。

2009年2月9日晚，中央电视台新址TVCC(文化中心，又称北配楼，高159米)因高空燃放烟火而发生严重火灾，大火从楼顶烧到楼底，扑

① 多米尼克.大众传播动力学：数字时代的媒介：第7版[M].蔡骐，译.北京：中国人民大学出版社，2004：2.

救时间长达6小时。从火灾发生的那一刻起，民众就利用手机、互联网等手段报道火灾过程，随后围绕火灾原因、火灾损失、火灾责任在互联网上展开评论、问责。火灾发生当晚，中央人民广播电台“中国之声”迅速派出记者前往现场，还与现场目击者进行连线。目击者较为详尽地描述了火灾发生的过程和景象，听众反映目击者的现场报道“相当专业”。

受众，在传统的传播学词典里始终是传播链条中下游角色的专属名词，其能动性主要表现在选择或者不选择某个媒体，接受或者不接受某项传播内容或形式。数字化、网络化技术使传播领域发生了革命性变化，包括“上游”角色成分的深刻变化。对传媒产业而言，当传统意义上的“受众”参与到新闻产业价值链的上游，而不再是单纯的阅听大众时，也就意味着媒体生态正在经历深刻变革。美国新闻集团董事长默多克在“美国报纸编辑协会”演讲时表示，像新闻集团这样的新闻“提供者”应更加熟知网络，停止对阅众“说教”，媒体该成为“对话的场域”和目的地，以使博主们和播客们与记者、编辑进一步讨论，以至互相契合。“阅众参与”“去中心化”和“平等对话”是这一波传媒变革的关键点，新闻生产不再是少数媒体机构编辑和记者的专利，而是逐渐演化出“多数人向多数人传播新闻”的传播模式。①

（二）对新型信源的识别与利用

麦奎尔强调：“新媒介已经成为传统媒介的一种补充物，同时也是更有深度的信息的来源及弱势群体发言的场所。”②从新闻来源上来看，新兴媒体拓展了记者获取信息的渠道与方式。美国哥伦比亚大学教授约翰·帕夫利克认为，传统媒体要寻求与新兴媒体的合作，新闻记者的工作方式也要发生改变。“数字时代，每个记者都应当将互联网和各种在线信息融入自己的日常工作，并创建自己需经常浏览的在线信息源的收藏夹。

① 喻国明.传媒新视界：中国传媒发展前沿探索[M].北京：新华出版社，2011：29.

② 麦奎尔.大众传播理论[M].崔保国，李琨，译.北京：清华大学出版社，2006：405.

网络已经成了新闻报道富于价值的来源,它包括丰富的信息,有助于记者确定潜在的报道事件、线索和信息来源。通过因特网,记者可以得到大量数据,不用再跑到图书馆在浩瀚书海中查找。”[①]对于新型信源,可利用的工具包括:

Blog——个人博客

Twitter——微博

QQ——网络聊天工具

Photo Sharing——图文分享

Facebook——交友

Forums/Comments——网上论坛

Text Messages——短消息

Polls——民意调查

Forms——表格,主要用于网络协作

互联网已经成为传统媒体可利用的丰富的信息来源,其中新近崛起的微博已成为许多记者或编辑获取新闻线索的平台,获得线索的方式更加简单、便捷。微博[②]中活跃着一大批媒体人、社会精英以及草根作者。其中媒介精英的微博不乏众多拥趸,2014 年初,《三联生活周刊》总编朱伟的粉丝超过 200 万,央视主持人李小萌的粉丝超过 520 万,中国国际广播电台“轻松调频”主持人小飞的粉丝超过 188 万。明星媒体人在微博上发起一个话题,大量的粉丝会转载、评论,从而使众多网民乃至名人加入讨论。

---

① 帕夫利克.新闻业与新媒介[M].张军芳,译.北京:新华出版社,2005:89.

② 2006 年 3 月,twitter.com 上线,标志着世界上第一家微型博客网站的诞生。微博凭借其短小精悍、操作便捷、即时互动等特点,力压博客、BBS(论坛)、IM(即时聊天工具)成为新一代网络传播工具。

目前，大多数的广播电台是将微博作为信息发布平台，也有一些电台、栏目或记者、主持人通过微博发表看法，收集多方意见，使之成为节目内容。媒体和记者可以将微博上的消息和评论直接引入节目，不通过电话或面对面采访亦可完成。吸纳受众深入参与广播节目，不仅提升了节目的贴近性、广泛吸纳民智、提升节目品格，同时节约了时间成本和物资成本。广播电台还可以通过微博进行数据统计，更准确地把握播出效果。

与网络新闻相比，微博内容基于用户，方便记者核实信源信息；用户实名保证了信息的可信度，尤其是知名公众人物；微博高度互动的特性方便记者辨别信息真伪；转发和评论功能有利于判断信息的价值，把握舆论导向；微博用户的多样性有利于记者提升新闻敏感度，及时把握新闻线索，包括及时发现和报道突发新闻。

越来越多的新闻媒体鼓励记者、编辑开设和用好微博，但我们同样也应当看到使用微博所带来的风险。路透社于 2009 年颁布了《网络报道守则》，首次对记者使用社会化媒体制定了详细规范。其中明确写道："鼓励记者充分使用社会化媒体，但同样希望记者能完全了解使用社会化媒体的风险——尤其是对路透社独立、不偏袒著称的声誉的威胁。"美国华尔街日报社也发布了详细的规则来规范员工使用微博，如"不要（在微博上）讨论尚未发表的文章、已经参加或者准备参加的会议、曾经做过的采访"，要求记者和编辑在微博上采访时保持中立的态度等。[①] 这些警示和要求确有必要。媒体和记者在利用微博进行"博采"的同时，也要学会鉴别。新兴媒体是把双刃剑，不仅对受众主体地位的凸显起了助推作用，同时，对媒体人的把关和鉴别能力也提出了更高要求。

二、受众参与、互动、反馈从被动至主动

美国学者 J. A. 巴伦在 1967 年提出了"社会参与论"，认为为了维护

① 蔡雯.媒体微博：新闻传播变革的试验区：从地方报纸两会报道中的微博利用说起[J].新闻记者，2011(3).

传播媒介受众的表现自由,保障他们参与和使用信息传播媒介的权利,公民对传播媒介的参与权必须在宪法中得到确认。“社会参与论”的核心就是让受众最大限度地参与传播。传统广播在很大程度上是单向传播的媒介,受众虽然可以通过写信或打电话给编辑的方式参与节目,但往往参与人数偏少,渠道难进,难以实现即时互动与反馈。近年来,在广播节目品牌化进程中,出现了一些运用新媒体技术、从节目机制层面提升受众主体地位的有益探索。其中,北京人民广播电台的《老年之友》《京城帮帮团》节目提供了可借鉴的思路。

(一)《京城帮帮团》:直播中的即时互动

《京城帮帮团》是一档互动服务性栏目,开播于2009年,节目前身是《老年之友》的一个版块,由于反响热烈,单独成为一个节目。《京城帮帮团》的节目内容包括衣食住行、吃喝玩乐、寻医问药、交友征婚、求购转让、寻人寻物、道歉感谢等。栏目理念是“大家帮助大家”,采用直播互动形式,主要的形式是听众通过电话、短信或网络提出问题,然后主持人在节目中征集答案,由听众来提出解决问题的建议和方法。主持人似乎成了信息的“二传手”。节目中,听众变成了主角,从主持人到听众,凝聚了一大批热心人,他们为需要帮助的人提供了雪中送炭的解答与支持。一期节目中,一位听众的半导体收音机坏了,听不了节目很着急,打来求助电话。帮帮团成员听众刘师傅主动上门帮这位听众修好了收音机。被帮助的听众打来电话感谢,热心人刘师傅提出:若要感谢我,不如帮更多的人。主持人及时提出“让大家帮助大家”的帮帮团理念。在节目中,听众多次互动互帮,深化了“大家帮助大家”的帮帮团理念。

直播中主持人与听众之间的即时互动,打破了直播间的壁垒,主持人似乎可以随时和来自多方的听众“握手谈心”。节目中的提问,有些可以即时回答解决,更多的问题要经过主持人的组织、概括与提炼,传递给众多听众,从而形成一人有困难、多方呼应支援的群体性反馈。《京城帮帮团》不仅在内容上倡导新的人际关系理念，也体现了对老年听众群体进行“积极老龄化”的舆论引导。在传播技术上，栏目充分运用电子邮箱、短信、QQ、论坛等多种方式，让主持人与听众、听众与听众之间实现了多样化的参与互动，体现了新兴媒体时代传者与受众平等沟通、真诚交流的新型关系。

(二)《老年之友》:智慧在新平台中凝聚

《老年之友》是北京人民广播电台的一档老牌栏目，1984 年创办，其间办办停停，三起三落。2004 年底，北京城市管理广播决定重新开办《老年之友》。《老年之友》以老年人为主要受众，以所有和老年人相关的社会群体为收听主体，以老年人的视角关注社会，以社会的不同视角关注老年人。

虽然我国老年网民的绝对数量还较少，但是一直在缓慢增长中。随着我国老年网民的日益增加，北京人民广播电台《老年之友》栏目积极开发网络与声音广播的互动，使老年广播的节目形态和传播渠道大大丰富。《老年之友》不仅让主持人带动听众一起学习电脑和网络，而且开办老年电脑学习班，在 2006 年一年就开办了 7 期老年电脑学习班，很受老年听众的欢迎，同年还开办了《老年之友》论坛。《老年之友》以及之后创办的《京城帮帮团》，不仅可以使听众在网络上实时收听直播、收看视频，还有往期节目的音频、视频，以及精彩节目的脚本全录，以供老年网友补听和反复收听。在《老年之友》网络论坛里，主持人和编辑担任论坛的版主，定期汇总往期节目的主题，预告下周节目主要内容。老年听众可以通过 BBS 留言，讨论节目内容，发表意见和看法。在网络交流与沟通中，听众表达了对节目的想法和建议，主持人也开阔了思路，获得了灵感，拉近了传受双方心灵的距离，也扩大了《老年之友》的品牌影响力。

(三)微博:传受关系的颠覆式重构

2010 年，微博成为互联网领域最受关注的媒介形式，新华社相关报道称“微博的发展给传播领域带来了颠覆式变化”。[①] 开设微博的人中既有草根网民，也有演艺明星、媒体记者、政府官员、代表委员、企业老板、专家学者，以及各类组织机构。对于微博来说，其最为核心的功能就是信息的发布与获取，分别对应的是微博信息的发布者（微博主）和索取者。微博对于微博主来说最大的好处在于其便捷性和交互性。微博主不受时间、地点、写作格式的限制，只要有发布的终端设备，日常生活中的所见、所闻、所思和所感都可以随时上传到自己的微博页面上，或者只是作为自己生活点滴的记录，或者满足自己粉丝的沟通愿望。这种率性而为的信息呈现形式非常适合现代都市人群碎片化的情感表达方式和奔波忙碌的生活状态。[②]

当微博对网络信息传播及整个传媒格局产生越来越大的影响时，专业媒体机构与媒体人积极参与引导，将微博发展成为媒体的一个新的营销和传播平台。媒体微博具有三个主要功能，即形象塑造、关系建设和公共信息服务。[③] 以新浪微博为例，2014 年 3 月，中国国际广播电台 Hit FM 的微博拥有超过 262 万粉丝，中央人民广播电台的微博拥有 265 万粉丝，北京交通广播也拥有超过 62 万粉丝。

中国国际广播电台的 Hit FM 音乐频率的微博体现了当代广播面对时尚受众群体的媒介形象塑造。

Hit FM88.7 是中国国际广播电台旗下的国际流行音乐频率。1999 年 3 月 28 日首播，每天播出 18 小时，是包括 8 种常用外语的综合频率。2003 年 4 月 16 日开始全面改版，首次以音乐电台形象出现，全天 18 小时播放环球流行音乐，并启动“Hit FM”的呼号。它采用类型化音乐电台操作模式，现在全天 24 小时滚动播出当今国际流行乐坛最动感、时尚的热

① 微博开启民意表达新方式[EB/OL].(2010-12-21)[2015-10-12].http://news.xinhuanet.com/politics/2010-12/21/c_12903545_3.htm.

② 喻国明.微博价值：核心功能、延伸功能与附加功能[J].新闻与写作杂志，2010(3)：61-63.

③ 彭兰.媒体微博要保持机构形象又要有人的温度[J].中国记者，2011(2).

门金曲，让音乐成为高品质追求者随身“享用”的生活必需品。

Hit FM 的微博体现出与频率类似的气质：年轻、活跃、时尚。微博几乎每天都有更新，内容包括节目内容预告与推介、频率活动、主持人动向、乐坛新闻等。

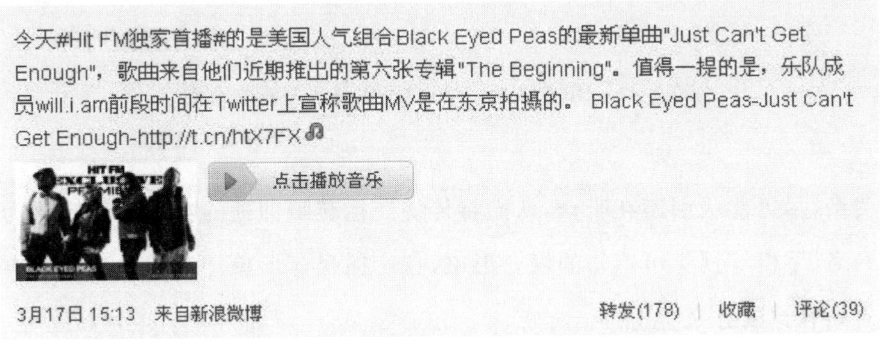

图 3－1　Hit FM 的一条微博：歌曲推介

图 3－1 是 Hit FM 的一条普通的微博。微博介绍了该频率当天独家首播的歌曲，简要介绍了歌曲与歌手的背景信息，并配有图片和收听歌曲的按钮。这条微博被转发 178 次，并有 39 条评论。

如今，在网络上获取音乐如此简单，但仍然有人选择从广播中收听音乐。一方面由于广播是一种随手可得的音乐获取渠道，尤其对于驾车人群来说；另一方面，网络中的音乐资源浩如烟海，也为人们带来了寻找和选择上的麻烦，而音乐广播与 DJ 的专业性正好解决了这个麻烦。Hit FM 因其在欧美流行音乐方面的专业性和金牌 DJ 聚拢了大批喜爱欧美流行音乐的听友，因为微博，“电波那头”的听众成为微博中的粉丝。微博成为让 DJ 与听友“显形”的平台。

在上面这条微博中，Hit FM 的两位 DJ——Andy 和国鹏与节目嘉宾林峰合影。微博被转发 707 次，被评论 290 次。节目与微博的互动效果在于：将节目与 DJ 的品牌影响力延伸至网络，维护和巩固与忠诚听众的

图 3－2 Hit FM 的一条微博：主持人与嘉宾合影

关系，尽可能吸引潜在听众，从而将传统广播转瞬即逝的听觉形象转化为网络、手机等视觉可感知的媒介形象，在广播媒体形象塑造与关系建设方面具有积极意义。

（四）微信公众平台：媒体与用户的强关系纽带

微信是腾讯公司于 2011 年 1 月为智能终端推出的一款即时通讯应用程序，可通过网络发送语音短信、视频、图片和文字，也提供公众平台、朋友圈、消息推送等功能。自从微信诞生以来，用户数量呈爆炸式增长，2013 年 11 月，微信注册用户量突破 6 亿，迅速成为智能手机中重要的应用程序之一。目前，微信涉及的传播方式大致可以分为三种：好友之间传播（语音、文字及图片等）、朋友圈传播以及公众平台传播。其中，公众平台是微信一个颇具特色的功能，作为一种自媒体平台，只要通过审核，任何成年人都可以建立公众账号。微信用户只要关注某个公众账号，便可以接收到该账号所推送的信息。微信的公众账号是一种“一对多”的传播模式，用户可以根据自身需求进行信息的“私人定制”，拥有极大的选择权。利用微信公众平台，公共组织或商业组织能够找到有效受众，利用该平台进行双向传播，及时获得反馈，调整服务，极大地增强了用户的使用黏性，也便于提供者准确地评估传播效果。[①] 微信公众账号分为订阅号和服务号，订阅号每天可以推送给粉丝 1 条消息，服务号每月群发 4 条消息，用户通过点击标题进入对应文章的阅读界面。

目前，全国已有多家广播电台、频率开通了微信公众号。据笔者对 36 个市级广播电台及其下属频率的共 114 个微信公众账号的考察，广播微信公众号的主要功能有五个方面：实现广播节目在微信平台的收听；依托本媒体内容资源的信息发布；根据本媒体地域特征提供信息衍生服务；与听众/用户加深关系；基于本媒体品牌的活动推广。

广播微信公众号实现了广播声音和文字信息在微信平台上的精准传播。广播公众号推送的主要内容包括新闻资讯、衍生信息、活动推广、互动沟通等，用户关注了某个广播公众号，可以每天获得该媒体最有价值的精华内容，信息数量有限，但质量得以保证，可读性、贴近性较强。微信公众号的后台可以获取订阅用户的全部信息，并提供了订阅用户分组功能，可以按地域、性别、喜好、需求等不同的指标分组。[②] 广播可以充分运用这一用户数量巨大的媒介平台，实现优质资源的二次传播和精准推送；对于用户来说，关注某个广播公众号是对本媒体品牌的一种认同，强化了与本媒体的关系。

第二节　广播技术嬗变：从模拟到数字

工业社会开拓了原子传播技术时代。就广播媒介而言，调幅（AM）广播技术虽然覆盖范围较广，但其音质易受干扰，相对噪音较大，从而影响听觉传播效果。调频（FM）广播的收听质量好于调幅广播，覆盖范围较小，相对成本较低，适合分众化、类型化频率，也适用于城镇或社区广播。短波广播则适用于跨地区、跨国界的远程传播。无论 AM、FM 还是短波

① 靖鸣，周燕，马丹晨.微信传播方式、特征及其反思[J].新闻与写作，2014(7)：41-45.

② 蔡雯，翁之颢.微信公众平台：新闻传播变革的又一个机遇：以“央视新闻”微信公众账号为例[J].新闻记者，2013(7)：40-44.

技术，其共性为单一媒体实施全程传播。传播符号的唯一选择是声音符号传播。AM、FM、短波技术都属电波传播范围，新技术的发明和使用皆在声音有效传播层面实现累积性拓展。而数字化、网络化的“比特”技术时代，突破了单一媒介全程传播模式，进入了多符号、多渠道、多媒体功能叠加、融汇的新传播时代。

从世界范围来看，广播已经进入了数字多媒体广播的时代。数字广播用0和1两个符码对不同信息（音频、视频、文本等）进行编码，借助传输工具将数字化的音频、视频信号以及各种数据输送到接收终端，是一项有别于传统AM、FM广播的技术。数字广播信号能够从卫星上发射，也可以从互联网和本地电台发出。卫星广播覆盖面广，对边远地区和人烟稀少地区的广播覆盖效率较高；针对长途客运、火车旅客的集体广播业务也有较好的前景。在美国，有两家公司于2001年开始提供一项“从卫星直达汽车广播”的数字服务，这些广播服务没有广告，订户每月付费大约10美元，可以收听到多达100个广播频率。而地面数字广播移动性能好，码率相对较高，容易开展数字多媒体业务，可大大节省发射功率，特别适合本地业务。所以说，数字广播各种方式之间并不是一种排斥的关系，而是互相补充、协调发展的关系。

一般说来，数字广播可以分为DAB和DMB两种形式。DAB是数字音频广播（Digital Audio Broadcasting）的英文简称，其初衷是改变传统的广播技术，提高声音播出质量和提供高速移动接收功能。与现行广播相比，数字音频广播具有音质出众、可高速移动接收、可加密、发射功率小、覆盖面积大、频谱利用率高、具备抗干扰和恶劣环境下接收的能力，以及可利用卫星大幅度提高广播覆盖率等优点。DAB充分丰富了频率资源和单频网构造，电台覆盖面积可无限大，频谱利用率高且环保。DMB（Digital Multimedia Broadcasting）是指从DAB基础上发展而来的数字多媒体广播。它利用了DAB的技术优势，在功能上将传输单一的音频信号扩展为可传输数据、图形、视频等多种载体信息的信号。DMB已不是单纯的声音广播，而是一种多功能的视听新媒体[①]。

一、数字广播：自定标准，政府推进

DAB技术起源于欧洲。1995年9月，英国广播公司BBC首先开始了DAB的正式广播，紧随其后的有挪威、瑞典、德国、法国。但在2004年以前，DAB的商业化进程并不理想，政府和投资商们开始对DAB失去信心，之后出现转机。目前，国外数字广播的发展非常迅速，欧美、日本及韩国等国在标准制定方面已抢得先机。如欧洲的Eureka147标准、美国的“带内同频技术”(IN-Bandon-Channel)、日本的ISDB-T(数字广播地面综合服务)国家标准、韩国的T-DMB以及S-DMB标准等，已在市场化运作方面取得了很大成绩。[②]

(一)数字广播属环保技术

世界数字多媒体广播联盟(World DMB)有三个数字广播标准，包括

---

① 关于视听新媒体的概念，业界并没有给出一个权威的说法。目前主要存在两种界定方式：一是按技术的革命性变化和传播模式变革来划分，把基于互联网的各种视听业务形态称为视听新媒体，包括网络广播影视、IP电视、互联网电视、手机电视等。二是按时间与空间的变化来划分，把近十年中出现的，在传播形式和空间上发生重大变化的视听业务形态叫做视听新媒体。这种意义上的视听新媒体除了上述业务形态外，还包括移动多媒体广播电视(CMMB)、公共视听载体等传统传播模式意义上的媒体新形态。庞井君.中国视听新媒体发展报告(2011)[M].北京：社会科学文献出版社，2011.

② 日本的手机电视业务于2006年4月开通，业务推广初期免费，提供与数字地面电视相同的内容，受到用户的普遍欢迎，用户数量和业务使用量增长迅速，截至2007年3月底，电视手机已经累计售出近700万部。韩国的T-DMB(地面DMB)业务于2005年7月在首尔附近提供商用服务，由6家广播运营商来运营，每个运营商有1个视频频道、3个音频频道、1个数据信道。拥有广播网络的3家运营商以电视剧、新闻等原有节目为主，另外3家没有广播网络的运营商以求职信息、新闻等个性化的节目为主。用户不需要承担月租费，运营商的收入主要来自广告收入。到2006年底，T-DMB用户约为230万。而S-DMB(卫星DMB)业务于2005年5月正式商用，由SK电信的子公司TUMedia运营，通过收购娱乐公司、增加投资、建立合资公司等方式，致力于视频节目的开发，以充实手机电视频道和内容。到2006年底，S-DMB的视频频道数从刚推出时的7个增加到了11个，音频频道数则从20个增加到了26个，并推出了特色频道，如经济信息频道、体育赛事直播频道等，用户数达到100万户。陈博.我国数字广播的发展概述[J].中国传播科技，2009(2)：64-67.

DAB、DAB＋和DMB，三者虽然技术不一样，但是分享同一个平台。World DMB的工作主要是在全球范围内推广这些标准，帮助全球各地的运营商了解这个标准，以便为联盟国提供更多技术上的支持。World DMB移动多媒体协会主席Jorn Jensen在介绍欧洲数字广播发展情况时讲到，为什么要进行从传统传媒到数字传媒的转变，因为数字传媒是一个环保的项目。DAB、DAB＋和DMB分享同一个接收器，可以做出既有音频也有视频的接收机。DAB已经在欧洲发展了25年，从2011年开始，DAB所有技术都免费开放。现在World DMB主要致力于车载领域，在欧洲与汽车生产商进行合作，汽车厂商同意安装数字接收机，DMB技术开始在欧洲推广。

（二）政府推动与数字广播推广

目前，英国、挪威、法国、意大利、德国、瑞士这些国家已经在从DAB向DMB过渡。在2001至2003年的法国汽车销售过程中，法国已经从法律上规定一定要有车载技术；德国在2010年夏天推广DAB＋技术，2012年德国80％的地区可以收听数字广播，覆盖了大约90％的人口，可以在市场上买到超过220种不同价格的数字广播设备。2012年，德国的DAB＋数字广播实现了对德国80％人口的覆盖；[①]；澳大利亚已经在全国范围内铺开了DAB＋技术，这对亚太地区也是一种支持；英国要求在2013—2015年把FM和AM关闭，以推动对数字广播的支持；2011年3月，挪威文化部发表的一份报告指出，挪威将出台一项新的法律，规定到2017年在全国范围内实现移动广播由FM到DAB的转变，届时模拟调频广播将停止使用。挪威是最早支持数字广播使用Eureka 147系列标准的国家之一，并且目前DAB＋数字广播的覆盖率已达到80％。可以看出，在推广数字广播技术的过程中，政府力量是非常重要的；还要有频谱资源，很

① 孟伟，董明锐.2012年欧洲广播业发展与变革[J].中国广播，2013(2)：22-26.

多国家频谱资源非常紧缺；同时，信号接收机的开发与推广也相当重要。[①] 在挪威、英国、法国和德国的带领下，广播行业所经历的长期探索和测试在某种意义上将要结束，整个欧洲大陆即将进入一个由调频广播到数字广播的新时代。

BBC“数字英国”计划在2015年前关闭了FM模拟电台，全面过渡到DAB数字广播。

尽管电视机不断更新换代，但广播在英国人心目中的重要地位却没有动摇。尤其是传统的中老年听众，仍然坚持收听广播。因为在他们心中广播比电视反应更快、新闻更新。即便不是非常热衷于广播的人，也会不自觉地在开车、做饭或者健身、跑步时打开收音机。数字广播具有频道多、音质好的优势，且价格合理。BBC自1995年开始推进数字广播，2005年，英国模拟用户人数为1 790万，数字用户为3 750万。2006年，英国模拟用户进一步下降到1 320万，数字用户上升至4 250万，数字用户增长了约12%。[②]

由于英国现在超过一半的人口已经进入数字传媒时代，所以BBC认为：为迎接数字时代，必须重塑BBC，因此提出了“数字英国”的设想。

2008—2009年，“数字化转型”是英国广播业的一个显著特征。在受众全部的广播收听时间中，通过数字平台收听的时间从2008年第一季度的17.8%增长到2009年第一季度的20.1%。[③] 拥有DAB数字广播的家庭比例从2003年的2%上升至2008年的30%。“数字英国”预测：到2013年，50%的广播收听将是通过数字平台实现的，全国性的DAB覆盖率将与FM调频覆盖率相当，并建议英国的汽车生产商将DAB设备作为

---

① World DMB主席介绍欧洲数字广播发展状况[EB/OL].(2010-03-23)[2016-06-21].http://telecom.chinabyte.com/487/11185487.shtml.

② 陈永庆.解密BBC：世界传媒王国的成长之路[M].北京：华夏出版社，2009：255-258.

③ 在这个百分比中，通过DAB设备收听的比例为12.7%，通过数字电视收听的比例为3.4%，通过互联网收听的比例为2.2%。

汽车标准配置进行安装。①

可以说，英国比其他欧洲国家对 DAB 倾注了更大的兴趣。英国 DAB 基础设施的投资力度较大：全国性、区域性、地方性广播多路播出系统覆盖率为 85%。英国 AM 广播已在 2007 年全部关闭。在伦敦，现有 FM 电台 20 多套，全部在 DAB 上做同步广播，DAB 上还增加了 30 多套专有节目，DAB 节目套数超过 50。此外，BBC 电台的推广模式也非常有效，BBC 电台能从 DAB 收音机的销售收入中分账，这个模式让 BBC 电台对这种技术的推广更有动力。2009 年时英国政府就正式宣布了在 2015 年前关闭 FM 模拟电台、全面过渡到 DAB 数字广播的计划。DAB 接收终端的厂商得到政府的支持，2008 年，英国卖出了超过 700 万台数字收音机，推广的主要手段是降低数字收音机的成本和价格，使这一设备成为社会中低收入阶层可以负担得起的一种消费品，数字收音机从最初的近 4 000 元人民币一台降低到了 350 元人民币左右。英国人可以在大型的超市买到便宜的数字收音机，在 2007 年圣诞节的时候，数字收音机曾成为最受欢迎的数码礼物。

虽然发展迅猛，数字广播并非十全十美。有些听众反映，部分频道反而不如调频立体声效果好，此外，听众钟爱的地方广播电台大多无法使用数字信号播出。

（三）韩国：发展特色数字广播服务

2003 年，韩国开始提供数字音频广播 DAB（Digital Audio Broadcasting）和数字音频 DAR（Digital Audio Radio）服务。韩国研发了数字多媒体广播技术，截至 2007 年底，韩国国内销售数字多媒体终端机 869 万部，消费人群已经超过 1 000 万。2008 年底，与模拟广播相比，数字广播的比

① 崔保国.2010 年：中国传媒产业发展报告[M].北京：社会科学文献出版社，2010：498-499.

例是18%。2009年，韩国通信委员会表示已经准备好进行全面的数字化转换。[①] 同年，韩国通信委员会通过“绿色通信振兴计划”，计划内容包括转换绿色网络、发展绿色通信等，重点项目中提到通过数字广播系统实现无磁带化，回收模拟广播设备等。[②] 2012年底，韩国通信委员会宣布全面结束模拟时代，实现了向数字化时代的转变。韩国从战略层面进行模拟到数字的转换，并从资金、制度等方面进行保障。

2005年，韩国成为世界上第一个开通卫星DMB(S-DMB)和地面波DMB(T-DMB)服务的国家。[③] 韩国的DMB业务发展比较迅速，已经进入商业运营阶段。2007年，卫星DMB服务提供15个电视频道、19个广播频率和3个数据频道。

表3-1　韩国T-DMB和S-DMB对比[④]

	T-DMB	S-DMB
开播时间	2005年12月	2005年5月
牌照类型	地面数字多媒体广播	卫星数字多媒体广播
费用	免费	付费
收益来源	广告	广告+收视费
执照机构	6	1
用户数量	2 386万人	204万人

自2001年开始，MBC进行数字地面波播出，至今已经完全实现了播出和传送设备的数字化，基本完成了制作设备和HD设施的安装和使用。

①② KCC官方网站，http://eng.kcc.go.kr/user.do? mode=view&page=E04010000&dc=E04010000&boardId=1058&cp=1&searchKey=ALL&searchVal=radio&boardSeq=15622.

③ DMB技术按照传输途径可分为四类：有线传输、地面微波传输(T-DMB)、卫星传输(S-DMB)和卫星地面混合传输。

④ Korea Communications Commission. Annual Report 2008[R/OL].(2009-05-31)[2010-01-23]. http://eng.kcc.go.kr/user.do? mode=view&page=E02020000&dc=E02020000&boardId=1053&cp=2&boardSeq=29067

在实现包括地面波 DMB、卫星 DMB、数据播放、数字化无线电广播在内的 Anytime/Anywhere(随时随地)多媒体、多频道的全面数字化网络建构方面,MBC 也起到了带头和推动作用。

二、中国的 DAB 数字广播:命运一波三折

(一)我国 DAB 的政策与产业现状

DAB 在我国的命运可谓一波三折。早在 1992 年 6 月,当时的广电部就通过了开展 DAB 重大科研项目的可行性报告,并与欧盟签订了 DAB 项目的合作规划;1995 年,DAB 项目被列为国家"九五"重大科技产业项目,先后在北京和广东建立了 DAB 实验室和无线发射先导网;2006 年 5 月 18 日,国家广电总局正式出台了《30MHz—3000MHz 地面数字音频广播系统技术规范》,欧洲的 DAB 标准正式成为中国数字广播行业标准,并于 2006 年 6 月 1 日开始正式在中国实施。

除了政策的支持之外,整个产业链环境的成熟才是发展 DAB 最重要的因素。国务院国资委研究中心指出,定义一个标准为国家标准仅是支持的手段之一,还需要配套的产业环境和政策支持,这样才能真正让已确定的国家标准对市场起到推动作用,否则将导致标准颁布和产业市场化运作的脱节。①

虽然北京、上海、广东的试验网已经在播放 DAB 广播,一些大中型城市的 DAB 发射台的建设也开始起步,但与 DAB 配套的产业链仍是缺位状态。目前在国内销售的 DAB 收音机大都是国外品牌,价格多在千元以上。DAB 终端的技术门槛高,要求高灵敏度和低功耗。世界上几家电子企业巨头都曾花费巨资开发 DAB 芯片,均因功耗太大和价格高而以失败告终。

---

① 李晶.DAB 长征记[EB/OL].(2010-01-08)[2011-02-13].http://www.eeo.com.cn/2010/0108/160258.shtml.

2009年，北京人民广播电台委托悦龙研发了一款叫“听立方”的DAB收音机，除了能够接收电台新推出的“点播式”广播服务之外，还能接收商户的优惠券和打折信息。“听立方”所具有的功能及优点有：(1)实时收听广播并提供广播节目点播，节目库自动更新节目内容，用户可以收藏自己喜欢的节目。(2)由于只提供广播服务，操作相对简单，易于上手。(3)带有FM发射功能。FM发射器就是一个个人微型广播电台，FM发射功能一般可在76MHz—108MHz之间任意设置频段，把本机内的MP3文件的音频信号转换成高保真的无线FM调频立体声信号发射出去，外界的FM收音机只需调至对应的频道，就能和MP3的主人一起欣赏节目，在10到15米的接收距离内，效果非常清晰。同时，“听立方”还存在一些需要改进的地方：(1)系统不稳定，笔者拿到的新机就出现了系统错误，不得不拿到维修点进行系统更新。而且，必须到客服点进行系统升级，不能在网上直接升级，对于用户来说相当不便。(2)信号不稳定，地铁里没有信号。听立方的价格为639元，与普通收音机几十元的价格相比高出不少，如果在功能上和使用便捷程度上与传统收音机相比没有实质性的提升，那么很难成为用户的选择。

(二)阻碍DAB发展的因素分析

有学者提出：“DAB如果要谋求成功，需依赖于三方要素的完美平衡：受众的接受度、广播机构的投资和数字广播接收终端的生产厂商。”[①]以此作为参考，我国DAB在这三方面都面临一定程度的困难：

第一，传统广播仍拥有稳定的受众群，听众对调频广播的播出质量处于满意状态，而数字化后的节目收听质量与模拟广播收听质量的差距远不及当年调频相比中波的优势。受众养成了免费收听广播的习惯，对付费收听数字广播仍难以适应。

---

① HENDY D.Radio in global age[M].Cambridge：Polity Press，2000:50-52.

第二，没有形成良好的市场氛围与丰富的内容资源。在伦敦，听众收听模拟广播只能收到20套左右的节目，收听数字广播则可以收听到超过50套的节目，节目类别丰富，质量优良。而根据我国广播目前的发展状况，还很难为听众提供数量与内容均大幅提升的广播节目。即使在我国已有数字广播的地区，商业界、企业界或投资人对数字广播前景仍缺乏信心或缺乏兴趣，整体上数字广播的商业运作还没有形成浓厚的市场氛围。

第三，数字广播接收终端的高投入、高价位使投资企业望而却步。目前，在国内销售的DAB收音机大都是国外品牌，价格多在千元以上，而英国的DAB收音机只需350元人民币。国内FM收音机的价格不过几十元，在内容服务相似的情况下，听众是否愿意花几百元甚至上千元去购买数字广播收音机，答案不言自明。

数字广播技术之所以在英国等发达国家发展迅速，另一重要原因在于政府对广播数字化不仅有明确的政策规划，还对市场推广给予相应的资金补贴，而我国近几年才制定出数字广播标准，国家政策在发展数字广播方面的长远战略仍不清晰。因此，从时间表上明确列出数字广播全面代替模拟广播，目前来看，条件尚不成熟。从全球范围来看，很多国家的政府部门都明确了停止模拟广播和向数字地面广播过渡的时间安排。从发展前景看，从模拟广播过渡到数字广播是必然趋势，而我国如何突破瓶颈、抓住商机、积极推进，是当前行业管理必须直面的问题。

第三节　广播接收终端多样化

广播接收终端是随技术发展不断变化的，接收终端的变化往往也影响受众的收听行为与习惯。数字技术的使用大大丰富了广播的接收方式，受众可通过使用数字DAB广播、车载卫星广播、网络广播、手机上网广播等多种方式实现多终端收听广播节目。车载移动广播牢牢抓住车上的听众，而个人电脑网络广播则可能争取到工作中的听众。手机是最贴身的终端，广播与手机的结合使广播融入个人生活成为可能。

本节着重探讨电脑与手机两种广播终端。网络广播的发展是从个人电脑开始的，伴随着移动互联网的迅速发展，手机广播更呈现出蓬勃上升的收听势头，日渐成为更多受众的选择。另外，接收方式的变化还会带来受众收听广播的习惯与行为的改变，进而影响广播对目标受众的定位与内容提供。

一、电脑网络广播："声音壁纸"的伴随

Carl Malamud 在 1993 年利用 MBONE 技术架设了全美第一个网络电台 Internet talk radio（网络谈话电台），开启了通过网络收听广播的时代。1995 年，前进电台（Progressive Network）使用 real audio system 软件，成功通过网络播出西雅图水手队和纽约洋基队的比赛。自 1995 年之后的十年间，在美国有 57％的传统电台在播放节目的同时，通过音效压缩技术将声音内容转换为数字资源，通过网络提供在线收听。传统广播电台发展网络广播大致经过以下几个阶段：架设电台网站；实现同步播音；建立资源库，使网友可以点播；利用副载波，开发副频道；协助公益团体和个人架设网络电台。[①] 我国网络广播的发展路径大致相似，大部分广播电台都实现了前三个阶段的网络广播发展。

（一）网络广播蓬勃发展

2000 年 12 月 31 日，世界网络用户人数为 3 亿，而这一数字到 2014 年已经超过 30 亿。由于网络技术和环境的逐渐成熟，网络广播的收听人数正逐渐增加。在美国，听众的收听方式正在悄然发生变化，2007 年通过电脑登录互联网收听广播的人数的比例为 11％，到 2010 年，这一比例

---

① 陆中明.现代广播学[M].台北：威仕曼文化，2008：34.

增加到 23%，而通过收音机收听广播的比例从 2007 年的 85%下降到 2010 年的 74%。[①] 数据表明，网络广播作为一种收听方式，在受众中的接受度逐渐提高，一部分用户从收听传统广播转为收听互联网广播。英国国家广播公司 BBC 堪称传统广播电台进入数字时代后经营成功的典范。BBC 除了提供线上收听服务以外，也提供数字广播、podcast 以及随选播音(radio on demand)的服务。

日本在 2010 年推出了通过互联网收听广播的 radiko。2010 年 3 月，由 TBS、文化广播、东京 FM 等 13 家商业广播电台和电通集团共同设立了“IP 同时广播协议会”，通过该协议会创建了网站 radiko。radiko 是日本广播与网络结合的主体平台，2013 年日本各地加入 radiko 在线平台的电台共有 69 个，其中三个可以在日本全境播出。网站开办以来收听率不断提高，用户反响良好。2011 年，在 radiko.jp 上线约一年时的用户调查中，知道或听过“radiko.jp”的受访者仅为 17.4%，到 2012 年知道“radiko.jp”的人数达到了 35%，增长率为 100%。[②]

1996 年 12 月 15 日，广东珠江经济广播率先开通网上实时广播，成为我国第一家网上播出的广播电台。随后，北京人民广播电台、上海人民广播电台、中国国际广播电台、中央人民广播电台等主流媒体陆续加入其中，开办网站，实现网络同步播出，并逐步建立音频库供网友点播。2002 年 1 月 1 日，中央人民广播电台网站改版，正式启用新的网站名称——中国广播网，提供 8 套广播直播节目，34 个点播栏目，音频文件的容量达到 600GB，我国主流媒体网络广播建设进入快速发展期。2009 年，全国共有广播电视网站 397 家，其中广播电台网站 131 家、广播电视综合网站 104

---

① 王平.美国数字网络发展状况及其对广播媒体的影响[J].收听研究，2010(5).

② 陈佳沁.浅析新媒体时代日本广播的变革[J].中国广播，2013(11)：17-21.

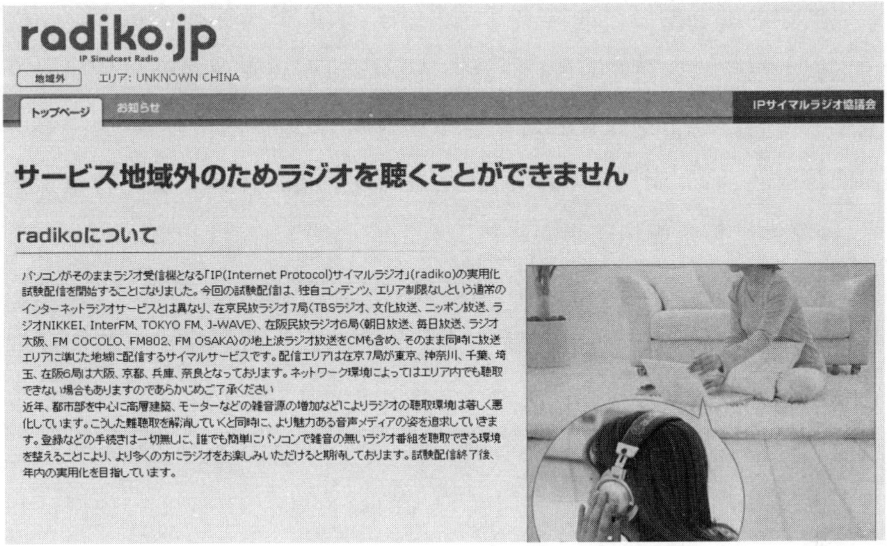

图 3－3 radiko 网站界面

家。[①] 2004 年，播客出现之后，[②]包括猫扑、QQ 之声在内的商业网络电台和个人网络电台相继涌现，内容和功能设置更为专业化和个性化。

2009 年初，国务院常务会议通过了《电子信息产业调整振兴规划》，确定了“推进视听产业数字化转型”“拓展电子信息产品应用和产业发展空间”“推进‘三网融合’”等方向。2009 年 7 月 22 日，国务院常务会议讨论并通过《文化产业振兴规划》，网络广播等新兴文化产业形态被列入国家第十一个产业振兴规划并进入了国家战略层面。2010 年 1 月 13 日，国务院常务会议决定加快推进电信网、广播电视网和互联网三网融合，这一决定带领中国广播走向三网融合的快车道。2010 年 1 月，广电总局在全国广播影视工作会议上提出，有条件的电台、电视台都要大力发展网络广播电视；加快发展新媒体、新业态，推进传统媒体与新媒体、传统产业与

---

① 数据来源于央视索福瑞媒介研究（CSM）和中国电信传播研究中心于 2009 年发布的《中国广播电视网站研究报告》。

② 2004 年 8 月 13 日，世界上第一个播客网站“每日源代码”（Dailysourcecode.com）在美国诞生。

新兴产业的融合发展。2014年8月18日,中央全面深化改革领导小组第四次会议审议通过了《关于推动传统媒体和新兴媒体融合发展的指导意见》,明确推动传统媒体和新兴媒体在内容、渠道、平台、经营、管理等方面的深度融合,形成立体多样、融合发展的现代传播体系。从这些政策来看,国家推进传统媒体与新兴媒体融合的意向明朗,态度积极。

经过十多年的发展,网络广播已经为人们所熟知。2009年,赛立信媒介研究在全国30个城市开展了一次关于听众收听网络广播情况的调查,数据显示,网络广播在网民中认知度达80%。在现实广播听众中,曾经收听过网络广播的网民占19.2%,其中有4.7%的听众经常收听网络广播。到了2013年,赛立信针对网民行为的调查显示,有近20%的网民有收听网络广播的习惯,除了通过电台官网收听以外,用户还会登录广播网站和网络电台收听广播,广播网站有电台之家、龙卷风、中国广播资讯网等。网民认知度超过20%的网络电台有青柠网络音乐电台、猫扑电台、青苹果网络电台、完美音乐等六个。[①] 可见,近年来网民对网络广播的认知和使用程度均有所提升。

（二）伴随性收听是显著特点

美国听众大多是伴随性使用网络广播,47%的听众在收听网络广播的同时搜索产品或服务,33%的听众则在进行网络购物。[②] 英国的调查也显示,听众大多是边工作或从事其他活动边收听网络广播。阿比创的调查显示,听众选择收听网络在线广播,是因为他们能够随心所欲地收听自己喜欢的音乐,同时在线广播能够提供风格多样的音乐曲目。[③] 而音乐正是伴随性收听的最好内容。

在中国,70%的网民都认为网络广播最大的优势在于可以边上网边

① 陈若愚.2014年中国广播收听市场年鉴[M].北京:中国传媒大学出版社,2015:71-72.
② 崔保国.2010年:中国传媒产业发展报告[M].北京:社会科学文献出版社,2010:466.
③ 王平.美国数字网络发展状况及其对广播媒体的影响[J].收听研究,2010(5).

听。调查数据显示，约 85%的听众在收听广播的同时还会做其他事情，包括开车、工作、学习、进行其他休闲活动等。可见，广播的“伴随性”日趋得到充分展现，听众收听广播的随意性较之以往也有所增强。

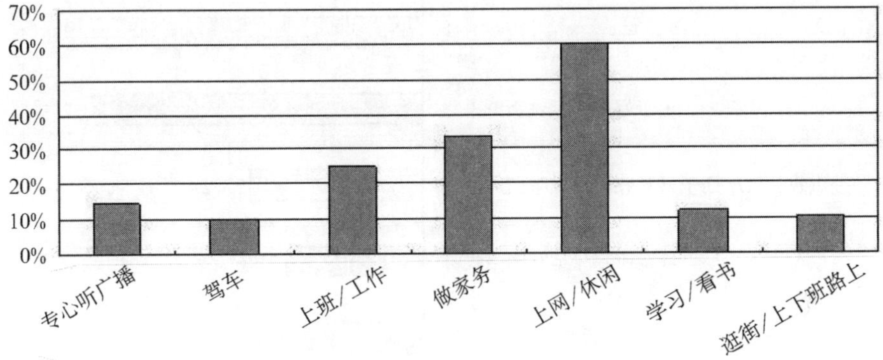

图 3－4　中国城市广播听众收听广播时还在做什么

数据来源：赛立信媒介研究，2009

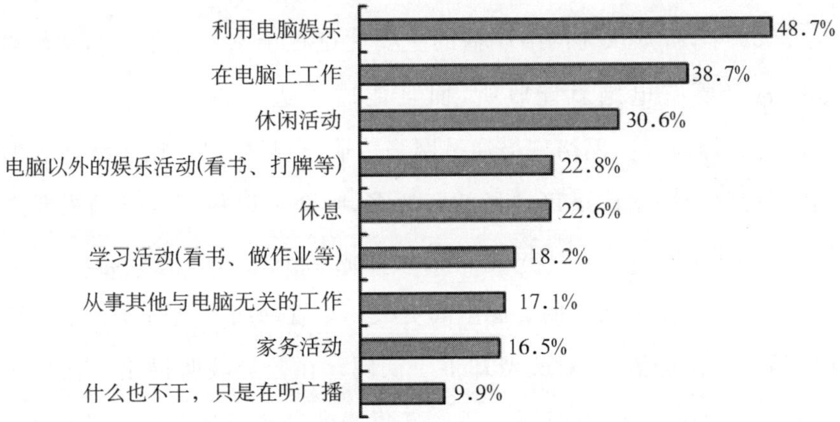

图 3－5　听众收听网络广播时伴随的活动

数据来源：赛立信媒介研究，2009

调查显示，相对于传统电台，听众收听网络广播的主要原因是收听方便，或者是出于好奇，有尝试新鲜事物的心理。对网民来说，网络广播的伴随性特点更为显著，他们可以在收听网络电台的同时使用电脑进行工作或娱乐，符合现代人尤其是网民的上网习惯。

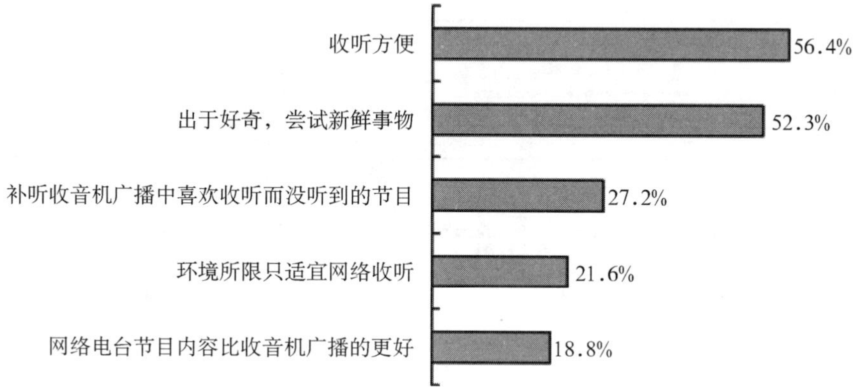

图 3－6　受众接触网络广播的动机

数据来源：赛立信媒介研究，2009

2009 年，听众认为网络广播的主要优点在于：(1)方便。47.8％的听众认为，只要有电脑就能收听，而且能边听边上网；(2)声音效果好。42.3％的听众认为，网络广播通过网络传输，声音效果要比无线接收的收音机要好；(3)网络广播可选择的资源多，听众可以根据自己的需要选择节目。35.1％的听众认为网络广播更能满足不同人的需求，32.9％的听众认为网络广播可选择的资源空间更大。尽管网络广播听众普遍认同网络广播的存在价值，但对收费却不予认同。在曾经收听网络广播的听众中，有 62％的听众认为网络广播一旦收费就坚决不听，有 33.8％的听众只能接受非常低廉的收费，仅有 4.2％的听众认为会继续收听收费的网络广播。与传统广播一样，听众不可能直接给网络广播带来商业利益，网络广播只能考虑通过不断扩大影响力及听众规模，通过经营网络广播的听众获得广告或其他商业上的利益。

(三)网络广播与传统广播的互动发展前景

对于网络广播的前景,大部分听众认为网络广播在一段时期内不能取代收音机广播,两者应该是相互补充的关系。

首先,经过近年来的发展,网络广播在规模和受众方面都有显著的增长,但是实际上,通过网络收听广播的听众仍属少数。其次,收听网络广播需要听众搜寻传统电台网站或网络原生电台,这就需要听众对传统广播频率有印象,或者是某个频率的忠诚听众,才可能触发网络收听行为。尤其是网络广播的点播,如果听众对某个频率和节目没有一定程度的认知,很难在网络中主动寻找收听。可以这样说,广播频率和节目的品牌化是网络点播的前提和基础。最后,收听网络广播突出表现为受众使用电脑时的伴随行为,手机广播为移动听众在零碎时间里提供音频信息服务,传统广播仍然具有难以替代的功能,如重大突发事件中的应急功能,而且传统广播是一种价格低廉、便于获取的媒介终端,对贫困地区与人群尤其重要。

当社会传播的分众化、小众化不断发展时,大众传播并非要被遗弃,而是在这一新的传播生态环境中进一步生产和发展。小众传播在一定程度上强调个性化,而这种倾向之所以能够存在并且有价值,正是因为大众传播的普及、丰富和发达。在一个日益疏离、分化的现代社会,大众传播为所有社会阶层成员提供共同经验,其告知、共享信息的能力是不容忽视的。① 因此,网络广播为听众提供了一种与传统广播不同的收听方式,是传统广播在新平台的延伸与补充。

(四)界面友好与便于应用的重要性

目前,我国绝大部分电台都已开设网站,其中相当数量的电台提供广播节目的直播和点播,也提供文字、图片、视频等形态的信息服务。但是,

① 邓炘炘.社会转型与广播发展——新时期中国广播体制改革研究[D].中国传媒大学,2005.

将广播资源“移植”到网络上，只是传统广播借助新兴媒体传播的第一步。要使技术转化为用户的实际选择，还需使传统广播资源在网络上被“激活”。广播电台网站的主要功能应当是为用户“导听”，其设计应该遵循界面友好与方便用户使用的原则。

1.BBC Radio 网站："导听"是最重要功能

英国广播公司BBC可以说是传统广播电台进入数字时代的成功典范。除了在线收听服务以外，BBC还提供数字广播、podcast以及随选点播(radio on demand)的服务。2007年，有1.927亿人次造访过BBC网站，有1 353万人次使用过随选点播服务。每周随选点播的时长约为750万小时，线上收听的时数为1 200万小时。[①] 2015年，每周有3 500万人收听BBC的广播。[②] 网络听众增加的速度可以用惊人来形容。

由于BBC有广播服务与电视服务，所以BBC网站也包括多个主页，BBC Homepage(主页)下包括BBC Radio(BBC广播)、BBC TV(BBC电视)、新闻、体育、天气、购物等多个主页。BBC丰富的广播电视内容资源被分类整合于各个主页，而BBC Radio主页的主要功能就是“导听”。

BBC在新兴媒体时代的目标是“让受众用最适合自己的方式来获得信息，并且要快、准、精”。BBC希望，在任何时间、任何地点，公众都可以通过不同接收设备和平台方便地获取自己想要的内容。从BBC Radio的网站上也能清晰地看到这样的目标定位。

BBC Radio的主页设计非常简洁，其最主要的功能就是指导用户使用各种方式收听BBC的广播节目。

主页从左至右可分为四个部分：

第一部分是BBC Radio各个频率及各地方电台链接，鼠标指向某频率就会出现该频率正在播出的节目，并提供节目单按钮。选择一个频率

---

① 数据来源于BBC 2007/2008年度报告的研究资料。

② BBC Radio官方网站，http://www.bbc.co.uk/radio.

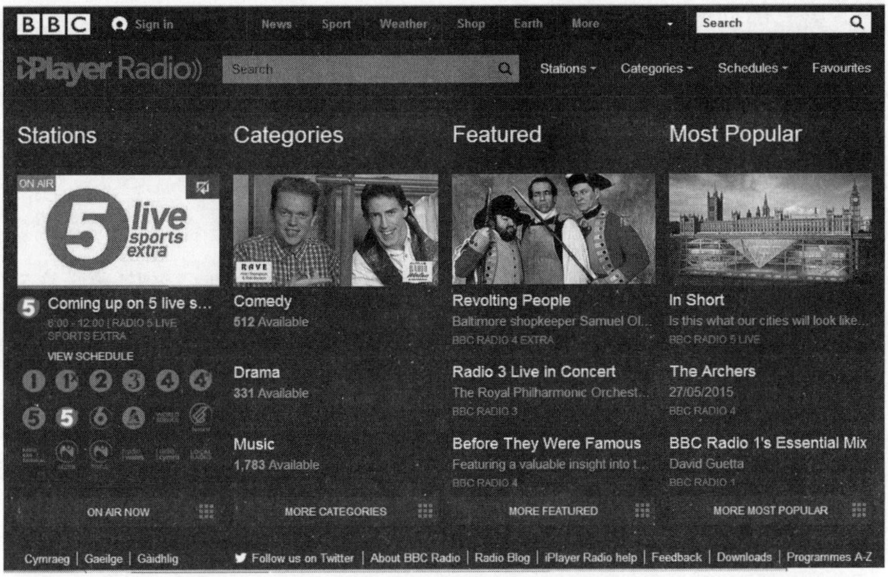

图 3－7　BBC Radio 主页(2015 年 5 月 28 日)

即进入该频率页面。听众可通过网络实时收听。

表 3－2　BBC Radio 各频率的听众定位与节目类型

频率	节目类型	频率	节目类型
Radio 1	音乐	Radio 5	新闻、体育
1Xtra(数字)	音乐	5 live Sport Extra	体育实况
Radio 2	音乐	Radio 6	音乐
Radio 3	经典音乐、爵士	Asian Network	亚洲网络广播
Radio 4	谈话、戏剧、深度新闻、艺术	World Service	对外广播
Radio 4 Extra	戏剧、儿童		

数据来源:笔者据 BBC Radio 网站信息整理

第二部分将 BBC 的广播节目按类别整合,分为儿童、喜剧、戏剧、自然科学、历史、艺术文化、政治、娱乐、真实、学习、音乐、新闻、宗教伦理、体育等。其中每一大类又提供更详尽的分类。

第三部分是特色推荐内容。

第四部分是最受欢迎内容。

BBC 并不是把播出过的节目“堆砌”在一起供听众去寻找，而是经过分类后推荐，并可供用户搜索。

BBC Radio 主页的设计理念就是：方便用户用最适合自己的方式收听广播。用户进入 BBC Radio 的主页，能够迅速了解 BBC 各广播频率正在播出什么，将要播出什么，已经播出了什么精彩内容；用户能够轻松找到适合自己的、自己喜欢的方式收听节目，可以在线收听每个频率的内容，也可选择其他方式收听。

2.中国电台网站的门户化倾向

目前，我国各级广播电台大多已开办网站，实现了广播节目的在线收听与网络点播。我国电台网站的发展倾向之一是门户化。[①] 多家网站的定位也都提到了传媒、视听这样不同于一般门户网站的特征，但从其网站的设计与功能来看，内容包罗万象，好似“信息超市”，实质是提供了广播、电视内容服务的门户网站。例如以下两个省级广播电台的主页（见图 3-8），版面大，内容相当丰富，音频内容难以凸显。

2013 年 8 月，中央人民广播电台主办的中国广播网改版为央广网。改版前的中国广播网将自身定位为“全球最大的音频门户网站”，提供了中央人民广播电台节目的在线收听和拥有版权的经典音频点播服务，以及全国 29 个省市的 100 多家电台的 200 多套频率的链接收听服务。以前的中国广播网提出“办世界最大音频门户网站”，主页与以上两个省级电台的主页类似，包含了音频与门户两个要素。

新改版的央广网将新闻媒体和音频资源的平台和品牌做了分离，推出中国广播集成业务平台——中国广播 radio.cn，将传统网络电台银河台的业务与央广旗下广播媒体的直播点播业务、全国电台的集成播出服务

① 门户网站，是指通向某类综合性互联网信息资源并提供有关信息服务的应用系统。

图 3-8　具有代表性的广播电台的主页

整合，集中满足用户对音频媒体服务的需求。央广网主页定位为新闻门户，主要发挥原创和快新闻的优势，打造原创新闻影响力。可以说，这一次的改版并没有改变央广网门户网站的性质，但是进一步突出了音频内容的独立性和独特性。

在央广网首页最上方，用户可直接选择收听中央人民广播电台各频

图 3-9　央广网(左)与央广网—中国广播 radio(右)的网站页面

率的节目直播。点击进入“中国广播 radio”，页面从上至下分为四部分：第一部分是重点音频内容推荐，内容来自全国多家电台的新近节目；第二部分是国内电台直播，提供地区和内容两种分类方式；第三部分是音频专题；第四部分是播客。

相比改版前的网站，新版网站对音频资源进行了一定程度的整合，但将全国各家广播电台以及大量播主的音频内容有效整合和呈现好，显然不是一项简单的任务。如何盘活庞大的音频资源，使用户易找、易听、易用是广播人需要思考的问题。

“中国广播 radio”也提供中央人民广播电台各频率节目点播，用户找到想收听的频率并进入频率后，会按日期出现节目列表，每天的节目按播出时间排列，供用户选择。

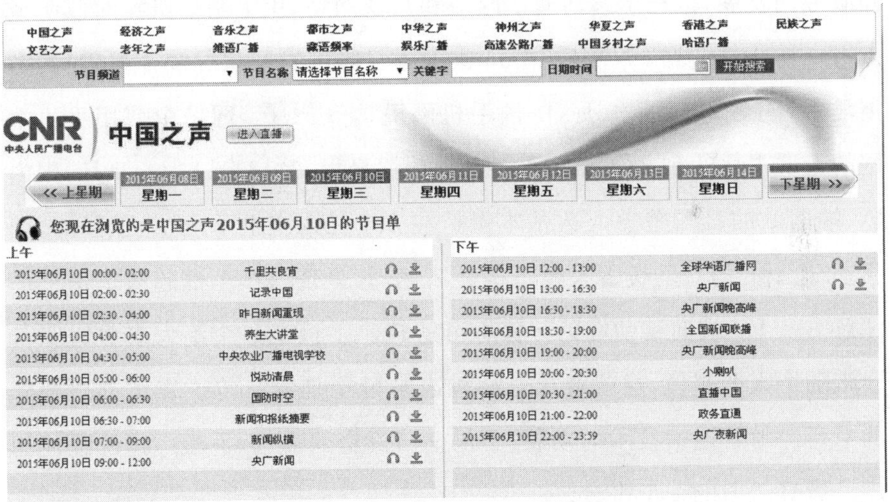

图 3 - 10　“中国之声”的网站页面

在列表中，用户比较难把握每期节目的内容和特色，“堆砌式”的点播列表是否能够有效激发用户的点播行为值得研究。声音内容是看不见、摸不着的东西，数字化和网络化技术使广播从“时间生存”转变为一定程度的“空间生存”。网络广播的“空间版面”突破了单一的声音传播，实现了视听多符号呈现。因此，广播音频的网络版面应重视文字等视觉符号的导听、导读作用，使品牌化节目内容在网络版面得以清晰显示和便于选择。遵循空间规律，对声音内容的分类、导航和内容的视觉化呈现显得尤为重要。

二、手机广播:最具活力的媒介终端

中国是手机大国，2014 年，全国手机用户超过 12 亿。所谓手机广播，就是利用具有收音功能和上网功能的手机收听广播。目前可以通过两种方式收听手机广播:一种是在手机中内置 FM 广播调频器，用手机直接收听电台广播节目；另一种是随着 GPRS、3G、WAP 等无线通信技术和服务的发展，依托于移动通信网络和互联网络，用上网手机实时收听或点播广播节目。据 CNNIC《第 36 次中国互联网发展状况统计报告》的数据显示，截至 2015 年 6 月，中国手机网民达 5.94 亿，网民中使用手机上网的人群占比达到 88.9%。艾瑞咨询数据显示，2013 年 1 月—9 月，国内 PC 端网站的日均覆盖人数基本保持在 2.3 亿人次上下，已趋于停滞，而移动端 App 的日均覆盖人数已接近 2 亿，并呈现持续上涨趋势。用户的注意力从 PC 端向移动端的转移不可逆转。手机是一个绝大多数时间都会跟随个人的媒体，这就意味着手机未来可能是所有传统媒体都想登陆的平台。随着通信技术的发展、手机上网资费的降低，手机广播已经成为广播最具活力的一个平台。

英国权威的广播听众调查统计机构 RAJAR 的数据显示，2012 年第三季度，89%的英国人每周收听广播，比上一年同期减少了大约 50 万人，总收听时长为 10.2 亿小时，比 2011 年同期下降了 5%。但是第三季度的报告也显示，英国人通过智能手机和数字平台收听广播的时长、频率，比 2011 年有明显增加。例如，18%的英国人使用智能手机收听广播，比去年同期人数增加了12%。通过数字平台每周收听广播的人相比去年同期增加了5%。2 390万人每周使用数字平台，如DAB、DTV、Internet等收听广播。通过数字平台收听广播的总时长由2011年同期的3.04亿小时上升到3.2亿小时，上升了6%，在线收听的总时长比去年同期上升了7.7%。[①] 世界范围内手机广播的发展势头由此可见一斑。据《中国手机媒体研究报告》显示，2009年，我国城市中只有3.5%的用户选择手机广播服务。[②] 从中可以看出中国的手机广播有着巨大的发展空间。

2004年，国家广电总局提出了《关于促进广播影视产业发展的意见》。《意见》强调："要积极跟踪广播影视科技和市场的最新发展趋势，大力开发对广播影视产业未来发展具有重要意义的高新产业……此外还有手机广播、手机电视、移动电视、宽频电视等。这些新媒体、新产业、新业务虽然短期内可能不具有明显的经济效益，但一定要高度重视，掌握主动，抢占先机，尽早培育、开拓和占领市场。"

（一）手机广播的两种模式

目前的手机广播有两种模式。如何开发手机广播的广阔市场，是新兴媒体时代广播重塑的重要课题。

1.使用内置FM广播调频器的手机收听

在广播手机模式中，手机仅仅是一台收音机，不需要移动、联通甚至电信的任何网络，只要电台发送信号就能收到。对于听众来说，使用内置FM广播调频器的手机收听广播方便简单。听众不需要专门携带一台收音机，而手机现在基本是人手一台，在手机中内置FM广播调频器的技术已经非常成熟。

相比手机上网收听广播，手机FM广播最大的优势是免费，不需要上

① 数据来源于RAJAR的统计，http://www.rajar.co.uk/docs/news/data_release_2012_Q3.pdf，2013.1.26.

② 2009年2月18日，中国互联网络信息中心发布了《中国手机媒体研究报告》。该报告通过对北京、上海、广州、深圳四个城市的调查分析了国内手机媒体的主要应用形式与特点。

网产生流量费用，长久以来听众已习惯免费收听广播。另外，手机比收音机更加便于携带，只要操作方便，且手机电池容量可以支持收听，手机FM广播不失为一种“粉丝”听众随时随地收听广播的有效渠道。

2.手机上网收听广播

通过移动通讯网络或互联网上网收听广播，是更具技术含量的手机广播模式。比如，上海文广集团2005年7月开播了可以进行互动式语音应答的手机广播，用户可以实时或点播收听[①]；中央人民广播电台同联通和闪易互动合作，于2005年9月开通手机广播。用户可以通过CDMAIX的数据通道点播、下载、收听音频节目，节目同时配有动画(FLASH)和字幕，增强了自身的视听娱乐效果。中国国际广播电台手机广播电视业务现提供CRI环球新闻聚焦、世界TOP10、New茶座、不老歌等不同于传统广播电视节目形态和内容的手机音视频节目。

虽然业界做出了诸多尝试，推出了相关手机上网广播业务，但初期的发展情况并不尽如人意。2009年，针对用户的调查显示，影响用户使用手机上网听广播的最重要因素是“没有听说过”，有30%的用户没有听说过这项服务；28.2%的人“不知如何定制”；19.1%的人“担心费用过高”。[②]影响手机广播推广的原因主要有以下几个方面：首先，用户对手机广播的认知程度还不高。用户没有形成收听广播的习惯，对传统广播缺乏忠诚度，没有形成广播品牌印象。其次，手机上网收听广播的操作不够简便，收听不够流畅，这也是影响手机广播应用的重要因素。使用手机上网收听广播，需要主动搜索、选择和连接，受网速、音频内容被压缩等因素影

① 现已开通4套频率同步直播，18套精彩节目点播，全天新闻时时更新。另有100首流行歌曲点送，用户可下载作为手机铃声或点送给其他人。上海文广集团还计划在移动、联通以及电信的通讯平台全面开通手机、小灵通和固话的IVR，并将此业务扩展到全国，同时，增加节目套数，实现8套频率同步直播，30套精彩节目点播（或重听），4套电视频道（伴音）同步直播。

② 中国互联网络信息中心.中国手机媒体研究报告[R/OL].(2009-02-18)[2010-08-17].http://www.cnnic.cn/hlwfzyj/hlwxzbg/ydhlwbg/201206/t20120612_26696.htm.

响,收听效果不够流畅,音质有所下降。技术设计造成寻找与连接困难、收听品质不足,这会导致有收听兴趣的用户中途放弃。再次,高额的费用也是手机上网收听广播的发展瓶颈。最后,用户使用手机上网收听广播的时间、场所与收音机收听、互联网收听等方式不尽相同,大多是零碎时间、非居家的伴随性收听,在内容需求上与其他收听方式有所不同。如果手机上网收听的广播内容与传统广播的内容差异不大,没有形成特色化、个性化的服务内容,难以吸引手机用户使用。

2008 年 2 月 1 日起,《关于鼓励数字电视产业发展的若干政策》(国办发[2008]1 号)开始实施,但该政策并未打破广电和电信的壁垒,广电和电信多年形成的管理格局和利益关系仍未改变。手机广播的发展问题不是仅靠广播就能解决的,还需要来自网络提供商、应用开发商、内容提供商、手机终端商的支持和协助,这样才能协调各方的利益,形成多方共赢的运营模式,而这些短期内还无法全部做到。但从长远来看,如果解决了技术、资费、运营模式等瓶颈,手机广播就会具有较广阔的发展前景。

近年来,随着移动互联网的快速发展,移动互联网已经带来了多层面甚至整个产业链的变革,已经并将继续深刻影响和改变人们的生活方式和沟通方式。移动终端现在已经成为媒体终端、工作终端、交流终端,成为全新的生产生活平台。同时,移动终端也成为重要的广播收听平台,使用智能手机等移动终端收听广播的人也越来越多。国内听众收听广播的方式和使用的终端逐渐呈现多元化的趋势,除了便携式收音机之外,听众使用手机、车载收音系统等设备收听广播的比例逐渐上升。通过手机收听广播有两种方式,一种是手机接收 FM 广播信号,手机内置 FM 接收器,无需上网即可收听当地广播;另一种是通过网络收听广播,这种方式近年来发展较快。

调查显示,目前听众收听广播的工具中手机占 23.57%,高于车载收音系统、MP3 或随身听、电脑网络。可见,手机已经成为收听广播的主要

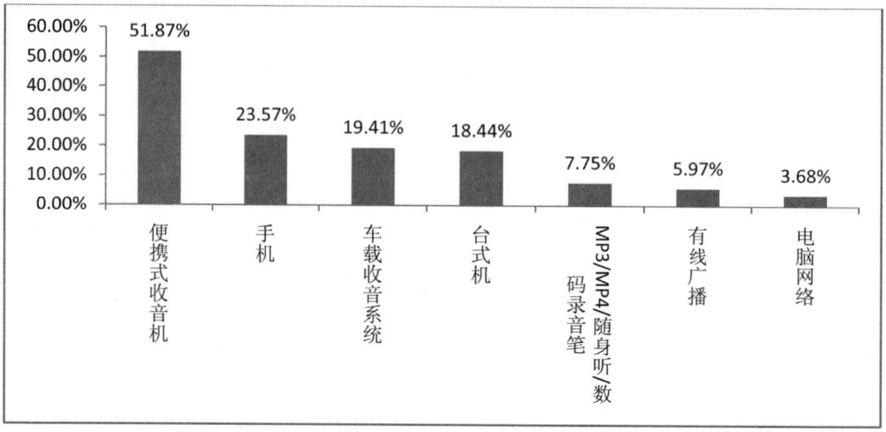

图 3－11 受众收听广播的主要工具

数据来源：赛立信媒介研究，2012

工具之一。

通过第一象限研究团队的“2011 手机人调查”可知，从手机用户对手机功能/业务的使用上来看，位于前十位的每一项的用户使用比例均超过了 50%，说明手机用户对手机功能的开发和使用比较全面。其中，使用手机听音乐的比例为 73.15%，使用收音机的比例达到 55.56%。[①]

以此可见，手机用户对“听”具有旺盛需求，一部分手机用户处于一边“听”一边“看”的使用状态。手机作为一种“中介”[②]已经全面入侵现代人的生活，重塑了人们的生活方式。手机从人类的交往方式、信息获取方式、休闲娱乐方式等生活的或宏大或细微的层面，影响着社会组织方式及现代人的个体表达。对传统广播电台而言，开发适合手机用户使用的终端产品成为顺应趋势的必然选择。

（二）我国广播类手机应用类型分析

自从智能手机和平板电脑快速发展以来，广播界就进行了持续关注。

① 刘德寰，刘向清，崔凯，等.正在发生的未来[M].北京：机械工业出版社，2012：259.

② 曾戈提塔.中介化：媒体如何建构你的世界和生活方式[M].王珊珊，译.上海：上海译文出版社，2009.

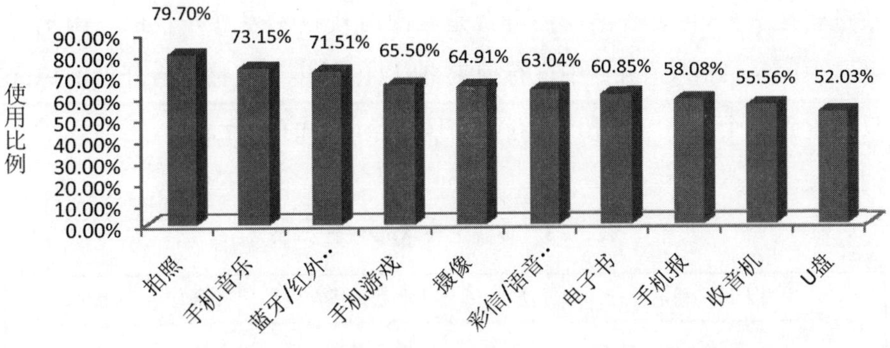

图 3－12　手机用户对手机功能/业务的使用比例

数据来源：第一象限“2011 手机人调查”

一方面，手机与广播从终端来说具有天然的对接功能；另一方面，音频非常适合数字化与网络化转换。一些传统广播电台应需开发了 App①，网络电台 App 也受到了用户的欢迎。

2013 年 1 月，笔者在苹果 App Store② 中搜索关键字为“广播”“电台”“收音机”和“radio”的 App，共有 125 个符合要求的应用程序。经过对这些应用程序的分析后发现，广播类应用程序主要包括两大类。

1.传统广播电台应用

传统广播电台的 App，即一般由传统广播电台开发的、以播出本电台频率内容为主要功能的 App。2013 年 1 月，中国大陆地区可搜索到 28 个传统广播电台 App，港澳台地区 9 个，其他国家 8 个。

从以上统计中发现，内地推出 App 的广播电台仍是少数，只有中央人民广播电台、12 个省及直辖市级电台、6 个市级电台推出了 App。香港的广播电台主要有商业电台、新城电台以及香港电台，但其 App 的推出

① App 是英文单词 Application 的简写，指应用程序，一般是从应用商店中下载到智能手机上，以方便用户更容易地完成某项任务。马丁.决战第三屏：移动互联网时代的商业与营销新规则[M].唐兴通，张延臣，等，译.北京：电子工业出版社，2012：23.

② App Store 是供用户下载应用程序的服务，包括苹果的 App Store、谷歌的 Android Market、黑莓的 App World 等。为了使研究对象更为集中，本书仅以 iPhone 的 App Store 为对象。

数量就达7个，可见香港广播电台是紧跟时代技术发展步伐的。因笔者是在中国区 App Store[①] 中进行搜索，所以国外传统广播电台开设的 App 仅搜索到8个，其中的“BBC News”不仅有直播的电台节目，还加入了新闻视频点播。

表3-3 传统电台 App 统计列表

中国大陆（28个）	中央人民广播电台	中央文艺之声	北京广播在线	交通广播（北京）
	劲听（天津人民广播电台）	第一财经广播	陕西音乐广播 FM98.8	陕西交通广播
	湖南交通频道在线直播	楚天交通广播	湖北经典音乐广播	福建913汽车音乐调频广播
	江苏交通广播	重庆交通广播	四川交通广播	山东交通广播
	新疆人民广播电台	无线苏州	无线长春	青岛广播在线
	泉州 FM1059 刺桐之声闽南语广播	泉州 FM889 新闻广播	泉州交通之声 FM904	泉州 FM923 私家车音乐广播
	太原交通台	太原私家车 Radio	西安交通旅游广播	西安 FM
港澳台地区（9个）	Hong Kong Toolbar（香港）	香港网台	商台节目重温	Hong Kong Radio Player（香港）
	RTHK On The Go（香港）	Radio HK（香港）	Taiwan Radio（台湾）	Internet Radio Taiwan（台湾）
	Radio X3 Hong Kong（香港）			
其他国家（8个）	BBC News	以色列电台	德国广播电台	加拿大中文电台
	SBS 고릴라（韩国）	Radios France（法国）	Radio France（法国）	CBC Radio（加拿大）

数据来源：笔者在 App Store 中搜索整理得出

① App Store 在不同国家、不同区域提供不同的应用下载。本文以中国区 App Store 中的应用作为搜索对象。

从传统广播 App 的功能来看，大致可分为两种：

第一种传统广播 App 的功能比较单一，提供本台广播频率在线收听，或在线收听与点播，如“北京广播在线”“山东交通广播”“德国广播电台”“湖北经典音乐广播”“SBS 고릴라”等，其中“湖北经典音乐广播”与韩国“SBS 고릴라”提供节目直播和点播。传统广播电台 App 中最受欢迎的是“北京广播在线”，2013 年 1 月的下载次数为 13 万多。“北京广播在线”是一款通过网络收听北京人民广播电台直播节目的应用程序。该应用程序整合了北京人民广播电台的节目单系统，可提供北京人民广播电台各个频率、每天播出的节目时间表。程序系统支持后台播放，在用户收听广播的同时，不会干扰其他应用程序的使用。“北京广播在线”抓住了用户收听广播习惯的变化，通过自身的品牌效应，吸引忠实听众使用手机收听。App 界面直观，操作便捷，易于使用。这款功能单一的 App 的优点在于坚持了广播“听”的属性，频率名称、节目表等视觉信息起到“导听”作用。

有的传统广播 App 不仅注重自身的设计与发展，也尝试与网络广播 App 合作。“太原交通台”的用户在使用软件时可将 App 免费升级为“蜻蜓.FM”，这就把传统的广播 App 转变为了网络广播 App，使 App 收录的电台增多，类型更加多元化。

另一种传统广播 App 不仅包括“听广播”功能，还提供多元化服务，例如天津人民广播电台开办的“劲听”，香港的“Hong Kong Toolbar”。除了苏州各广播电台的直播节目外，用户还可通过“无线苏州”观看苏州新闻综合频道、社会经济频道、CCTV 新闻频道等电视台的节目。“无线苏州”为移动人群提供图文、音频、视频信息服务，此外，其还整合了新闻资讯、路况、公共交通、天气、微博及团购等功能，使全方位的公共信息与用户的生活无缝对接。“陕西交通广播”在提供陕西交通广播单一频率直播的同时，为用户提供陕西路况交通资讯，并开设微博互动版块，用户可将实时路况第一时间发至微博，电台的主持人核实后会进行广播以提醒广大司机注意，这就将传统广播电台单一的传播方式转变成了双向沟通的互动方式，既体现出为移动用户提供信息服务的特点，又使用户以UGC(User Generated Content，用户生产内容)的方式参与到节目中来。大多数交通广播App的设计思路与“陕西交通广播”类似，将广播与信息服务结合起来，具有突出的本地化、服务化特征。

2.网络广播App

网络广播App开发主体多样，一般整合了大量不同国家、不同类型的电台频率，提供在线收听功能。相比传统广播App，网络广播App数量更多，笔者共搜索到80余个可供下载的网络广播App。网络广播App也更受用户欢迎，其中不乏下载量上百万者，如“TuneIn Radio Pro”截止到2013年1月的下载量已超过450万。

从网络广播App的内容来看，大多数App都提供世界范围内多个国家的广播频率的在线收听，有的App提供一定区域范围内的广播频率的在线收听，如“EULive Radio”提供欧盟国家的广播电台。有的App只提供某一类广播频率的在线收听，如“Classical Music Radio”是专门收集古典音乐电台节目的网络收音机，“蜻蜓.FM体育台”只收集体育广播电台，直播重大赛事。

从网络广播App的功能来看，大多比较单一，专注于频率的集纳、分类和收听。一些网络广播App附带以“听”为核心的辅助性功能，如睡眠定时器、闹钟、回放及录音功能等，“TuneIn Radio Pro”就融合了上述所有功能，用户可在收听电台节目的过程中入睡，并伴随节目醒来；错过节目精彩的地方可进行回放；听到喜欢的节目也可进行录音以便再听。

笔者经过对网络广播App的统计、分析和试用，发现此类App功能类似，决定软件是否更受用户欢迎的要素主要包括以下三个：第一，应用设计是否精良。App Store里的应用可用海量来形容，网络广播App作

表 3－4　网络广播 App 统计列表

蜻蜓.FM(全球广播电台)	叮叮网络电台收音机	TuneIn Radio Pro	收音机闹钟 Radio Alarm	Wunder Radio
听广播啦	可视收音机	咕咕收音机	蜻蜓.FM 体育台	蜻蜓音乐广播
蜻蜓.FM 外语台	蜻蜓.FM 交通台	地铁 0 号线	超级收音机/专业版/节电版/音乐版	RushRadio
TuneIn Radio	新浪电台	FM123	i 电台	OXradio-Full
海豚收音机免费版	微博收音机	iTuner Radio	iRusRadio	Tunin.FM iCar Radio
iRadio	iRadio:Electronic	iRadio UK	iRadio AU	iRadio NOW
Radio in Italia	iDeRadio	iHome+Radio	iBlink Radio	广播中国
中国广播	微电台	OneTuner Pro	悠悠广播	世界收音机
LeonRadio	Digitally Imported	听广播,闻天下	爱广播	EULive Radio
小喇叭广播电台	优悦广播	Yan Radio 澳洲中文广播	亚洲广播家族	凤凰 FM
Radio Taiwan	All World News Radio	优听 Radio 网络收音机	贝客电台	我的城市
HK Radio	The Radio	News Radio	Stitcher Radio	Radio CN
iFM Radio Controller	收音机	Abradio	中国无线电	rad.io
钟博士——闹钟收音机	QQ 收音机	天籁电台	Radio360 lite	Storm Radio 网络电台收音机
广播电台	网路电台	SHOUTcast Radio	Classical Music Radio	Jazz Radio
Ballads Music Radio	Tunemark Radio	网络收音机	麦田广播	蜻蜓.FM 曲艺台

数据来源:笔者在 App Store 中搜索整理得出

为一种伴随收听式的App,从图标和名称设计上应容易被搜索、识别并记住,应用界面的设计风格应简洁时尚,有审美特色。第二,用户体验是否友好。网络广播App整合了大量广播频率,如何让用户快速、方便地找到自己喜欢的频率对用户体验至关重要,受欢迎的App大多对海量频率进行了科学分类、有效整合,使用户容易上手,实现了查找、收听和收藏的无障碍操作。第三,软件是否稳定。App的进入是否流畅,软件是否容易崩溃,版本是否经常更新都会影响用户的选择。有些App经常连接不上网络,软件反应迟缓、容易崩溃退出等问题,都将大大降低用户体验。

目前,人们对于移动终端的认识主要包括手机、平板电脑和电子书等,已经研发或者尚在概念中的“电子纸”、眼镜式显示器等,在未来都可能成为移动终端。移动传播使人们可以在碎片化的时间里获得信息,这也将逐步改变人们的信息消费习惯,人们对于碎片时间的利用成为信息消费中的常态,但这也有可能导致信息阅读的碎片化。[①] 移动终端与App的结合,完美地解决了用户碎片化获取信息的需求,以手机为代表的移动终端成为最符合“碎片化”状态的媒体化平台,App已成为资讯的新载体。如何提供更好的信息碎片的整合手段,也成为媒体优化信息服务的一个关键。

第一,使用广播App是一种听众收听广播的方式,更是一种用户享受音频服务的方式。作为以音频为核心信息的广播媒体,与移动互联网具有天然的适应性,广播App能够满足移动用户非专注、伴随性、碎片化收听的需求,使用广播App将成为用户收听广播的重要方式。同时,广播人需要完成从“听众”到“用户”,从制作“广播节目”到生产“音频”产品的转变。广播App作为一种以收听广播为主的音频产品,给用户极大的选择自主性。广播App除了具有收听广播的功能之外,更多地承担了生

① 彭兰.社会化媒体、移动终端、大数据:影响新闻生产的新技术因素[J].新闻与传播,2012(16):3-8.

活服务、互动交流乃至放松娱乐的功能。因此，广播 App 并不仅仅是“用手机或平板电脑听广播”这么简单，而是音频传播方式的一种重要转变。

第二，传统广播电台需针对传统听众、互联网用户、移动用户不同的使用习惯和信息需求，制作不同的音频产品。传统广播 App 因其操作便捷、品牌优势和本地服务性赢得了移动用户的青睐。但通过对传统广播 App 的统计和分析，我们发现大部分传统广播电台开发的 App 仍局限于提供本电台广播频率的在线收听，在 App 的设计上大多沿袭本电台互联网广播页面的理念。新媒体内容通常包括独立原创、整合和 UGC(User Generated Content，用户生产内容)，[①]而目前传统广播 App 的内容架构多以同步播出为主，在线点播次之，原创内容相对少见。传统广播电台大多具有丰富的广播节目资源和专业人才优势，如果能够更加深入地研究移动人群的特点，深度开发自身音频资源及多种形态的直播、点播服务，突出品牌节目和主持人，其 App 将会具有更强的服务性和影响力。相比网络广播 App，传统广播 App 在本地服务方面具有难以取代的优势。在未来的发展版图中，传统广播电台须打破用传统广播电台运作思路来制作广播 App 的局限，分别针对传统听众、互联网用户、移动用户不同的使用习惯和信息需求，制作不同的音频产品；对新媒体输出平台应该使用全新的设计方法、打造新的流程，实现有的放矢、有效传播，将传统品牌优势延伸至移动互联领域。

第三，网络广播 App 将呈现出更加多样化、个性化、差异化的发展趋势。网络广播 App 汇集世界广播频率并进行科学分类，具有海量频率收听、多种方式分类、融入创新功能等特点。相比于传统广播发达的国家，中国广播不管是对受众的细分还是对内容的细分，仍然处于比较粗放和初级的阶段。而网络广播 App 为中国听众提供了世界范围的收听选择，使用户能够轻松接触和选择更为丰富和细分的类型化频率，这也将中国

① 蔡国栋，陈永松，张军利.广播的新媒体融合路径[J].现代传播，2012(10)：149-150.

广播频率带上了国际舞台。由于受语言的限制，不懂外语的中国用户对国外频率的选择大多局限于音乐频率。但是网络广播 App 的大受欢迎为我们带来了启示，移动用户的“听觉伴随”需求是旺盛的，具有国情特色、本土化的广播、音频类 App，将会呈现出更加多样化、个性化、差异化的发展趋势，不断丰富中国音频用户的选择。

(三)广播在微信平台的生存分析

微信是腾讯公司于 2011 年 1 月为智能终端推出的一款即时通讯应用程序，可通过网络发送语音短信、视频、图片和文字，也提供公众平台、朋友圈、消息推送等功能。自微信诞生以来，用户数量呈爆炸式增长，2013 年 11 月，微信注册用户量突破 6 亿，迅速成为智能手机重要的应用程序之一。目前，微信涉及的传播方式大致可以分为三种：好友之间传播(语音、文字及图片等)、朋友圈传播以及公众平台传播。其中，公众平台是微信一个颇具特色的功能，作为一种自媒体平台，任何成年人只要通过审核，都可以建立公众账号。微信用户只要关注某个公众账号，便可以接收到该账号所推送的信息。微信的公众账号使用的是“一对多”的传播模式，用户可以根据自身需求进行信息的“私人定制”，拥有极大的选择权。利用微信公众平台，公共组织或商业组织能够找到有效受众，利用该平台进行双向传播，及时获得反馈，调整服务，极大地增强了用户的使用黏性，也便于提供者准确地评估传播效果。①

基于微信公众平台提供的这种与特定群体进行沟通的方式，传统媒体纷纷开办公众账号，将其作为一个新的开拓方向。中央电视台、《参考消息》甚至《国务院公报》和联合国主席潘基文这些媒体、新闻发布机构和具有影响力的人物都活跃在微信订阅号上。有学者提出：微信对于新闻媒体而言，不仅是一条新的内容推送渠道，更是一次发掘无限用户资源价

---

① 靖鸣，周燕，马丹晨.微信传播方式、特征及其反思[J].新闻与写作，2014(7)：41-45.

值，将传统媒体自身的品牌优势向新媒体领域拓展的难得机遇。[①] 广播媒体在新媒体终端的使用率逐渐提升。微信公众号的功能和特点是什么，是否是传统广播延伸至新兴媒体的一种重要方式？

1.广播微信公众号的传播功能分析

广播微信公众号，指的是传统广播电台或广播频率开办的经过认证的微信公众账号。目前，全国已有多家广播电台、频率开通了微信公众号。笔者考察了27个省会城市（包括5个自治区省会城市、不包括台北市）、4个直辖市以及5个计划单列市共36个市级广播电台及其下属频率的共114个微信公众账号。[②] 经统计，36个市级广播电台中除拉萨和银川广播电台没有开办微信公众号外，其他34个城市均纷纷试水当下热门的微信公众平台。

实现广播节目在微信平台的收听。笔者考察的114个微信公众号中，提供节目收听的公众号有63个。其中32个公众号是与蜻蜓FM[③]合作提供广播节目的收听的。用户可以在菜单栏中找到蜻蜓FM的链接，点击进入蜻蜓FM直播界面，界面中有直播按钮以及蜻蜓FM应用推荐、节目单、回听节目、分享节目等板块，可提供该频率节目的在线直播和前一天节目的回播。广播公众号与蜻蜓FM这一发展比较成熟的网络广播App合作，为用户提供了较为方便良好的收听体验。还有一部分广播公众号，除了在菜单栏中提供收听链接外，还会在用户首次关注时弹出收听按钮，提示用户收听节目。少量广播公众号通过用户输入字符来发送收听链接。如“北京广播网”公众号提供北京人民广播电台9个频率的节目，收听方式是在聊天界面的对话框中输入相应的字母，之后界面中会弹

---

① 蔡雯，翁之颢.微信公众平台：新闻传播变革的又一个机遇：以“央视新闻”微信公众账号为例[J].新闻记者，2013(7)：40-44.

② 数据截止到2014年11月30日。

③ 蜻蜓FM是一个提供广播及音频在线收听的应用，收录了中国大陆、台港澳地区、海外地区的广播电台，以及主播电台、有声读物、各类播客等点播内容。

出该频率的直播按钮。收听节目的同时可以进行其他手机操作。虽然这种方式实现了在微信平台收听节目，但并不是用户每次打开该账号都有收听编码的提示，而记住9个频率的收听编码无疑是有难度的。因为这种收听方式在操作上并不方便，所以难以成为用户的选择。另外，在114个公众号中有36个提供了节目的点播功能。如福州"左海之声"公众号，在菜单栏中提供节目点播选项，提供5个品牌节目近三个月的节目点播。大多数公众号允许听众在收听时进行其他手机操作，广播作为一种"声音背景"存在。

依托本媒体内容资源的信息发布。因微信公众号对发布内容和形式的限制，广播公众号的信息发布形式类似。微信公众账号订阅用户接收的大多是图文专题信息。图文专题一般分为三级阅读界面：第一级包含新闻标题、图片和文字导读；点击进入第二级界面用户可以看到长文的主要段落（或短文的全文）；在二级阅读界面的下方，通常包括"阅读全文"的链接，点击进入后可以在原始网页阅读全文。一部分广播公众号推送信息时依托本媒体的内容优势，选取每天最重要、与用户最具相关性的信息进行推送。各城市新闻广播公众号的这一特点更加显著。以"北京广播网"公众号2014年11月14日发布的内容为例，共发布了4条消息：《APEC会期PM2.5日均浓度降3成》《APEC单双号限行结束　北京晚高峰又堵了》《小区建成两年仍未通公交　居民出行诸多不便》《交警严查告诉违法　收费站拦截处罚》。4条消息的来源均是北京广播网，重点关注了北京召开APEC会议期间的空气质量和交通状况。点开每条消息，可以阅读简要新闻，还可以点击"阅读原文"，跳转至"北京广播网"消息原文页面，阅读详细内容，收听节目音频。这种公众号所推送的信息可以体现其背后传统媒体的定位。"北京广播网"公众号依托北京人民广播电台的新闻资源，电台新闻以北京的大事以及与市民切身相关的信息为主，"北京广播网"公众号发布的资讯也体现了这样的信息选择特点。

根据本媒体地域特征提供信息衍生服务。广播媒体的区域性传播特点显著，交通广播、音乐广播和新闻广播大多是各城市中占市场份额比较大的强势频率。广播公众号在信息服务上，注重提供本地用户需要的各类信息，并有以下几个特点：(1)关联性。因微信公众号数量众多，关注某个广播公众号的用户更可能是该电台的当地听众，公众号在信息选择上要考虑本地用户的需要。交通广播的公众号大多提供本地路况、出行指南，有的公众号在路况信息上深耕细作，分类提供火车、航班等信息，将为本地用户的服务意识落到了实处。(2)有用性。广播作为一种伴随性媒体，在信息提供上向来注重各类实用信息，这一特点也体现在广播公众号上。青岛新闻广播的公众号，除了提供广播收听、节目介绍外，还在菜单栏里整合了诸多实用性信息，包括气象信息、违章查询、高考秘籍、餐厅优惠券、演出信息等，通过提高实用性吸引用户持续选择。(3)娱乐性。一些公众号在设计和信息选择上注重趣味性，调动用户阅读和使用的意愿。如宁波交通广播 FM939 的公众号，菜单栏分为“有声有色”“有条有理”“有说有笑”，菜单栏中的内容有“有图有真相”“头条姐”等，尽可能让公众号的信息服务有趣、好玩，触发用户点击阅读和分享。

与听众(用户)加深关系建设。广播公众号加强了媒体与用户的关系，有利于广播媒体的形象塑造。微信拥有数量巨大的用户群体，且微信用户对信息的选择具有极大的自主性，因此，关注某个广播公众号的用户一定程度上是该频率或节目的“粉丝”。听众在微信平台中“约会”熟悉的广播频率或节目，这进一步加强了广播与忠实用户之间的联系，打破了传统广播在互动与反馈方面的局限。长沙人民广播电台 FM1017 城市之声在建设用户关系方面较有代表性。在标题为“哇！点我”的菜单栏中包括几个项目：“嗨咖 DJ”提供各个 DJ 的资料和照片，“DJ 微距离”中用户可以向 DJ 提问，“DJ 旅行团”包括以旅行为主题的 DJ 照片、游记、旅游贴士，“嗨咖办公室”里有 DJ 视频和生活趣闻。通过微信公众号，频率、节目和主持人的品牌影响力延伸到了手机端，有利于广播媒体维护和巩固与忠诚听众的关系。通过贴近性的信息服务尽可能吸引潜在听众，将传统广播听觉形象的转瞬即逝“定格”、转化为视觉可感知的媒介形象，在广播媒体形象塑造与关系建设方面具有积极意义。

基于本媒体品牌的活动推广。广播公众号推送的另一些重点内容包括节目预告、精华内容、线上线下活动推广。推广信息精准投送给“粉丝”用户，有利于本媒体品牌的建设和延伸。1067 音乐控是石家庄人民广播电台旗下的音乐广播频率，其微信公众号中有“1067 微活动”内容，专门介绍了与频率有关的演出资讯、活动预告、线上线下活动，如 1067 相约北京欢乐谷、1067 小木屋（小木屋活动是该频率组织的一项爱心读书行动）、最爱 DJ 评选等。2014 年 11 月 29 日，石家庄音乐广播公众号推出的 6 条信息均与频率相关活动推广有关：头条为“塔坛巅峰之夜”巨星演唱会门票抢票活动，仅仅一天即有千余条阅读记录。通过微信公众号，频率活动信息能够精准有效地传播给忠实用户，进一步增加用户对本媒体的使用“黏性”，提升用户对频率的品牌忠诚度。

2.广播“微生存”评价与展望

当微信对网络信息传播及整个传媒格产生的影响越来越大时，传统广播频率与媒体人积极参与引导，将微信作为本媒体的一个新的营销和传播平台。

广播微信公众号的局限：

微信公众号对信息发布形态和频率有比较严格的限制，优势在于用户可以用较少的时间进行关注和阅读，不会因信息过多而感到“信息过载”，但另一方面从客观上限制了微信作为一种媒体的功效。①

首先，广播公众号当前的主要功能是推送图文信息，而广播传播的核心资源——声音在微信平台的实现形式还不够完善。微信作为一款即时

① 方兴东，石现升，张笑容，等.微信传播机制与治理问题研究[J].现代传播，2013(6)：122-127.

通讯类的应用程序，其功能和设计决定它并不是最适合收听广播的平台。因此，一部分提供节目收听的公众号仍停留在“技术实现”的层面上，从收听便捷程度和界面友好程度上来说做得还不够好，难以触发用户的有效收听行为。

其次，目前的广播公众号还存在着功能比较单一、设计粗放化、内容同质化的局限。一部分广播公众号仅是简单地每日推送图文信息，没有充分利用菜单栏进行信息整合。单一的组合图文专题的传播形式并不能体现广播公众号的媒体优势；信息推送常出现头条同质化的现象，难以维持用户的好奇心。

最后，广播媒体在重大突发事件传播中具有重要作用，但由于微信公众号的信息推送和收听方式限制，其在突发事件的传播时效性、有效性上有所欠缺。

广播公众号与广播 App 的对比：

我国广播 App 通过几年来的发展，已经形成了一定的规模。目前的广播类应用程序主要包括两大类，一类是传统广播电台的 App，即一般由传统广播电台开发的、以播出本台频率内容为主要功能的 App，这一类 App 主要提供本台广播频率的在线收听，或在线收听与点播，有的还提供多元化服务。另一类是网络广播 App，一般整合了大量不同国家、不同类型的电台频率，提供在线收听和节目点播等功能。广播 App[①] 已成为听众收听广播、使用音频的重要方式，它的传播核心是“听”。

广播公众号实现了广播声音和文字信息在微信平台上的精准传播。广播公众号推送的主要内容包括新闻资讯、衍生信息、活动推广、互动沟通等，用户关注了某个广播公众号后，可以每天获得该媒体最有价值的精华内容，信息数量有限，但质量得以保证，可读性、贴近性较强。微信公众

① 关于广播 App，详见笔者文章：从两种类型的广播 App 看掌上移动时代的广播发展[M]//2012 广播对比研究.北京：中国广播电视出版社，2013.

号的后台可以获取订阅用户的全部信息，并提供了订阅用户分组功能，可以按地域、性别、喜好、需求等不同的指标分组。[①] 广播媒体可以充分运用这一用户数量巨大的新兴媒体平台，实现优质资源的二次传播和精准推送；对于用户来说，关注某个广播公众号是对本媒体品牌的一种认同，强化了与本媒体的关系。因此，目前的广播公众号，尚不能算作传统广播的一种新媒体生存平台，而是传统广播信息资源在微信平台的二次传播和品牌延伸，与广播类 App 有一定区别。

3.广播公众号的发展前景

微信公众号一经推出就广受欢迎，其中媒体类公众号是当前公众平台中活跃度高、影响力突出的一类，具有媒体属性的微信公众号也被越来越多的媒体重新认识，成为新发展部署中的重要环节。我们期待广播公众号在未来的更多可能。

收听功能从“技术实现”向“方便易用”转变。广播公众号不仅是内容推送渠道，还可以更好地挖掘传统广播音频的优势资源，在不造成信息冗余的基础上完善其功能。声音传播本是微信的一大特点，利用技术实现广播音频资源在微信平台上的再生，是广播公众号区别于其他媒体公众号的特别之处。广播公众号设计者需要更加注重用户在功能满足和情感愉悦方面的体验，使公众号的收听功能简单、方便、好用，真正被用户选择。

本媒体优势资源加新兴媒体运作思维，持续吸引用户选择。媒体公众号由于本身“继承”了本媒体的内容和公信力资源，在影响力拓展早期比营销账号和自媒体账号更具优势，但是在发展到一定规模时，往往存在活跃粉丝量下降（打开率低）、内容传播范围有限（文章分享次数少）的问

① 蔡雯，翁之颢.微信公众平台：新闻传播变革的又一个机遇：以“央视新闻”微信公众账号为例[J].新闻记者，2013(7)：40-44.

题。[①] 广播公众号如何维持用户兴趣？这不仅需要发挥本媒体的资源优势，还要考虑用户使用微信时的心理需求，即什么样的信息会吸引用户阅读并且分享。具有实用性、趣味性和个性化的信息，不仅“对自己有用”，也“对他人有用”，要进行更友好的视觉和操作设计，这样才能促进内容的分享传播。传统媒体的资源是否加上了互联网运作思维，决定了广播公众号能否持续吸引用户的注意力，能否在新兴媒体应用层出不穷的时代走得更远。

加强广播公众平台的分析和整合。当前的微信公众平台功能尚有不完善之处，如用户搜索带有“广播”字样的公众号，不能显示数量，无法进行筛选。各家广播电台、频率的公众号处于孤立和分散状态，用户只能主动搜索某一个广播公众号，无法分类寻找。随着技术的完善，广播公众号可进一步加强数据挖掘，有效整合广播电台、频率公众号，便于用户寻找和使用。广播公众号还需要加强对用户行为的分析，判断用户的行为习惯，据此确定公众号和本媒体的内容，使传播内容与用户需求更加契合。

本章小结

保罗·莱文森提出了媒介演化的“人性化趋势”理论，他认为，人类技术开发的历史说明，技术发展的趋势是越来越像人，技术在模仿、复制人体的感知模式和认知模式。保罗·莱文森仿效达尔文的自然进化论，把人比喻为“自然环境”，人要对技术和媒介做出理性的选择，从而维持生存、发展自我、认识世界、改造世界。数字化、网络化技术对于广播的重塑，使传统广播实现了传输方式数字化、内容呈现多符号与传播终端多样化的变革，很大程度上改变了广播单向传播、听众被动收听的传播模式，使广播传播的音质更好、使用更便捷、终端更贴身。广播再现“听觉世界”

① 万丹妮.媒体微信公众账号提升影响力方式探析[EB/OL].(2014-06-17)[2015-09-21]. http://yjy.people.com.cn/n/2014/0617/c245082-25159042.html.

的水平得到了提升，这样的“再现”又使传统广播在听觉时空方面得到了延伸，一定程度上印证了技术演化的“人性化趋势”。

目前广播界积极利用新的媒体技术，一定程度上实现了广播的数字化、网络化传播。技术是传媒发展的外在动力，推动传媒形态与传播方式的“人性化”进步；受众期待与内容需求是传媒发展的内在动力，是传媒实现“人性化”传播的关键。

第四章　广播内容呈现的变革

大众媒介的内容生产处于媒体内部的微观层面，内容生产流程涉及传媒的中观、宏观诸多因素。传媒的内容生产不是孤立、封闭地进行，其中体现了社会意识形态、政治控制、技术进步、媒体规制、商业利益、受众需求、文化变迁、社会心理等多重力量的影响。物质条件和技术发展水平主要决定传媒的物化形态，如报纸、广播、电视或互联网；受众和社会对信息的需求即社会条件决定传媒的内容提供。[①] 传媒技术和内容变革是推动传媒业发展的两大动力。传媒技术是发展的外在动力；受众对传媒内容的多元需求是传媒发展的内在动力。近年来，新的传播技术层出不穷，新技术的神奇魅力和开发的低风险，以及立竿见影的“包装”效应，吸引传媒界在开发新技术方面投入巨大精力与财力。当前我国的广播硬件设备与发达国家的广播技术设施差距不大，有些电台先进的硬件设施与规模甚至引来发达国家同行的羡慕目光。重塑广播历程中重技术轻内容、重硬件轻软件的倾向值得引起业界和学界的重视和反思。因此，如何从理念、实务乃至机制层面提升内容的质量与品格、规模与效益是重塑广播必须完成的“功课”。

① 童兵.论传媒技术与内容需求的互动[J].新闻记者，2006(3):10-12.

第一节　广播新闻理念与现实变革

新闻在所有类型的媒体中都能得到记录，而每种媒体的发展也都改变着新闻的表现方式。报纸让人们读到新闻，广播让人们及时地听到新闻。电视新闻结合了图像的可视性和广播的即时性特点，并缓慢地演变至将娱乐价值与新闻加以混合的形态。在线新闻混合了之前所有媒介的表现形式，使专业以及业余人士都能创造自己的新闻，其服务满足了人们对“按需新闻”的需求。在多平台的媒介环境中，人们与新闻的关系正向媒介便携、新闻个性化和可参与共享的方向发展。新闻不再是“我说你听”的宣讲，而是人性化与社会化并存的传播与对话，专业媒体还承担着为“信息超负荷”的受众进行信息甄别与价值指引的责任。

从目前我国的频率设置来看，各地各级广播电台在早年频率数量稀缺的历史情况下，为了向最广大的听众提供服务，都把覆盖最广的“第一频率”设定为包含了时政、财经、生活、服务、少儿、文艺、音乐、体育、天气等多重内容的综合性频率，这种思路在一定程度上延续至今。这种综合性广播频率的内容框架和功能定位已经偏离了社会对广播内容供应的历史期待，就传播覆盖范围和内容安排来说，广播与电视相比都处在尴尬的弱势位置，广播的信息传播、社会服务、教育娱乐等功能的发挥受到一定程度的限制。① 在新媒体时代中，广播需要在现行的体制与运行框架内，寻求最大限度地发挥新闻传播与信息服务功能的方式。

一、广播新闻理念变革

(一)报纸“有声版”模式

1940 年，延安新华广播电台开播，开创了中国的人民广播时代。当

① 邓炘炘.没带地图的旅行：感思中国广播改革 30 年[J].中国广播，2008(12)：13-15.

时，新华广播电台隶属新华社，部门名称是“新华社口播部”。在艰苦的战争年代，延安新华广播电台播出了大量的新闻、评论。其广播稿由新华社提供，具体负责编写稿件的是广播科。虽然条件艰苦，但高水准的文字稿和播音使新华广播冲破重重封锁，传出了中国人民正义和理性的声音。

1944 年，陆定一提出新闻的定义：新闻是新近发生的事实的报道。从历史的观点看，陆定一对新闻的定义，体现了中国共产党辩证唯物主义的新闻观，也成为报纸和广播电台对新闻理念的共性认知。

中华人民共和国成立后，党和政府高度重视广播事业的发展。中央人民广播电台早上的《新闻和报纸摘要》和晚间的《全国新闻联播》节目成为广大听众重要的新闻来源。在 20 世纪 80 年代电视普及之前，中央和各地的广播新闻节目不仅拥有广大听众，也具有较高的权威性和公信力。发达国家的广播已成功应对了电视普及的挑战，进入分众化、类型化的持续发展期，而中国的广播新闻虽然拥有最广泛的听众和深远影响，但就其理念、呈现与运作方式而言，在一定程度上保留下了报纸“有声版”——文字传播模式的烙印。最具影响力的“早报摘”和“晚联播”，未能挣脱“有声版”早报和“有声版”晚报的传播模式。

（二）广播听觉传播模式

1980 年，广播界的有识之士提出广播要“自己走路”，强调广播要突破多年来报纸“有声版”的文字模式束缚，凸显广播听觉传播规律和优势。随着社会变革和科技进步，对“新闻”定义的理解也在探索中进步和拓展，有学者将广播新闻理念概括为：对正在发生和即将发生的事实进行及时的报道和解读。这一提法将广播新闻的时态定为“现在进行时”，广播新闻的报道内涵从呈现进入解读。台湾学者冯小龙认为：“‘广播新闻’四个字若从字面上解释，就是指‘在广播媒体中播出的新闻’。但是，若从更专业的观点来看，就会发现它具有更积极的意义，也就是：‘如何在媒体上做出最有效的处理和发挥。’”①这一提法突出了广播新闻对听觉文本在“有效的处理和发挥”层面的专业要求。

广播的即时性和现场直播的共时空效应使广播新闻的内涵进一步拓展。广播传播的即时、同步使新闻报道与事实进展的时间差几乎为零，直播状态下的现场同步字幕使广播潜能有了新的发挥空间。广播新闻的定义拓展为对正在进行（和即将发生的）的新闻事实的报道和解读。随着社会变革的加剧，受众不仅需要了解发生了什么，更需要了解新闻事件的背景与价值内涵。深度报道曾经是报纸的“专利”。随着广播媒介对听觉潜能的开发，包括对新闻事件同步跟踪、滚动播出等优势的挖掘，广播似乎成了“随时出版的报纸”，从而在信息内涵的更深层次有了新的拓展和质的提升。

东广新闻台是中国第一家纯新闻类型化电台，每天上午 9 点《东广早新闻》结束后，开始播放以 20 分钟一个单元，全天 45 次，持续到深夜 0 点的滚动新闻，随时报告最新的新闻资讯，提供气象、要闻、综合新闻、体育、财经、生活资讯和交通路况信息。东广新闻台执行格式化编排方式，使频率成为开放的“时间版面”，重要新闻随时播出，突发事件持续关注，实现了“听新闻不用等”，广播新闻优势得到较为充分的发挥。

（三）新兴媒体时代的广播新闻理念

新兴媒体时代拓展了新闻内涵。受众在任何时间、任何地点都可通过多元渠道获取多符号新闻信息，并可“按需”选择有效信息。CNN 提出的口号是“需要时获得新闻”。这正是适应受众需求的定位调整。新技术的应用使大众传播从单向传播向互动传播转变，从“大众”信息向个性化和分类信息转变。这些变革深刻改变了传媒格局与运作方式，也丰富了公民自我表达的渠道与意愿，使公民越来越多地参与新闻内容生产，成为

① 冯小龙.广播新闻原理与制作[M].台北：正中书局，1996：1.

新闻信源的重要部分。对于广播媒体来说,“公民记者”提供了一种重要的信源渠道,同时也对广播新闻人的专业素质提出了更高要求。新兴媒体时代的广播新闻理念似乎可这样理解:任何时间、任何地点,向受众提供以声音为主体、适度视觉化的个性化信息。

二、广播新闻听觉文本与媒介优势开发

“广播新闻”四个字若单从字面上解释,就是指“在广播媒体中播出的新闻”。但是,若从更专业的观点来看,会发现它具有更积极的意义,也就是“如何让新闻在广播媒体上,做出最有效的处理和发挥”。① 理解“最有效的处理和发挥”,应从新兴媒体时代语境、广播的媒介特征与当代受众的媒介使用习惯出发来讨论。

广播新闻文本具有新闻文本的共性特征:结构的简约性、语境的清晰性、语言的明确性、文本的动态性、传受的互动性等。此外,广播新闻文本还具有自己独特的文本特征。广播新闻的编码特征是它是以声音为代表的听觉符号。广播的声音传播可以概括为“三个看不见”:看不见所报道的事实;看不见报道的有关人物和事物;看不见与报道有关的文字或画面。因此,听众看不见可以不用看,“解放”了听众的双脚和眼睛,广播成了动态性、伴随性最强的大众传媒。②在新兴媒体时代,受众获得信息的渠道变得丰富与多元,人们对特定渠道的依赖降低,广播新闻如果只停留在“新闻发布”的程度,就难以让受众形成对广播传播内容的“日常依赖”。因此,对广播新闻的“处理和发挥”应强调以下几点:

(一)与新闻事件同步的即时传播效应

传统媒体中的报纸、电视以及新兴媒体中的网络、手机媒体,都是以抓住受众眼球为主要传播手段,只有广播的传播符号是听觉化的。和视

① 冯小龙.广播新闻原理与制作[M].台北:正中书局,1996:1.

② 曹璐.广播新闻理念与实务创新研究[M].北京:中国广播电视出版社,2007:119.

觉符号相比，广播借由报道时的声音符号创造出“现场”(live)的感觉，也提供了随时、随地收听的自由。直播为广播新闻的现在进行时态开拓了新的空间，广播的传播速度可以实现同步或几乎同步地报道新闻。现场报道通过记者现场采访和现场口头报道，以及对重大新闻事件的连续跟踪滚动报道，使广播新闻取得现场化、同步化、纵深化的深层传播效果。

(二)现场报道的听觉感染力

传播学者对广播的评价是：广播是天生的新闻媒体。美国国家广播协会的调查显示：有56%的人在晨间时段从广播中获得第一个新闻信息。美国国家广播协会对广播的评价是：“广播，立即的媒介。”“广播在提供第一新闻信息上领先于其他媒介。”尤其在重大突发事件发生时，广播应成为优先依赖的新闻来源。广播应从理念、实务技能、内容生产流程、机制等方面确保“立即媒介”优势的发挥。现场报道应是广播新闻报道的常见报道形态。在现场报道中，广播记者成为报道不可或缺的一部分，这对记者专业素质提出了更高要求：

千方百计进入或靠近新闻源，成为事件的目击者、参加者；

迅速捕捉最具新闻价值的报道材料；

迅速选择合适的采访对象，现场采访交流到位；

有一定专业知识储备，及时对事件意义进行解读，或采访有关专家拓展信息内涵；

以第一人称“我”的身份介入报道，能够驾驭现场变化，生动“还原”特定场景，力争全感式呈现，这亦是记者个性化风格的展示；

成熟把握现场提问，包括开放性或闭合性提问的恰当运用和对采访对象的尊重理解，这都体现出记者的人本理念。

(三)第一时间解读：价值判断与人本内涵

当代公认的新闻价值五要素是：时新性、重要性、显著性、接近性和趣味性。广播媒介的移动、伴随以及同步时效，使广播新闻价值中的贴近性和实用性显得更为重要，对广播新闻的要求从“事实判断”上升到“价值判断”，其中价值判断不仅包括新闻事实的社会价值，更应凸显事件对民众的实用价值。

面对激烈的媒体竞争，广播新闻要体现“立即媒体”的特点，用它的连续报道和连线快评等形式为听众提供第一时间解读。在当今时代，受众获取信息的渠道更加多元，可接触到的信息可以用海量来形容。新闻的获取、追踪比以前更加容易，但越来越多的人有“信息超负荷”的感受。[①]在信息海洋中，主流媒体的社会角色应“从立足于信息的发布权到立足于信息的解释权”[②]，广播新闻的目标应调整为帮助听众用尽量少的时间获取更多有效、有价值的信息，因此对信息的选择、整理、提炼、解读显得尤为重要。

“中国之声”在2009年的改版中，加大了对新闻热点事件的评论和解读，吸纳了一批专家、学者、媒体人作为特约观察员，在全天的多个时段对新闻进行点评。“中国之声”作为国家主流媒体，有较为充足的“智库”储备，但对于全国其他各级电台来说，广播评论发展缓慢，是广播信息服务中的软肋。一方面，从宣传功能的承担上看，报纸一直是主要的发言工具；另一方面，业内也存在“广播长于叙事、抒情，不长于论理”的观念。广播评论并不局限于“社论”的层面，对本地广播媒体而言，大量与百姓生活息息相关的事件、政策需要被解读，广播评论在内容取材、表现形态和话语表达方面仍有较大的拓展空间。在新兴媒体带来海量信息的背景下，新闻媒体已进入“为什么”和“是什么”同样重要的时代，广播新闻想要突破评论较“浅”的局限，不仅需要开发新闻信息使用价值，还应开发使用价值背后的认同价值与情感价值。

让新闻“入心”，就要在广播新闻的人本关怀和实用有效服务层面上

---

① 2010年美国受众新闻消费特征报告[EB/OL].(2010-05-26)[2015-07-05].http://www.scio.gov.cn/wlcb/llyj/201005/t635589.htm.

② 喻国明.“囧时代”:传媒业的角色和使命[J].新闻导刊,2009(2).

做文章。对于一个新闻事件，如何从本地受众的视角提供背景、解释、评论，如何与相关行业合作，对交通、天气、财经、生活等各类信息进行专业解读，成为培养听众对广播新闻“日常依赖”的关键。天气预报属于必听信息，一些电台对天气预报的处理仍停留在报告什么地方多少度的浅层服务上，从“实用有效服务”的角度来解读，还需要由气象专家提醒听众天气变化对生活、出行和耕作有什么影响。报道方式与内容视角转变的背后是对信息进行“以人为本”的必听性解读。

（四）主持人为代表的媒介话语风格

广播时代被称为“新的口语传播时代”，说明广播听觉内容资源除音乐外，主要包括主持人的话语和听众参与的话语。“珠江模式”的重要突破主要体现在三个方面：一是将文字传播有声版转化为听觉文本话语，二是使媒介话语从宣传进入传播的平等交流层面，三是拓展了听众个性话语的参与互动空间。“珠江模式”体现了中国新闻改革从宣传到传播的媒介理念，也体现了广播以口语传播为主体的传真、传神、传情的听觉感染力。新闻频率专业化的核心人物是主持人、评论员和各路现场报道记者。主持人、记者和评论员的话语风格体现出内容的内涵和风格。直播使广播话语进入动态生成过程。话语随口即出，然后进入信息输出的终端，即成为大众传播的内容。广播语言不同于一般意义上的口语，也不是书面语言的“有声版”，广播语言是介于口头语言中的独白语言和书面语言之间的一种独特的语言形式，或者说是这两种语言的综合物。① 因此，可以从三个层面来体现对广播语言表达的要求：第一，明白表达：句式简单，含义直白，层次清楚；第二，解放表达：摒弃官话、套话、废话，用贴近百姓的方式变“宣讲”为“传播”与“交流”，培养良好的话语风格；第三，升华表达：这是对广播话语最高层次的要求。表达是思维的呈现，升华表达要求将

---

① 周小普.广播语言界说[EB/OL].[2016-08-22].http://academic.mediachina.net/article.php?id=3672.

事物表象内化为价值感悟，在话语中表现对生命的尊重和对生命价值的思考，既生动形象，又富于理性。

三、从“中国之声”改版看国家电台的“变”与“不变”

新闻类频率在全国大多城市依然是市场份额最高的频率，但各地区新闻频率所占市场份额不尽相同。据不完全统计，全国新闻类频率有接近 300 个，这些频率主要有两类，一类是新闻综合类频率，这部分频率大多是国内各个级别的广播电台的第一频率；另一类是类型化新闻类频率，这类频率采取滚动播出新闻的方式，在 1 个小时的时间段内，以 20—30 分钟为一个单元，进行新闻、天气、交通路况等信息的循环播报，并随时更新补充，使得听众无需等候，在开机之后较短的时间内就可以获得当日当时最新的信息资讯，此类频率目前还不多见。[①] 2009 年，中央人民广播电台“中国之声”改版，除了实行全天 24 小时播出外，新闻密集度大大提高，推出了“新闻版块节目＋新闻轮盘式播出”新架构。贴近实际、服务大众是新闻频率改革的方向，内容、形式与载体创新是改革的要点。

(一)“中国之声”定位的历史性突破——从综合频率至准专业化定位

“中国之声”的改版是一个渐进的、从量变至质变的突破性进程，即从录播为主的综合频率转变为准专业化定位的新闻综合频率。

1.2004 年：“中国之声”艰难起步——船大难掉头

“中国之声”脱胎于中央人民广播电台历史最悠久的第一套频率。一套从延安新华广播开始到 2004 年改版前，始终是国家电台的公共频率，承载着“为广众服务”的历史性重任。正所谓“船大难掉头”，中央人民广播电台第一套节目就像是一个老国企，任务重、包袱重、起步晚。2004 年初，中央人民广播电台将第一套节目由综合频率改版为新闻综合频率，体

① 梁毓琳.注重权威影响，提升品牌价值——2008 年全国新闻频率市场表现分析[J].数据广播，2009(2)：3-6.

现了国家电台从行政主导体制向准新闻专业化频率经营的渐进过程。

2.2008年:"中国之声"全新改版的序幕

2008年伊始,大半个中国遭受了风雪灾害,"中国之声"推出《爱心守望 风雪同行》特别直播,揭开了"中国之声"全新改版的序幕。全国范围的冰雪突袭造成许多地区断电,电视、网络等媒介在停电的日子顿时"失语",广播成为风雪中抢险救灾的最有效的媒介。如果说,《爱心守望 风雪同行》特别直播是国家广播在特大灾害中应急机制的初步建构,那么,《汶川紧急救援》特别直播则表明国家广播应急机制在重大灾害中得到了更加自觉、有序成熟的发挥。2008年北京奥运会,中央人民广播电台主动联手地方广播媒体,共同推出"全国奥运广播联盟"。全国奥运广播"联盟"突破国家级电台在重大报道中一家独大的垄断运作方式,进入了与全国兄弟电台在内容资源、技术资源、人力资源方面互动共享的优化层面。奥运会之后,中央人民广播电台牵头将"全国奥运广播联盟"发展为"全国广播联盟",将"合作、共赢、发展"的主题继续做大做强,在一定程度上将内容资源软链接提升至规则的科学性、可操作性和机制保证层面。

2009年初,中央人民广播电台进行了新一轮改版,推出了24小时直播、"版块+轮盘"的节目模式,使频率的新闻内涵进一步深化,体现了新兴媒体时代重塑广播的全新理念与构建流程。

(二)2009年"中国之声"改版——从"最新闻"谈起

传统广播频率依托24小时"声音版面",因此,广播频率的改版是为了对频率资源——"时间版面"的分分秒秒进行最大化的开发和最有效的利用。"中国之声"在2009年将每天播出时间延长为24小时,采取直播方式,将全天时段打通,根据目标受众的收听方式,划分出"早高峰""午间版块""晚高峰"和"夜间版块"四大时段,形成了"板块+轮盘"的全新运作模式。"中国之声"改版的关键词是"最新闻",可从以下几个方面来理解其内涵:

1.24 小时直播，构建同步、流动的“即时新闻”

改版前的“中国之声”90%的新闻资源在《新闻和报纸摘要》和《全国新闻联播》里播出，而这两档节目所占比重不足5%，很多具有新闻价值的即时性报道被“积压”，难以及时播报。2009年新版“中国之声”全天10小时滚动直播《央广新闻》，国内、国际重大新闻可在全天任何时段播出，做到了“报道正在发生的事实”。改版后的“中国之声”从原先的录播为主变为全天直播，全天纯新闻内容占比高达80%。“中国之声”目前实行全天24小时播音，在现行节目表中，纯新闻内容的播出时长已达19.5小时。

表4-1 “中国之声”新闻节目排布表

分类	时段	节目
夜间新闻节目	2:00—4:00	昨日新闻重现
早间新闻版块	6:00—6:30	国防时空(军事新闻)
	6:30—7:00	新闻和报纸摘要
	7:00—9:00	新闻纵横
	9:00—9:30	新闻和报纸摘要(更新版)
新闻轮盘	9:30—12:00	央广新闻
午间新闻版块	12:00—13:00	全球华语广播网
新闻轮盘	13:00—16:30	央广新闻
晚间新闻版块	16:30—18:30	央广新闻晚高峰
	18:30—19:00	全国新闻联播
	19:00—20:00	央广新闻晚高峰
	20:30—21:00	直播中国(地方台新闻)
新闻轮盘	21:00—24:00	央广夜新闻

在“中国之声”的新闻节目中，最能体现更新率的节目是每半小时刷新一次内容的“新闻轮盘”。据日常统计，“中国之声”目前每档轮盘对上

一档轮盘内容的平均更新率达到80%，其中重点内容的更新率更是达到100%。[①] “中国之声”大容量的新闻信息以及新闻的高更新率，使频率资源成为开放的“时间版面”，播出流程的运作环节可以实现无障碍接轨，这使“中国之声”进入及时、同步、滚动、纵深、持续推进的运作状态。2009年5月23日，韩国前总统卢武铉自杀身亡，“中国之声”发挥《央广新闻》滚动播出的优势，连续发布卢武铉坠崖身亡、据警方推断卢武铉为自杀、自杀背景等最新消息，以新闻播报、记者连线、专家解读等形式进行深入报道。这体现了当代媒体人对“新闻”的理解从“新闻是对新近发生的事实的报道”发展为“新闻是对正在发生包括即将发生的事实的报道和解读”。

2.做“有思想的新闻”

在受众为主体的海量信息时代，主流媒体的社会角色应从“立足于信息的发布权”转变为“立足于信息的解释权”。[②] “中国之声”在强调“快”的同时，加大对新闻热点事件的评论和解读，提出做有思想、有智慧的新闻。2009年，“中国之声”一直在建立并扩充“智库”，邀请到了一批媒介精英做本台特约评论员，如邀请姚景源、曹景行、刘伟、金一南等专家学者作为“中国之声”的特约观察员，同时从本台资深编辑、记者、主持人中培养一批具备专业水准的本台评论员，并逐渐使之成为“中国之声”评论的主体。“中国之声”专家库还储备了200多位专家，并不断扩容，遇重大新闻事件时，可以在第一时间邀请到具有权威性和专业性的专家学者对新闻背景进行评析和解读。2010年，“中国之声”进一步提升评论水平，从早间6点30分至午夜12点，“中国之声”全面拓展本台评论员、专家学者等专业人士对重要新闻事实的解读和评论，力争使“中国之声”成为迅速及时、点评解读到位、导向正确、开放的社会话语平台。

---

① 中央电台中国之声.中国之声新闻立台模式的构建与创新[J].中国广播电视学刊，2010(12)：8-10.

② 喻国明.“囧时代”：传媒业的角色和使命[J].新闻导刊，2009(2)：3-6.

3.以平民视角提供有效公共信息服务

“中国之声”提出“出新入心做新闻”，以平民的视角提炼出老百姓最关心的内容，努力将报道落到实处。对于舆论监督类的报道，“中国之声”尽量做到理性、客观、具有建设性。例如 2009 年，“中国之声”全年共完成各类调查性报道一千多篇，其中“河南民权瞒报手足口疫情”“陕西横山官煤勾结”“南通小康调查大肆造假”“罗彩霞冒名顶替上大学事件”“安徽阜阳农行一行长非法融资上亿”“上海千名外地考生被禁止高考”等多篇报道引起强烈反响，被多家媒体转载，从而体现出国家新闻广播媒介把握舆论规律的成熟及其人本关怀。

2009 年“中国之声”改版之后在公共信息服务方面有了明显变化，直播使天气预报的播报更为及时，同时加强了天气预报的专业性和人本解读。天气预报突破了主持人播报的方式，由“中国之声”的“气象分析师”对气象信息进行专业解读，如今年春天遇春寒，昼夜温差大，专门提醒外出听众如何穿衣；大风预警，提醒外出戴口罩，注意躲避高空广告牌，防止大风刮落广告牌伤人；突发风雪天气可能影响某些地区的航班起飞、降落，并提供机场咨询电话等。重视对交通、气象、财经、健康等信息的有效解读，提升了“中国之声”公共服务信息的人本内涵，使直播的“中国之声”即时为听众提供必听信息，在贴身伴随中成为听众的“电子秘书”。

(三)打造具有国情特色的广播新闻旗舰

1.打造“中国之声”的格式化品牌

“中国之声”要打造具有国情特色的新闻广播旗舰，既要借鉴世界公共广播和新闻广播的经验和思路，又要建构具有国情特色的央广新闻模式。除了内容上的“最新闻”、公共服务信息中的“最人本”，“中国之声”应进一步规范时钟规则的区隔。其中，传统广播的“声音版面”依托于 24 小时时钟规则，适应实时收听的目标听众的生活方式和准时赴约的收听习惯，需要清晰的格式化规则，包括不同新闻的类别区隔和公共服务信息的安排。从美国的广播网络化生存来看，品牌新闻节目是最受听众欢迎的点播节目类型。在格式化的信息流动中，如何提升节目品牌的品质，特别是新闻谈话栏目，使之不仅成为传统广播时间版面的品牌节目，更能适应新兴媒体时代的多平台传播，这一点十分重要。

2.培养名牌团队，打造精品化、个性化内容品牌

2009年改版以来，“中国之声”拥有了一批专业化程度较高的主持人、记者、编辑，特别是特约评论员和本台评论员，在重大突发事件、重大赛事活动中涌现出一批具有创新潜质和专业素质的名主持、名记者和名编辑。无论何时，听众对个性化、精品化的报道和主持风格更为期待和认同。在“最新闻”的背后，是专业化、个性化、亲和、贴近生活的传播内容和话语，其中鲜明的个性化听觉风格和听觉形象决定了听众的忠诚选择和持续收听。因此，面对竞争与挑战，如何从机制、体制保证层面上使名主持、名评论、名记者和名编辑脱颖而出，是我们应当重视的问题。

3.将“中国之声”的品牌内容延伸至多平台

数字化、网络化技术使传统声音广播进入新的广播时代。“中国之声”频率资源突破电波覆盖局限，拓展至中国广播网，实现跨地区乃至跨国界传播和非同步选择。从单一广播新闻转向多媒体内容传播，更增强了广播的有效传播效果。在全民话语时代，当代受众的主体作用，包括博主、播客群从创意、结果呈现到互动的参与激活功能更为凸显。对于如何形成声音版面和中国广播网的良性互动这一问题，“中国之声”与中国广播网的台网互动已做出有益探索，但依然存在诸多尚待开发的新空间。

据央视－索福瑞调查公司的数据显示，改版后的“中国之声”在全国各城市的市场份额普遍扩大，“中国之声”在北京市场的年平均收听率比2008年上涨24.07％，年平均市场份额比2008年上涨30.36％。社会各个层面的反映也同样证明，2009年改版后的“中国之声”的节目传播力、社会影响力和舆论引导力都大大增强。2011年10月，“中国之声”在原

有节目框架下再次进行改版，打造“勇于担当责任的中国第一新闻广播”，“中国之声”作为主流媒体的地位日益凸显出来。除“中国之声”以外，一些省市新闻频率或新闻综合频率也积极改版，改版的重点大多集中于增大新闻含量、提高新闻更新率、加强评论力度等。[①] 可见，作为各级电台“第一频率”的新闻广播或新闻综合广播，其传统运行框架下的新闻含量、新闻表现形态、表达语态等逐渐不能满足新兴媒体时代的受众需求。新闻频率的改版目的在于开发广播“时间版面”的潜能，实现新闻广播传播效果最大化。贴近实际、服务受众是新闻广播改革的基本方向，内容创新、形式创新、载体创新与语态创新是改革的实施要点。

第二节 音乐广播——提供个性化的音乐伴随

自广播诞生之日起，音乐就是不可或缺的重要内容。广播作为听觉媒介，与作为听觉艺术的音乐在特征属性上十分契合。广播在大众的音乐生活中曾起到举足轻重的作用。广播诞生之前，欣赏音乐对普通人来说绝非易事。广播的出现冲破了音乐原有的阶层壁垒，使少数人欣赏的音乐进入普通人的家庭，乃至渗入普通人的生活，实现了音乐大众化传播，音乐成了人人都可以用的文化娱乐方式。随着数字化技术的推广，人们与音乐的接触更为方便，人们可以进行个性化选择和个性化参与。因此，业内人士提出：广播是音乐的天然载体。新的媒介技术拓展了音乐内容选择的巨大空间。手机、MP3、MP4 等终端成为时尚乐迷的首选。新兴媒体时代的音乐广播既迎来了新的发展机遇，亦面临新的挑战。

① 2009 年 3 月，厦门新闻广播改版，提出“随时报新闻”，放弃原有的以综合版块为主的节目形式，走大时段、大容量的“新闻资讯频率”的道路。2011 年 1 月，河南新闻广播改版，提出“每一个整点都有正在发生的新闻；每一个时段都有专家评说的热点”。

一、从音乐传播方式变化看音乐广播

传播渠道对于音乐传播的发展具有重要影响。每一种新的传播渠道的出现，都会为音乐传播赋予新的意义。按出现的时间顺序，可将音乐传播渠道分为四种：原始传播形态；音乐乐谱传播方式；现代传媒传播方式；计算机及网络传播方式。①

音乐的原始传播形态也被称为自然传播形态，它体现着音乐传播最基本的模式：只表现传、受双方这两种本质的要素以及两要素之间的关系与距离。参与音乐传播行为的人只包括音乐传播者（创作者、演唱者、演奏者）和音乐受众，不使用任何媒介。在这种传播模式中，传、受双方之间除了声波传递的空气介质之外，没有任何智力媒介和技术媒介的介入，这是音乐的原始传播方式。

在人类音乐传播的里程中，乐谱传播是在原始音乐传播的基础上产生的新的传播形态。乐谱的出现使音乐可以被记录，克服了音乐传播过程中的不准确性，明确了音的高低、长短及器乐演奏中的奏法、弓法和指法，标志着流动的音乐可以用乐谱的形式被记录下来，并可以完整地留存、传承。音乐的旋律以音符的形式被准确地记录下来，从而使音乐走向更广阔的空间。

音乐的声音记录和电子传播方式，是人类音乐传播里程中第三次加入的传播形态。1878 年 1 月，爱迪生成立了世界上第一家录音公司。从此，声音记录——一种新兴的录音事业开始在世界上发展。1888 年，德裔美国电讯工程师爱米尔·柏林纳在费城富兰克林学院进行了留声机的示范讲演。该留声机为现代唱机的产生奠定了基础，从 19 世纪末 20 世纪初开始成为音乐传播的主要方式。40 年代开始生产密纹慢转唱片，五六十年代美国、英国开始生产立体声唱片，70 年代四声道立体声唱片诞

① 何云蛟.音乐的传播路径及其方式[J].广西师范大学学报(哲学社会科学版)，2008(4).

生……在这短短的几十年中，唱片成为继乐谱之后另一种声音的载体。基于唱片作为音乐传播媒介的优越性，唱片成了20世纪以来音乐家唱奏表演活动最重要的时空延伸载体，而唱片业也成为利润可观的产业。

以美国为例，20世纪20年代，美国KDKA广播电台播出的重要内容包括音乐和新闻。广播电台播放音乐增加了唱片的销量。电台播放情况和销量决定歌曲在排行榜上的名次。音乐推广者的第一目标是在广播电台播出。“二战”后，在立体声和高保真技术，特别是摇滚乐的帮助下，音乐行业开始进入“大繁荣”时期。音乐广播满足了不同阶层、不同年龄、不同种族的多元音乐需求。音乐广播参与塑造了流行音乐文化。20世纪六七十年代，在电视的冲击下，美国广播类型电台迅速推广，其中音乐类型电台不断增加。2008年的统计显示，美国15 000多家电台中，各种音乐类型电台占到了70%以上。

二、音乐广播的趋势：更加细分的类型电台

音乐电台的“类型”概念产生于媒介运作与市场调查的逐步结合。受众调查越来越成熟，类型电台也变得越来越专业、越来越有针对性。受众的构成和需求是多元的。世界上没有两个相同的个体，却有一些志趣相近的群体。这些群体在音乐审美情趣及生活习惯上具有某些共同点。类型化音乐广播正是通过细分的音乐类型的格式化运作把具有相同需求的听众聚集在一起。

(一)音乐广播是美国最早、最细化、最主要的类型化广播

通俗音乐与广播的融合产生于广播的诞生地美国。美国的电台基本都属于商业性电台，为获取利润，电台都竭力迎合听众，播放听众喜爱的内容来提高收听率，吸引广告商。因此，当大众化的通俗音乐开始流行时，广播便迅速抓住了时机。广播业与唱片业的通力协作促成了流行音乐的迅速发展。美国是流行音乐的发源地和中心，在它的带动下，流行音

乐作为一种新生的文化现象，迅速扩展到世界各地，并成为深受欢迎的大众文化。流行音乐终于占据了音乐文化的主流地位。

20世纪六七十年代，基于电视的普及、广播技术的发展及听众市场的变化，广播逐渐走上了一条以特定目标受众为对象的“分众化”道路。广播作为听觉媒介的本质特征被更深地开掘。音乐是一门听觉艺术，作为广播重要的节目样式之一，它在广播中所占的比例不断增加，独立的音乐电台相继开播。20世纪70年代末，在传媒业最发达的美国，出现了TOP40音乐电台。这是最早从综合音乐电台细分出来，以满足青少年需求为宗旨，专门播放排行榜上的热门流行歌曲的类型音乐电台。传媒业发展迅猛，为应对激烈的行业竞争、抢占听众市场，愈来愈多的类型音乐电台被细分出来，满足不同年龄层、趣味层听众的摇滚乐电台、古典乐电台、爵士乐电台、乡村乐电台等纷纷出现，还出现了每天24小时连续播放音乐的电台。类型音乐电台的出现，不仅为人们提供了更多欣赏与选择音乐的机会，而且使音乐传播向着更为专业化的方向发展。

根据2008年Arbitron的调查报告显示，目前美国电台类型分为22类，音乐类型电台占19类。类型化音乐广播是产生最早，也是发展速度最快的一种。如今，美国的类型化音乐频率已经将受众的细分做到了相当精确的程度，各个类型化音乐频率都有了自己独特的受众定位，几乎涵盖所有音乐风格。如由乡村类型电台衍生出的新类型包括新乡村音乐(New Country)和经典乡村音乐(Classic Country)等。新乡村音乐播出的歌曲较年轻化，吸引的听众群也较年轻，也被称为叛逆乡村型(Young Country)。

为什么美国会产生分类如此细致的类型化音乐电台?

首先，美国拥有丰富的音乐资源和受众资源。在独特的移民文化背景下，美国拥有来自欧洲、亚洲、非洲等世界各地的不同风格的音乐文化资源以及本土印第安人的音乐文化，使得夹杂着不同音乐元素的音乐类型孕育发展。这种因多元文化融合而形成的美国特有的音乐文化，不仅给广播音乐提供了大量不同风格的音乐资源，更重要的是，受众欣赏音乐风格的多样化也给美国音乐广播提供了一个向细分受众方向发展的机会。类型化音乐电台能够满足各种音乐爱好者的需求，也契合“寻找市场空白地带”的类型化广播理念。

其次，音乐广播是低成本运作电台的最佳选择。类型化音乐广播的节目来源主要是唱片，由于节目内容的纯粹和运作模式的模块化，电台机构不需要像报纸、电视那样庞大。电台需要人员少，可能一个电台只要一个人就可以开办，成本低廉，甚至有的电台不需要主持人就能完成运行。在商业经营的理念下，美国广播较偏重市场导向，以刺激收听率、提高广告效益为第一原则。音乐类型电台的“窄化定位”替广告主对电台进行了明确的渠道细分，为满足广告的明确诉求提供了便捷的渠道，而且广播的广告费用比本土化的电视低廉，能最大限度地吸引客户。

(二)我国类型化音乐广播的现状与发展瓶颈

在中国，类型化广播才刚刚起步，全国两千多套节目中只有近百套节目是类型化电台，绝大多数电台仍然是专业台、系列台或综合型电台。

2002 年改版推出的中央人民广播电台的音乐之声(Music Radio)被看作中国第一个类型化电台。音乐之声按照国外标准流行音乐频率的思路进行节目编排与设置，“强调类型化电台的运作模式，采用了国外类型电台采用较多的编辑模式 RCS 系统。音乐之声还在节目设置上突出整体统一风格，弱化栏目间的差异，强调收听的随意性和广播的伴随性特征。听众在任何时候都可以听到经音乐之声编排的流行音乐”。音乐之声的类型化音乐广播的定位在国内广播界引起了较大反响，其所带来的连锁反应是类似的类型化音乐电台频频推出。中国国际广播电台 Hit FM 再一次细分听众，专门播出欧美流行音乐；上海东方广播电台音乐频率被分为流行音乐频率与经典音乐频率；2004 年，第一家省级类型化音乐频率——湖北广电总台湖北音乐广播 Fun Music Radio 正式运营；2006 年，改版后的南京音乐台的定位为江苏地区最专业的流行音乐频率，兼容新闻资讯，节目形态执行 AC（当代成人流行音乐电台 adults contemporary）节目标准，成为江苏省内第一家完全按照类型化模式操作的电台。由此可见，以音乐之声为标志，我国音乐广播开启了类型化广播的运营新时代。但不管是对受众的细分、还是对内容的细分，仍然处于比较粗放和初级的阶段。

限制中国类型化音乐广播发展的因素复杂多样。

第一，中国广播格局按照行政管理模式架构，用行政管理方法管理文化产业。国家禁止设立外资经营、中外合资经营和中外合作经营的广播电台、电视台，一定程度上限制了广播业按照传媒自身的市场属性全力发展。从更宏观的角度来看，我国广电媒体实行的是多头管理、行业所属、部门所有、条块分割的四级办台体制。从中央到省再到市、县，按照行政区域划分，电台在实行频率专业化分工时，往往靠行政命令，用文件形式规定频道的名称、办台宗旨、节目范围等，如果要改变名称和定位，报批程序会比较复杂且花费较长时间。这种计划经济体制下的惯性做法对市场经济渗透下的广播经营造成不合时宜的负面影响，使得很多定位相似的媒体在同一市场上进行竞争。[①] 目前，中国各地专业台基本包括新闻台、文艺台、经济台、音乐台、交通台、生活台、都市台等系列，有的进一步细分出故事台、戏曲台、妇女儿童台、农村台等，而在美国，类型化音乐台细分为几十种。

第二，我国经济发展地区差异较大，城乡经济发展失衡，广播媒体受这种发展不均衡的经济格局影响，也表现出了明显的地区差异。“条块分割”的行业体系加大了广播业整合难度，系列频率的功能重叠性比较大，难以按照产业的自身规律进行发展，更难做到类型上的互补以满足广大

① 王丽.中国大陆类型化广播发展策略研究[D].武汉大学，2010.

听众的多方面信息娱乐需求，这就限制了类型化广播在操作过程中资源整合的最优化。

第三，国内听众偏爱传统调性趣味和有序的结构层次，注重旋律、感性倾诉和自我体验，国内整体的音乐潮流还远没有发展到西方现代音乐的反形式和碎片形式阶段；中国也还没有出现西方社会那样普遍的后现代广场音乐。[①] 但是，中国音乐自改革开放以来受到外来因素的影响，在各个方面进行了许多非主流的探索，广播业也出现了对类型化音乐电台的探索。

(三)分阶段、分地域、渐进式发展类型化音乐广播

音乐广播是最适于推进类型化发展的频率，尽管我国类型化广播在发展中还面临着相当多制约其发展的瓶颈，但是在媒介市场适应化、分众化和国内市场经济加速发展的大环境下，类型化音乐广播也在探索适合自身发展的路径。

由于生活环境、文化背景、年龄等因素的不同，人们对同样的音乐作品会表现出不同的喜爱度，也就形成了审美上的差异。首先是地域的差异。在幅员辽阔的中国，生活在不同地区的人对音乐作品的接受度差异很大。比如，粤语歌曲在香港、广东等南方地区比较流行，越往北方，流行度和传唱度就越差；反之，风格比较硬朗的北方流行歌曲也不易打入南方市场。第二是年龄的差异。年轻人总是走在时尚的最前沿，他们爱听最热门的流行歌曲，而中老年人则更怀旧。人们在审美上所表现出来的地域和年龄的差异，也进一步印证了音乐个性的形成与人类长期以来的生活环境、劳动习惯、语言、文化传统有密切的联系。尊重客观情况，也就要求音乐广播的定位符合人们对于音乐作品的审美需求。

类型化广播的产生与所在国家、所在地区经济发展和广播发展的情

① 邓炘炘.社会转型与广播发展——新时期中国广播体制改革研究[D].中国传媒大学，2005.

况密不可分，取决于受众市场需求的多元化和广播市场的竞争程度，是市场经济发展到一定阶段的产物。同时，鉴于中国幅员辽阔、地域差异大的现状，广播电台的类型化之路应该先从初步具备了类型化电台发展条件的、经济和消费能力强的城市开始，比如北京、上海、广州以及一些省会。大都市的电台可以先行先试，然后逐步向二线城市推进；可先推进流行音乐等听众接受度高的类型电台，再开发更加小众化的音乐电台，分阶段、分步骤地推进类型化音乐电台的发展。

三、音乐的数字传播时代：为什么还从电台听歌

（一）音乐的数字化、网络化传播时代

20 世纪 90 年代后音乐的技术传播出现了一个新领域，Internet（因特网、国际互联网）已开始为音乐传播服务。Internet 是全球范围内的计算机互联网络，它利用现有的全球电信网络和各种数据通信设备将世界各地的计算机连接起来，人们可以用统一的资料格式传递各种信息。因此，当音乐作品的各个层面（如音响层面、乐谱层面等）转换为资料格式后，也就成为 Internet 传递的信息之一。目前，世界上已有数十万个音乐技术网址，这个数量还在与日俱增。这个数字的意义是，全世界现在起码有数十万个音乐和音乐技术网络传播源在参与音乐的全方位传播工作。这些音乐传播源（网址）面向专业音乐家和业余爱好者。在这些传播源中，除了传播传统民间音乐、古典音乐作品外，也有原创、新创的大众音乐作品；除了传播音乐作品外，也传播音乐的创作、演奏、制作技术，如编曲、配器、音色的平衡、爵士乐和流行音乐的即兴伴奏技术；除了传播音乐技术外，也传播音乐思想，如音乐评论文章、各种学术论文、各种音乐讨论；除了传播音乐思想外，也传播多种音乐新闻，如表演、唱片的出版、高科技音乐技术产品的信息；除了传播音乐新闻外，也提供音乐软件的共享服务……这种全方位的网络音乐传播，已把音乐教育、音乐创作、音乐出版、音

乐评论研究纳入其中。[①] 这种音乐的传播方式，把每一个人所面对的计算机世界，变成了一个虚拟的音乐社区。

广播媒体是美国受众获得音乐新作的传统渠道。据阿比创公司2002年调查显示，有63%的人通过广播媒体获取音乐新作，而这一数字到2010年下降到39%。相反，互联网作为获取音乐新作的渠道，受众认可比例已经从2002年的9%上升到2010年的31%。[②]

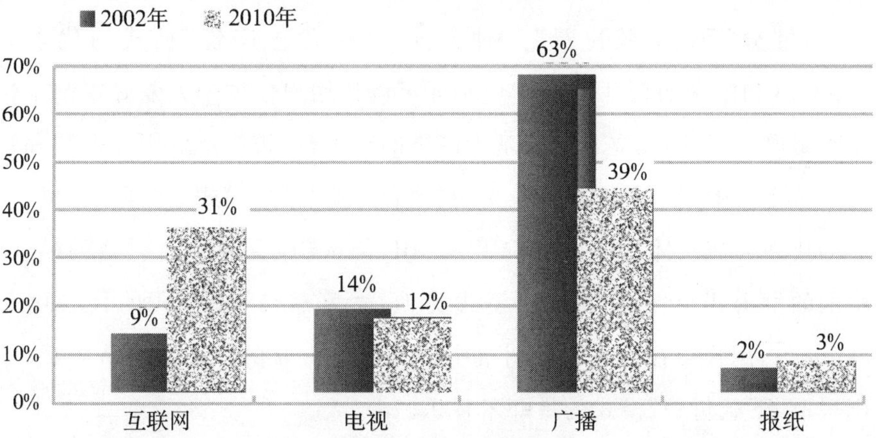

图4-1　美国受众选择特定媒体获取音乐新作的比例

在美国，2009年，12岁以上的人口中有42%的人拥有音乐播放器，其中12—24岁的人口中更有超过64%的人拥有音乐播放器。调查显示，1/7的12岁以上的美国人由于拥有音乐播放器而减少了收听广播的时间，而这一比例在12—24岁的美国人中更高达32%。[③] 在中国，2009年，97.6%的中国网民选择从互联网上获取音乐，这一比例远远高于传统的CD、磁带以及新兴的移动互联网渠道。互联网已经成为音乐内容传播

① 曾遂今.从音乐的自然传播到技术传播(下)：当代音乐传播理论探索思考之一[J].黄钟(武汉音乐学院学报)，2004(1)：77-80.

② 王平.美国数字网络发展状况及其对广播媒体的影响[J].收听研究，2010(5).

③ 崔保国.2010年：中国传媒产业发展报告[M].北京：社会科学文献出版社，2010：467.

的重要渠道。[1]

近年来,移动互联网进入快速发展时期。音乐是移动互联网用户获取的重要内容之一。在美国,成功上市的 Pandora(潘多拉)和 Spotify(声破天)等新型网络音乐应用受到移动用户的欢迎,这类应用提供数字音乐的定制化服务,通过采集用户的音乐类型喜好、属性、收听环境等信息,进行数据处理,为用户智能匹配、推荐歌曲,使数字音乐进入了体验化时代。[2] 从数字音乐市场的商业模式来看,目前主流的分为“免费+广告”“订阅付费”和“下载付费”三种方式。“免费+广告”模式的代表是 Pandora 和中国的百度音乐,Pandora 可以让用户依据个人爱好定制个性化网络电台服务,建立自己的基于网络的音乐台,被广泛应用在电脑和智能手机上。中国的百度音乐也采用“免费+广告”的模式。“订阅付费”模式的代表为流媒体音乐播放应用 Spotify,Spotify 采用包月付费的模式,中国的豆瓣 FM 专业版与此模式类似。“下载付费”模式的代表则是 iTunes[3],用户可在数字音乐超市中选择自己喜欢的歌曲并付费下载,中国采取“下载付费”模式的是虾米音乐。

进入移动互联网时代,用户逐渐改变了获取信息和音乐的方式,受众收听广播的方式也发生了改变,手机应用(App)正成为越来越多的人收听广播的重要渠道。艾瑞咨询通过 Onavo Insights 公布的数据发现,2011 年 8 月,在苹果 iOS 平台上,相比网络音乐应用 Pandora 和 Spotify,用户渗透率最高的是广播电台集成类应用 TuneIn Radio,达到 6.6%。TuneIn Radio 是一款整合全球电台的应用,用户可搜索到全球的上万家电台,电台按音乐、体育、新闻、谈话等进行分类,每个大类下面还有更细

---

① 艾瑞咨询. 2009 年中国在线音乐市场分析[EB/OL].(2009-11-11)[2015-10-25].http://news.iresearch.cn/viewpoints/104812.shtml.

② 艾瑞咨询.传统广播电台移动互联网化高使用时长凸显用户黏性[EB/OL].(2012-09-03)[2015-10-25].http://wireless.iresearch.cn/App/20120903/180710.shtml.

③ iTunes 是一款数字媒体播放应用程序,是供 Mac 和 PC 使用的一款免费应用软件,能管理和播放用户的数字音乐和视频。由苹果电脑在 2001 年 1 月 10 日于旧金山推出。

致的类型。其中音乐是最受欢迎、数量最多的电台类别，又分为成人时代、古典、爵士、新世纪、老歌、流行 Top40、流行经典、民歌、轻音乐、情歌、世界、嘻哈、乡村、摇滚/金属等类型，用户可以根据自己的偏好选择收听。

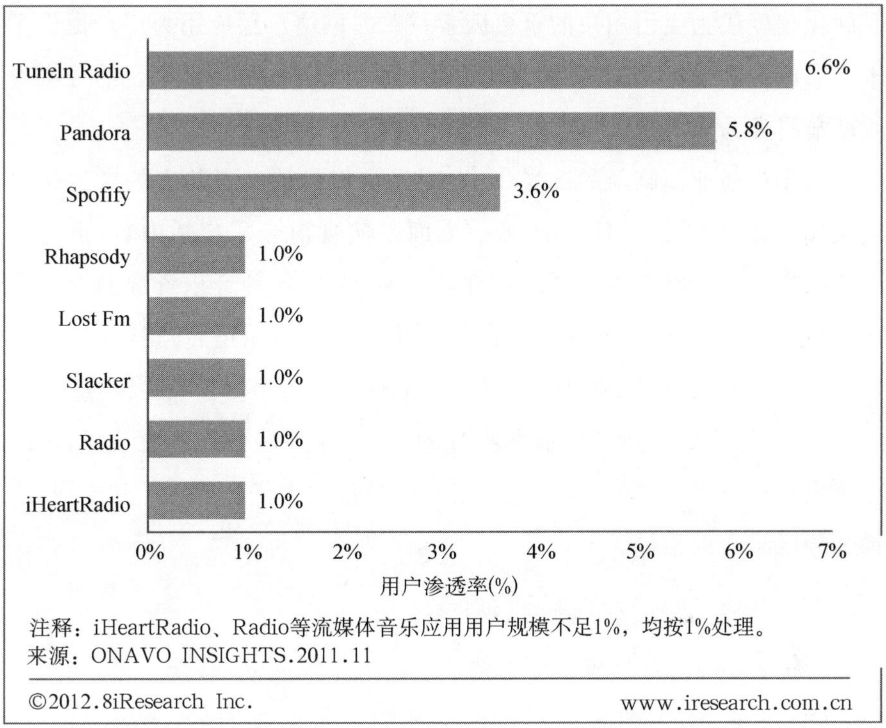

图 4－2 部分音乐 App 的用户渗透率

数据来源：艾瑞咨询

虽然新型的网络音乐应用受到欢迎，但传统广播电台也在移动互联网上获得了新的发展机会。艾瑞咨询的调查显示，与其他 App 用户“短、频、快”的使用习惯不同，用户使用电台类 App 的平均时长较长，在主要城市中，每个用户的平均收听时长超过 40 分钟，上海接近 50 分钟。用户使用电台类 App 的时间段比较固定、集中，电台类 App 对于用户的黏性较高。[①] 以 TuneIn Radio 为代表的网络广播应用给我们带来以下几方面的启示和思考：第一，网络广播应用将中国广播带上了世界展示与竞争的平台，当用户面对世界范围内的电台进行选择时，我国音乐广播的品质、品牌化程度成为吸引用户的重要因素；第二，网络广播应用为用户提供了上万家电台的选择，要想在海量电台中寻找到想听的电台，电台的分类查找就显得尤为重要。

音乐广播业面临新的选择，一方面是与现代消费者热衷的音乐接收终端相结合，如手机、MP3 等，另一方面是实现对音乐广播内容、形态与功能的创新。虽然音乐传播的媒介越来越丰富，各种音乐资源的获得也越来越容易；但是个人的音乐资源储量是无法与音乐电台这样的专业组织机构相比的，音乐广播仍然有其特殊的魅力与价值。麦克卢汉在《理解媒介》中有这样的论述："广播和唱片的结合，成为电台的普通节目，由此产生出一种非常特殊的格局，这种格局的力量大大优胜于广播和电视、广播和报纸结合的格局。"[②]

(二)豆瓣电台带来的挑战与启示

> 10 年间，我们的收听习惯，经历了从传统电台，到卡带，到 CD，再到 MP3、网络下载的变化，这期间并未感觉少了什么，只觉得自己能掌握得越来越多，想听什么只需敲几个字就能听到。但直至十年后，当听到一些意料之外又情理之中的歌从豆瓣电台里跑出来，我才明白，人生需要期待，需要惊喜，而且人生本无法掌握，就像豆瓣电台，你永远不知道它下一首歌会放什么。
>
> ——《城市画报》，2010.9

① 艾瑞咨询.传统广播电台移动互联网化高使用时长凸显用户黏性[EB/OL].(2012-09-03)[2015-10-25].http://wireless.iresearch.cn/app/20120903/180710.shtml

② 麦克卢汉.理解媒介——论人的延伸[M].何道宽，译.北京：商务印书馆，2007：378.

豆瓣电台虽然名叫“电台”，其实是一个在线音乐播放网页、插件、程序。2009年初推出内测版，测试期间，采用邀请的方式使用户获得试听资格。2009年12月推出正式版。2013年1月，豆瓣电台推出付费专业版。豆瓣电台没有歌曲排行榜，豆瓣认为，弄排行榜是“强暴用户的思维和爱好”，豆瓣电台就是一首一首地播放歌曲。豆瓣FM作为国内较早的在线电台播放网页之一，已培养起上千万的用户。豆瓣电台提供网页版和手机的iPhone版和Android版。

以网页版的豆瓣电台为例，它的界面相当简单，长条形播放区中有四个按钮：

右上方：播放/停止按钮。

红心按钮（喜欢）：用户遇到喜欢的音乐时点击红心按钮，后台机器人（程序）记住用户选择，根据对歌曲属性的分类，找到同类型歌曲并为用户播放。

垃圾箱按钮（讨厌）：用户遇到不喜欢的歌曲，将该歌曲“扔进”垃圾箱，后台机器人记住用户选择，将同类型歌曲屏蔽。

跳过按钮：暂时不想听，先跳过，机器人会暂时记住用户的选择。

2010年2月3日，豆瓣网发布了豆瓣电台的iPhone手机版，豆瓣网称iPhone和iPod Touch上的豆瓣电台将与网页上的豆瓣电台完全同步。

2010年11月，豆瓣电台调整了频道设置，除了私人频道外，增加了9类公共频道：华语、欧美、粤语；摇滚、民谣、轻音乐；七零、八零、九零。频道设置呈现出不断调整与细分的特点。2011年4月，公共频道数量达到20个，增加了法语、日语、汉语、爵士、电子、R&B、说唱、电影原声、女声等特色频率，使用户的选择更加多样化。

豆瓣电台的公共电台按照歌曲语言、音乐风格、音乐年代等标准分类，随机播放同一类型的歌曲。豆瓣电台的私人电台类似Last FM。

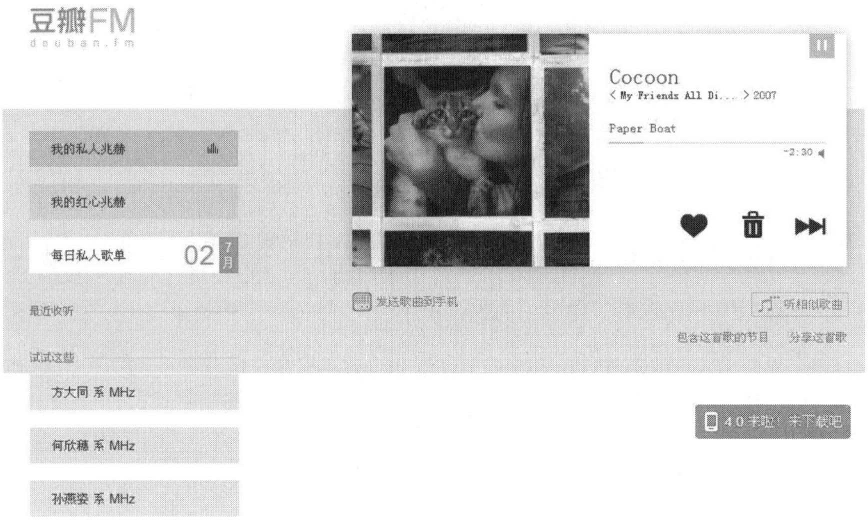

图 4-3　豆瓣电台(播放状态)

Last FM 是一个音乐社区，能够通过安装在本机上的 WMP 插件记录用户的音乐播放记录，通过用户“收藏、标记”的操作记录和播放频次来统计出用户对音乐家和音乐风格的偏好。通过以往的历史记录，进行一些归类计算，就能猜测出哪些符合用户的喜好。比如喜欢周杰伦歌曲风格的人，多半对陶喆也不会讨厌；喜欢莫扎特的人，对于李斯特也不会太排斥。这样就能够用机器和计算帮助用户在海量资源中发现可能感兴趣的新东西。

豆瓣电台的理念是：与喜欢的音乐不期而遇。电台对于听众的意义在于听众永远不知道下一刻电波的那端会传来怎样的旋律，人们期待这种不可预知的神秘。豆瓣电台满足了这种需求，没有播放列表，不告诉用户下一首歌曲是什么，让人保持对下一首歌的期待。传统音乐电台也可

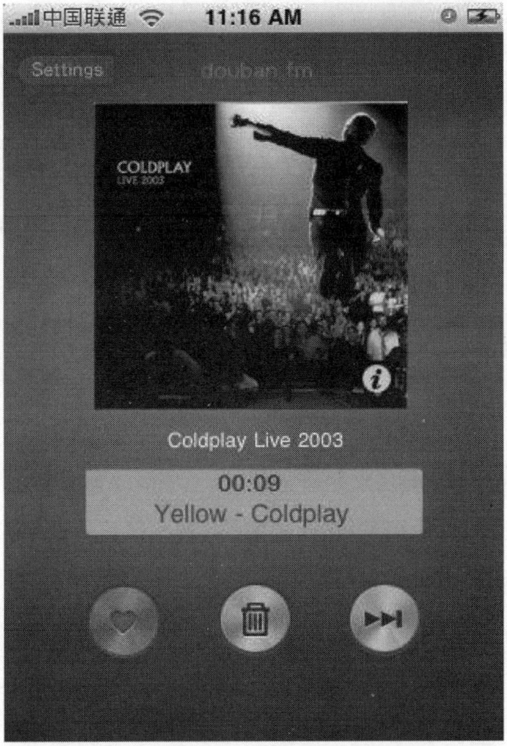

图 4 - 4 豆瓣电台 iPhone 版界面

做到这一点，豆瓣电台的不同之处在于它将用户对歌曲的期待与个人选择结合在一起。豆瓣电台设置了歌曲属性，对海量歌曲进行分类，并记住用户喜欢或讨厌的选择。每一个用户的选择是不同的，但大量相似音乐爱好者的选择是趋同的，当某一用户选择喜欢该集合下的歌曲时，后台机器人立即判断用户类型，为用户播放同集合下的歌曲。要做到这一点，豆瓣电台需要丰富的歌曲库、科学的用户统计分析算法以及用户的大量点击。

据调查显示，2010 年 11 月，豆瓣电台位居娱乐类手机应用“最流行”

榜单的首位，[1]获得了上百万网络音乐用户的喜爱，并入围“2010年度时尚生活产品”。[2] 收听豆瓣电台时，用户既是听众，不能决定下一首歌播放什么；用户也是自己的DJ，可以选择听或者不听。这既为用户提供了听收音机的感觉，又给了用户一定的自主权。它使用户摆脱了在海量网络音乐资源中搜寻的麻烦，像音乐广播一样提供“音乐流”的陪伴，又赋予用户一定的自主权，让用户可以调整音乐播出的“口味”。豆瓣电台可以说是音乐广播与网络音乐播放器的良好结合。

(三)音乐广播如何应对挑战

虽然音乐传播的媒介越来越丰富，各种音乐资源的获得也越来越容易，但是，作为专业组织机构的音乐电台仍然有其特殊的魅力与价值。目前，国内音乐广播仍面临着类型化细分程度不够，节目品牌化、精品化程度不高的问题。面对用户的音乐获取方式的新变化及新型网络音乐应用的强势挑战，音乐广播怎样发挥所长，才能让用户选择通过电台听歌？笔者提出以下三点建议：

1.将音乐广播的类型化和专业化做精、做深，形成品牌

每年世界各地有数不清的歌手推出新作，再加上历史的存量，即使是资深发烧友，也不敢说对所有音乐流派和所有音乐人都有充分的了解。虽然网络下载大大方便了用户收听音乐，但是在歌曲海洋中找到自己喜欢的音乐却不是一件轻松的事。如果一首歌五分钟，从硬盘的角落里把它找出来，或者在媒体库里把它拖送到播放列表就得半分钟。另外，音乐大多是作为其他行为的背景，用户在聊天时、看书时、工作时、游戏时需要音乐自然流淌，这些音乐最好是他们想听的、爱听的。音乐广播要满足数

---

① 豆瓣电台成安卓市场最流行音乐应用[EB/OL].(2010-11-03)[2013-05-18].http://net.chinabyte.com/350/11628850.shtml.

② 由北京电视台及时尚传媒集团联袂打造的2010时尚大典，于2010年12月22日在国贸三期大宴会厅举行。豆瓣电台作为网络音乐收听产品入围2010时尚大典的“年度时尚生活产品”提名。

字时代音乐广播听众的需求，就需要对音乐内容进行筛选与整合。例如音乐排行榜或音乐特辑的编辑方式，就是对音乐资源进行有序化和专业化筛选、整理和编排。北京音乐台的品牌节目《中国歌曲排行榜》是目前中国广播界覆盖范围最大、收听占有率最高的电台歌曲排行榜，每周五推出的《锦绣十年》栏目，利用《中国歌曲排行榜》十几年的历史，将十年的排行榜单进行对比，观察中国流行乐坛的变迁。这样的策划突破了一般音乐排行榜的局限性，赋予音乐节目以深度，激发听众的回忆、感想并且调动听众参与讨论的积极性。①

排行榜只是对音乐资源进行筛选与整合的一种方式，音乐广播人需要释放想象力与创造力，突破传统的罗列歌曲、报歌名、介绍歌曲背景的编排方式，对海量音乐资源进行深度开发，为口味不断提升的音乐听众提供不同于一般音乐播放的高品质音乐节目，将音乐广播的类型化和专业化做精、做深，形成品牌。

2.音乐节目主持人的特殊魅力

主持人在音乐广播中起着关键作用。马克思认为："对于非音乐的耳朵，最美的音乐也没意义。"音乐是公认的是最抽象的艺术。音乐广播是广播与音乐的结合，进入音乐广播领域的从业者必须拥有"音乐的耳朵"，把握音乐基本知识、音乐发展动向等前提下，对音乐的形式、内涵等应具有敏锐的辨析能力和理解力。

音乐广播对于听众的意义不仅在于获取音乐，很大程度上还在于有主持人的陪伴。音乐节目主持人可分为两类，一类是使用"参考式语言"的主持人，他们最重要的工作就是播放音乐，以及介绍歌手或音乐表演团体，这类主持人与听众之间建立的是一种间接的关系；另一类是使用"情感式语言"的主持人，他们不受限于自己所播放的音乐，用生活式的语言与听众探讨问题，聊生活琐事，表现出一种自我表达的取向。这种主持人

① 殷琦.新媒体时代广播音乐节目的内容转型[J].新闻界，2010(1)：154-155.

可以与听众建立一种相当直接且亲密的关系。当然，其实每一个主持人在某种程度上都兼具这两种特质。使用“参考式语言”的主持人有时仍然可以和听众建立一种非常单纯的陪伴关系，而使用“情感式语言”的主持人，同时也是最具个人风格的主持人，有时候也会向听众介绍或者说明他所播放的音乐。[①] 中国国际广播电台 Hit FM 的主持人大多属于使用“情感式语言”的主持人，如每天早晨 3 个小时的音乐节目《飞鱼秀》的主持人小飞和喻舟，以鲜明的个人风格与独特语态吸引了大批听众，有的听众形容《飞鱼秀》是一档让人“边听边笑”“欲罢不能”的节目。

不论主持人的个人风格是什么，他们都需要积极与听众建立各种关系。蒙哥马利指出，与新闻播音员或者叙事者习惯使用第三人称进行叙事的特性不同，音乐节目的主持人习惯使用第一人称“我”和第二人称“你”作为叙事的主轴，并且与听众建立一种直接的关系。对于听众而言，广播主持人是既真实又虚幻的，一方面，主持人通过麦克风进行播音，成为一个可以听见的实体；另一方面，他也是一个想象中的人物，听众可以按照自己的期望塑造心目中最理想的广播主持人形象。优秀的音乐广播主持人能够与听众建立一种比较长远的陪伴关系，甚至持续不断地陪伴听众成长。

3.拓展音乐广播的移动互联生存平台

音乐是广播在移动平台上提供的最重要的内容。据艾瑞咨询的调查显示，从移动用户青睐的广播类型来看，音乐类广播占 32.4％，新闻类广播、交通类广播分别占 17.4％、15.8％。[②] 音乐广播要抓住移动互联时代用户的耳朵，在内容方面需要不断提高类型化、品牌化、精品化水平，将类型丰富、内容优质、具有个性的音乐呈现于移动平台。另一方面，传统音乐广播应有意识地针对移动互联网用户开发广播、音频类应用，并打破用

---

① 克里赛尔.广播概论[M].赵庭辉，译.亚太图书出版社，2002：92-100.

② 艾瑞咨询.传统广播电台移动互联网化高使用时长凸显用户黏性[EB/OL].（2012-09-03）[2016-03-06].http://www.iresearch.com.cn/View/180710.html.

传统广播电台运作思路来制作广播应用的局限，深度开发自身的优质广播资源，针对传统听众、移动用户的不同需求提供不同音频产品。

第三节　Web2.0 背景下广播内容生存模式变化

关于 Web2.0 的较为经典的定义是 Blogger Don 在《Web2.0 概念诠释》一文中提出的："Web2.0 是以 Flickr、Craigslist、Linkedin、Tribes、Ryze、Friendster、Del.icio.us、43Things.com 等网站为代表，以 Blog、TAG、SNS、RSS、wiki 等社交软件的应用为核心，依据六度分隔、xml、ajax 等新理论和技术实现的新一代互联网模式。Web2.0，是相对 Web1.0(2003 年以前的互联网模式)而言的新的一类互联网应用的统称，是一次从核心内容到外部应用的革命。"迄今为止，关于 Web2.0，人们更多地把它理解为一种新型的技术，或是互联网的一种新的使用方式。作为一种新的传播技术，Web2.0 的三个主要特征放大了人们的信息传播自主性：个性化、去中心化和信息自主权。让全民共同决定和"编织"传播的内容与形式，让每个个体的知识、热情和智慧都融入其中，让人们在具有最大化的个性选择的聚合空间内实现信息共享，这恰恰是新传播时代的价值真谛。[①] 在传统的传播时代，听众所能做的仅仅是被动收听和被动选择，而 Web2.0 带给人们的是一个可以全方位参与互动的传播模式。Web2.0 背景下的广播媒介是属于用户的媒介，倡导用户自己主导信息的生产和传播，打破了传统媒介所固守的单向传输模式，采用了一种放权、自定义的方法让人们参与其中，自己定制和管理自己需要的传播内容和形式。以 Web2.0 为代表的新的传播技术，为广播节目生产和生存带来以下三个方面的改变。

---

① 喻国明.关注 web2.0：新传播时代的实践图景[J].新闻与写作，2007(1)：15-16.

一、广播节目从一次至N次传播

传统广播的线性特征带来的是传播的一次性，不可逆转与重复。在新的媒体平台上，广播内容的多次传播成为可能。这种多次传播的主体可能是媒体，也可能是受众。一方面，广播内容不仅存在于传统电波之中，也可以转化为文字在网络中传播，还可以将音频内容保存在数据库中供用户点播，“拉”出享用；另一方面，受众可以利用多种方式，分享与传播自己感兴趣的媒体内容，受众对媒体内容的反复传播使具有共同关注价值的信息得到了进一步加工和扩散。

以BBC iPlayer为代表的新一代播放器为我们提供了一个广播内容多次传播的案例。2007年12月25日，经过多年研发和测试，BBC iPlayer播放器正式上线。在BBC节目首播一周后的任何时间，英国用户都能利用iPlayer软件免费下载BBC广播台、电视台、网站上的所有音频、视频节目，然后用收音机、电视机、电脑、手机或者其他移动终端收听或观看。自此，BBC首次从技术上打破了不同媒介之间的界限，实现了广播、电视、网站、移动终端等传播渠道的大融合。

iPlayer业务上线后的头三个月，用户下载量就达到每周平均110万次，并且这个数字还以月均25%的速度增长。此外，用户的平均观看时长是25分钟，这与YouTube之类的视频分享网站仅仅几分钟的平均观看时长形成了鲜明对比。2008年的调查数据显示，iPlayer使BBC 35岁以下年轻观众的数量大幅增加，这让一直担心会永远地失去一代观众的BBC大为振奋。2005年，BBC iPlayer的视频点播服务突破了10亿次，每月的点播量达到了2 800万次。

分析BBC的跨媒体改革举措可以发现：在技术层面消除不同媒介形态的界限，仅仅是为媒介大融合提供了一种可能性。要在不同属性的媒介之间建立起相互渗透、协调合作的关系，需要各个媒介都进行自内而外的革新以适应媒介变革的要求。对广播人来讲，只为广播电台制作节目的时代过去了，广播人在制作节目的时候需要确立多平台传播的思维：我所制作的并不是一次消费的广播节目，而是可能在各种平台多次传播的音频产品；我不仅需要了解传统广播听众的收听喜好，也要了解新兴媒体用户的使用习惯；我所采集的内容，在不同的平台传播需要有不同的形态和风格。新兴媒体时代广播节目从一次至N次传播，扭转了多年来广播节目自产自播、一次播出的资源浪费局面，大大提升了内容资源的利用率，明确显示的点击率清晰地呈现了节目的传播效果，从不同视角体现了节目的内容价值。

二、广播节目从“时间生存”至“空间生存”

新传媒科技的发展，一定程度上改变了传统广播以“时间生存”为核心的内容组织方式，使内容的固定呈现转变为离散呈现。在这种模式下，“时间”不再是广播唯一的信息传播资源，“空间”也成为一种广播可以拥有的新的重要资源。网络音频库与广播节目数据库的“点播”就是以“空间生存”为呈现方式的。音频内容越来越多地以单条信息的形态出现，这种“碎片化”并不意味着无逻辑的简单堆砌，空间中信息的再组合是凸显信息价值的关键。

广播内容“空间生存”带来了海量级、碎片化的特征，也带来了不同的使用选择，从而增加了人们获取信息的时间和成本，空间思维与信息搜索的重要性因此凸显。2005年，BBC推出“创造性的未来”计划，这是BBC历史上规模最大的一次改革，它同时也被视为BBC进军web2.0的宣言书。其中“易于查找”(Findability)是“创造性的未来”计划中的一个重要理念。如果没有一个很好的数据库和搜索引擎，BBC的信息将很快被淹没在成千上万的网页中，这就要求采用更好的搜索、分类和导航工具。因此，BBC在2007年投入使用了一个新的、更强大的搜索引擎——下一代搜索引擎。利用新的搜索引擎,用户通过输入声音和图像就能查找到相关的音频和视频资料。BBC 的技术部门也将根据新搜索引擎的特点对 BBC 所有节目内容的元数据进行更好的组织。元数据是描述内容的信息,BBC 对其节目内容进行元数据编排,实际上就是对 BBC 节目进行数字化归档。在对 BBC 所有节目内容进行元数据描述后,BBC 的节目创作人员将能更方便地找到他们需要的资料,以便根据需要再用和重新包装历史资料,以制作不同类型的节目。

"导航"是"创造性的未来"计划中的另一个理念,旨在进一步开发 BBC 在线的检索功能,为用户提供人性化的搜索代理服务。早在 BBC 在线的起步阶段,时任 BBC 总裁约翰·伯特就预言"当公众对花样众多的网络服务感到不知所措的时候,BBC 将成为最值得大家信赖的指引者"。网络上的信息成几何倍数增加,这进一步增加了网民检索和使用特定信息的难度。在这种背景下,"随意地浏览信息"的方式已逐渐被一些用户摒弃,网民已经越来越迫切地需要一位"智慧的数字化管家"——这位"管家"能细致入微地了解用户的需求,能自动增强或压缩信号,在广泛地收集信息后把用户最需要的信息传递给用户。为了实现这个目标,BBC 的新媒体和技术部加大投入,开发下一代搜索引擎。新的数据库和搜索引擎启用后,用户定制信息也将成为可能。①

"易于查找"与"导航"理念对于"空间生存"的音频产品具有重要意义。反观我国广播节目的网络生存,虽然大多数电台已开设网站,提供广播节目的在线直播与点播,也实现了广播节目的"空间生存",但大多数广播网站朝"门户化"网站发展,音频内容埋没于丰富的网站内容中。目前我国广播节目的"点播"在"易于查找"和"导航"功能方面还存在较大差距,很少有网站能够从易于受众搜索与寻找的角度,按"空间生存"的法则对音频内容进行管理,这已成为广播节目内容网络生存的瓶颈。

---

① 付晓燕.BBC 的"创造性的未来计划"[J].新闻战线,2008(4):29-31.

三、品牌化节目：广播多平台生存的核心资源

广播在长期的信息传播历史中形成了自己独特的媒介品牌，应将这种品牌号召力有效地移植到新的传播模式中。反过来讲，品牌化已成为广播节目获得多平台生存能力的核心。美国卫星广播的案例表明了品牌主持人与品牌节目对于广播生存的重要意义。受金融危机的影响，2009年美国卫星广播供应商 Sirius XM 一度徘徊在破产的边缘，2010 年的命运转机与业绩增长，很大程度上取决于和著名广播节目主持人霍华德·斯特恩的续约。Sirius XM 与 56 岁的霍华德·斯特恩续约，使最热门的节目得以保留。续约仅一周后，该电台的用户数量便攀升过了 2 000 万大关。[①] 到 2015 年，霍华德仍是美国收入最高、最有影响力的广播节目主持人。可以说，品牌节目与明星主持人对美国卫星广播的发展至关重要。品牌节目的巨大能量在广播数字化、网络化生存平台中显得更为突出。

Podcast(播客)是 iPod(便携式数字音乐播放器)与 broadcast(广播)的合成词，指的是一种在互联网上发布文件、允许用户订阅节目并自动接收新文件的方法，或者是用此类方法制作的音视频节目。我们以苹果公司推出的 Podcast 应用程序为例，来看品牌广播节目如何在多媒体平台生存与发展。

Podcast 由苹果公司在 2005 年推出，刚推出时苹果将 Podcast 功能集成进 iTunes。2012 年 7 月，苹果将 Podcast 从 iTunes 中分拆出来，推出了集订阅、播放、管理等功能于一体的独立应用。Podcast 能够在 iPhone、iPad 或 iPod touch 上寻找、订阅和播放用户喜爱的播客。2013 年 7 月，Podcast 订阅总数超过了 10 亿，这 10 亿次订阅中包含了 25 万个

---

① 2011 美国广播业将是复苏的一年[EB/OL].(2011-01-06)[2015-06-22].http://news.sina.com.cn/m/2011-01-06/094021769451.shtml.

播客。Podcast 把各式各样的广播和前沿技术有效地结合了起来。用户可以在 Podcast“目录”中搜索成千上万个免费的音视频播客，节目语言有40余种。笔者考察了 Podcast 中的音频内容。Podcast 的广播节目中既有专业人士制作的传统广播节目，也有机构和网友自发上传的音频节目。Podcast 中文版的广播节目涵盖艺术、文学、新闻及政治、喜剧、音乐、教育、商业、投资、科技、语言、书籍、社会与文化、名胜与旅行、电视与电影、游戏与爱好、自然科学、励志自助、儿童与家庭、运动与消遣等近 20 类。Podcast 最受欢迎的音频既有来自 BBC、CNN、NPR 这样的国际知名媒体机构制作的老牌品牌节目，也有大量机构和个人制作的播客。因此，新媒体技术虽然为广播发展带来了诸多可能，但内容才是获得受众选择的根本因素。新兴媒体时代是根据用户需求提供内容与服务的时代，Podcast 使原本稍纵即逝的广播节目变成了可以选择、保存、分享、评价的音频产品，不仅满足了受众对音频内容的个性需求，也使广播节目的生命得以延续。

本章小结

传媒技术和内容需求是推动新闻事业及传媒产业发展的两大动力。由于技术引进的难度小、风险小，媒体对于新技术的应用往往投入更多的精力与财力，对内容创新的投入较少。新技术使广播实现了多渠道传输、多符号呈现、多终端接收。中国广播节目能够跨越时间与空间的限制，进入“全球村”的世界平台，既是展示亦是竞争。中国广播节目内容与发达国家的差距在网络平台上更加凸显出来。中国广播业在技术方面已取得突破性进展，而传播内容的创新显得更为迫切。广播内容变革受到社会政治、经济、文化转型以及传媒体制等多种因素的共同影响与制约，变革突破实属不易。但在新兴媒体时代的竞争平台上，只有高质量、个性化、实用性的内容“软件”才能激活硬件，实现用户选择和有效传播。

Web2.0 时代的个性化、去中心化和信息自主权等特征，为广播节目生产带来新的变化，广播节目从一次传播至 N 次传播，从“时间生存”至“空间生存”，“众包”所体现的受众智慧可成为广播内容。广播节目的“空间生存”带来海量信息与碎片化特征，这就要求在内容导航和易于查找的服务上提供最大的便利。目前，我国国内广播电台普遍实现了声音广播与网络广播的互动，但其网络“版面”大多呈现出门户化、粗放化的特征，应作为核心资源的音频内容往往淹没在庞杂的信息当中。广播节目如何用 Web2.0 的思维方式进行内容生产，是重塑广播的关键。

当前，国内广播专业化普遍推开，在推广轮盘式、格式化模式的过程中，广播业内出现一种倾向，即淡化栏目、突出频率个性，致使出现重视频率品牌建设、忽视栏目建设的现象。广播进入网络空间，导听标志是主持人品牌与节目个性，在重塑广播的技术空间中实现“内容为王”和品牌化生存，是重塑广播长期不变的重点。

第五章　国情背景下广播媒介发展空间

新兴媒体时代是一个强调个性与交互的传播时代，但在现代社会环境中，大众传播是社会生活所必需的，也是社会成本最低、最有经济效益的信息传播方式。[①] 本章提出应急广播是重大突发事件中最有效的“生命线”媒介，社区广播是为民服务的超本地媒介，公平配置信息资源是广播的社会责任所在。新的媒介技术使受众接触广播的渠道更为多样、使用更为便捷，广播对广大民众尤其是弱势群体的内容服务成为“短板”。要保障人民的知情权、参与权、表达权、监督权。人民的知情权和表达权是人民民主的核心和基础。“唯有知情，才能有效表达，而表达本身是一种参与。”[②]知情权、表达权是对权力进行监督的前提。充分表达让民众情绪回归理性。事实证明，开放的环境有利于使人们形成理性的心态和行为。广播媒介是公民提升知情权的重要渠道之一。

第一节　应急广播：重大突发事件中最有效的“生命线”媒介

传统声音广播的“不可替代”集中体现它是重大突发事件中最有效的“生命线”。传统声音广播因其及时、灵便和协调、动员的功用，在重大突

① 邓炘炘.动力与困窘：中国广播体制改革研究[M].北京：中国经济出版社，2006：325.

② 李良荣，张春华.论知情权与表达权——兼谈新一轮新闻改革[J].现代传播，2008(4)：34-38.

发事件中显得尤为重要。不论是国际经验，还是近年来我国广播在重大突发事件中的出色表现，都体现出广播媒介在重大突发事件的事前预警、应急处理以及后期疏导等过程中特殊而重要的作用。2011 年 3 月 17 日，《中华人民共和国国民经济和社会发展第十二个五年规划纲要》全文发布，“国家应急广播体系建设”被列入“文化事业重点工程”。

一、风险社会理论与不同媒介在危机传播中的作用

（一）“风险社会”语境下的中国：突发事件高发

自从人类通过工业革命和科技革命迈上发展的快车道，就已经踏进了风险世界。人类这种发展与安全的两难导致了自身的重度焦虑。1986 年，德国学者乌尔里希·贝克通过《风险社会：走向新的现代性》一书提出了“风险社会”理论，认为风险社会是继工业社会后，传承工业社会所有危险的一个新社会阶段，因此人类处于“文明的火山上”。

贝克依据不同的社会形态区分了三类风险：一是前工业社会的风险，主要是地震、飓风、传染病等；二是工业社会早期的风险，主要是安全事故、劳资矛盾、两极分化、失业、腐败等；三是工业社会晚期的风险，也称现代风险，主要是环境污染、生态恶化、核技术威胁和基因变异等。[①] 第一类风险是自然力作用的结果，第二类风险是资本原始积累的结果，第三类风险是科技进步的产物。

风险社会理论认为，人类社会处在从传统社会向现代社会转变的过程中，高风险性已成为现代社会的一种典型特征。与传统社会中的风险相比，现代社会中风险的复杂性、不确定性、不可预见性以及迅速扩散性等都日益增强。

借用风险社会的概念，我们可以分析社会转型过程中，各种可能引发

---

① 贝克.风险社会[M].何博闻，译.北京：译林出版社，2004：15-21.

社会风险的现象和社会问题。突发事件是即时性事件，而风险往往是由突发事件引起的；风险也是一种尚未发生的突发事件，在突发事件中包含着引起风险的危险因素。《国家突发公共事件总体应急预案》中对突发事件的定义是："突然发生，造成或者可能造成重大人员伤亡、财产损失、生态环境破坏或严重社会危害，危及公共安全的紧急事件。"处于风险社会语境下的中国，呈现出突发事件高发的特点。

对社会转型中的中国而言，风险与危机频发已成为社会的一种常态。媒体作为社会系统的一个重要组成部分，其"监测环境"的社会功能对于有力应对重大突发事件、保障民众生命财产安全、维护社会的良性发展起着重要作用。

(二)不同媒体在危机传播中的功能各有侧重

从当前世界范围内的现实看，风险社会实际上是一个充满危机的社会，"危机四伏""危机频现"是这种社会的一个重要特征。所以，应对风险在很大意义上就是应对危机。要化解和规避风险与危机，需要以政府为主导，利用各种资源，运用各种手段，采取多种方式有效应对危机。其中，大众传媒由于其信息沟通、新闻传播、舆论引导和社会服务等功能，成为有效应对社会危机的重要资源和有效渠道。

2003 年 SARS 爆发前后，"危机传播"的概念进入我国公众的视野，并引发政府和社会各界的重视。2003 年 8 月，中共中央办公厅、国务院办公厅发出《关于进一步改进和加强国内突发事件新闻报道工作的通知》，明确规定要建立和完善信息报告、新闻发布和应急协调机制，实行责任追究制度，并第一次增加了发挥新闻媒体的预警和服务功能、必要时采取非常措施、争取先入为主的效果以及高度重视互联网报道等内容。政府和各公共管理部门逐步确立了及时公开信息、掌握舆论主动权的突发事件应急处置的思想，另外新闻管理部门也开始重视媒体在公共危机中的预警和服务功能。

美国学者斯蒂芬·芬克在《危机管理，为不可避免的灾难做筹划》中，针对危机发展的阶段提出四阶段“生命周期”模型。芬克借用医学上的术语把危机分为潜伏期、爆发期、延续期、痊愈和评估期，大体上对应的是危机前、危机初始阶段、发展阶段、解决阶段和危机后的评估阶段。危机传播在四个阶段的功能有所不同：(1)潜伏期的预警功能。在危机的潜伏期，危机传播的主要作用是报警，通过媒体引起社会注意并采取相应措施。(2)爆发期的告知功能。危机爆发阶段的危机传播重点是告知，让人们了解真相，消除误解，维护稳定。(3)延续期的协调功能。在危机延续期，媒体的主要功能在于协调社会力量，形成有利于危机解决的社会氛围，动员和引导各种社会力量应对危机。(4)痊愈和评估期的反思功能。通过反思危机的整个过程，发现积弊，探求对策，避免同类危机再次发生。

当然，危机的四个阶段并不是泾渭分明的，危机传播在不同时期的功能只是凸显了最重要的部分，彼此之间存在交叉和重叠。例如，在危机的潜伏期，媒体在担负预警功能的同时，也担负着告知的功能，而媒体的反思功能其实贯穿于整个危机过程之中，只是在危机的痊愈和评估期更加重要。

危机传播已成为当今大众媒介的重要议题，面对重大危机事件，大众媒介在危机传播中体现出了各自的重要功能，亦有不同侧重。

1.广播：面对灾区的内向型传播

(汶川)地震突发时，成都市民从各自所在楼房或办公室惊慌失措地跑出来，急切地想要询问灾难的根由和亲友的安危，却绝望地发现根本拨不出一个电话。站在马路中央的人们发现自己与外界失去了联系。此时，成都人民广播电台的声音突然响起——有人想到了用手机收听广播。随后越来越多的人开始收听收音机，这是灾后人们首先能够接触到的媒体，从那里人们知道刚才发生了地震。电台工作人员正在野外直播车上进行四个频道的并机直播,收音机周围迅速聚集了大量渴望获得信息的人们。

出于对余震的恐惧,很多市民不敢回家。伴随在外过夜的成都人度过漫漫雨夜的只有广播。此外,广播电台还充分发挥互动性和服务性,在地震发生后的前5个小时,广播电台承载的重要功能是帮忙寻人和传递求助信息。正因为有了广播,消息才得以传递,恐慌才没有蔓延。[①]

灾害报道中,广播和电视表现出明显的侧重,即电视为外向型传播,广播为内向型传播。电视往往面向灾区外的观众播报灾情,引起人们对灾情的关注;而广播则面向灾区的群众,向他们提供各种更具贴近性的实用信息,帮助他们克服困难、恢复生活、重建家园。

和人际交流相比,广播的报道成本和收听成本都较低但其覆盖率高,在资金匮乏,人力、物力资源短缺的情况下,广播可以小成本完成大作业。这些特点对于重大突发事件的报道非常重要,针对受灾地区的广播具有强大的社会沟通和动员潜能。美国学者斯诺对阿拉斯加的原住民布舒人的研究显示,地理上的隔离让布舒人对广播的陪伴功能的认识更加深刻。由于地广人稀,布舒人往往只能通过广播听到别人的声音,广播也让他们知道周围发生的事情。学者 Olorunnisola 研究发现在贫穷的非洲,广播可以动员听众与各种疾病抗争,号召听众为住房和用水的改善而努力。[②]当突发事件发生,交通、通讯中断甚至停水、停电时,城市仿佛变回原始社会,技术依赖性强的媒体功能受到限制,广播以声音作为传播介质,相对

① 刘惠芬.从汶川地震的媒体报道看网络时代的危机传播过程[J].南京邮电大学学报(社会科学版),2009(3).

② OLORUNNISOLA A A. Radio and Africa rural communities:structural strategies for social mobilization[J].Journal of Radio Studies,1997(1):242-257.

电视来说，技术依赖性较弱，即使在停电和通讯中断的环境中，也能通过其他途径进行报道。

由于广播的内向型传播特征，广播在灾害报道中的主要受众包括以下几类：(1)灾区中的直接受害者。这一人群是第一受害者，身体、心理遭受创伤，物质财产受到损失。他们需要知道亲人、救灾的各种信息，广播是提供这类信息的最有效媒介。(2)第一受害者的直系亲属或关系密切的朋友。由于他们与受害者有着直接的关系，所以当灾害来临时，他们最关心受害人和受害地区的安危和救援情况。(3)身处救灾现场的工作人员。救援初期因为信息的缺乏造成秩序混乱，信息沟通成为救援工作有效安排与实施的前提。

2011 年 3 月 11 日，日本本州岛海域发生 9 级强烈地震。在民众感受到震动的同时，电视画面发生了变化，滚动的字幕是："强震发生，震源正在确认中，请随时注意报道，并准备好收音机。"在紧急避难场所，广播用各种语言播报灾情、救灾进展等信息。地震带来的破坏难以抗衡，日本应急广播一如既往地快速和有效启动，使数百万人在灾害降临的瞬间采取了有效的自救措施。

2.电视：面对外界的展示与动员

在电视媒体的危机传播中，画面作为最强大的语言向观众表达着最直观的意义。日本电视媒体在地震灾害报道中非常重视地震全景与特写的结合，在拍摄地震全景时，利用直升机航拍整个受灾地的状况，使公众对灾害全貌有全面的了解；在拍摄地震局部受灾情况时，派出记者赶赴受灾地，对当地的一座建筑，一座桥，或是受灾的民众进行特写拍摄，使局部的面貌呈现在观众眼前。

对于电视传播而言，观众对其抱有期待主要由于图像的可视性。然而在突发事件传播中，往往很难在第一时间采集到相关的图像素材，因此突发事件的最初报道，常以口播为主，辅以图示或静态照片。汶川地震报道就是如此。由于汶川地震的震中远离城市，第一现场的相关图像难以获取。与广播相比，视频信号传输的技术条件要求更高，电视的时效性难免受到影响。汶川地震最初的电视报道大量采用电话连线的方式报道灾区情况，弥补时效上的缺陷。但是高度的现场纪实性，才是电视直播的显著优势。记者置身残垣断壁之中，报道自己在灾区的所见所闻。心理学研究表明，人类最高级的感知形态是“亲临其境”，现场报道伴随新闻事件的发展过程向观众做即时的展示，使坐在电视机前的观众仿佛身临其境地目睹了灾区的灾情和救援工作的进展。由于事件本身的正在进行特征，这种直播报道比录播报道又使观众增加了“悬念感”与“参与感”。直播可能是粗糙的，但正是这粗糙的真实感才成就了电视新闻的魅力。①电视媒体在报道的同时实现了其社会凝聚功能，用关注带动情感，通过情感产生强大的人际凝聚力，使人们树立共渡难关的信念。

3.报纸：深度报道、解释与反思

深度报道是报纸应对电子传媒和新兴媒体时代的一个利器。美国哥伦比亚大学新闻研究生院教师在教程中谈到新闻报道的层次时，曾提出“三层报道”的概念：第一层报道是事实性的直截了当的报道；第二层报道是发掘表象背后实质的调查性报道；第三层报道则是在事实性和调查性报道的基础上所做的解释性和分析性报道。② 相比于广播电视，报纸在第一层报道方面时效性较差，不如电子媒介的声画展示形象。但在第二和第三层报道上，报纸可以通过语言阐发与版式组合充分发挥潜能，更能对新闻事实进行较为详尽的解释和深刻的分析。因此，报纸在危机传播的反思功能上更有发挥的空间。

“反思”就是指事实发生后对事件反映的问题进行思考，从中吸取经验教训。在某种意义上，人类社会就是在不断总结经验教训的过程中进

① 熊忠辉，程刚.汶川地震抗灾中的电视直播[J].现代视听，2008(6)：12-14.

② 张耀云.让深度报道缔造报纸的“不可替代”[J].新闻爱好者，2010(21)：71-77.

步的。所以荷兰哲学家斯宾诺莎认为，反思是认识真理的比较高级的方式。为了更好地防治自然灾害，我们需要不断总结经验教训。因此，面对自然灾害，媒体适时开展反思性报道，也是灾害报道的应有之义。

有学者比较了汶川地震发生时和汶川地震一周年报道的差异，总结如下表：[①]

表 5－1　汶川地震发生时和汶川地震一周年报道的差异

	内容	形式	风格	图片	目的
地震刚发生时	重点描述灾难现场和救助情况	多场景特写，以消息为主	再现灾难现场，极具视觉冲击力	感性描写为主，就事论事	传达灾区信息，满足公众知情意愿
地震一周年反思报道	描述灾难给人们带来的影响、反思现有体制、鼓舞人心和展望未来	多任务和事件特写，以通讯和深度报道为主	展示现实生活，强调今昔对比	理性反思为主，历史地看待事件	引发反思，引导积极的社会风气

（样本选择：《四川日报》《成都商报》《华西都市报》《人民日报》《中国青年报》《南方周末》）

与汶川地震发生之初的报道相比，地震一周年纪念报道的新闻视角和新闻关注点发生了很大的变化。在报道题材上，以通讯、评论为主要报道形式。因为不是危机事件发生的进行时状态，所以传送的比较及时的新闻消息较少，一般都是篇幅较长的通讯、人物特写，以及对事件进行反思或者展望未来的社论或评论。如《人民日报》的社论《那些不屈的力量让我们前行》、《中国青年报》的《让每个心愿都妥帖安放》，这些评论或鼓舞人心，或正视灾情，或反思体制，或展望未来，对公众更加理性地看待这场地震有良好的引导作用。

① 邢艳．“公共事件反思传播”的报道框架——以几家报纸对“5·12”汶川地震周年报道为例[J]．新闻爱好者，2009(9)：33-34．

4.网络:信息整合,聚合民意,快速形成舆论

网络在危机报道中的作用突出表现在,新闻网站利用发布信息的便捷性和网络资源的无限性,把广播、电视和通讯社的最新信息及时发布到网上,使之成为一个信息汇集地,并实现文字、图片、音视频、动画等多媒体传播。

以新浪网对汶川地震的报道为例,新浪网“四川地震专题”开设了《视频播报》栏目,将中央电视台、四川电视台、上海东方电视台等多家媒体的视频片断汇集到一起,网民可以根据自己的需要点播。专题开设了《媒体聚焦》栏目,转载《南方周末》《南方人物周刊》《新周刊》等媒体的相关报道和评论,借助平面媒体的优势加强了网络新闻报道的深度。同时,新媒介的出现,使普通公民获得了从未有过的参与新闻传播的能力,他们借助手机、博客、播客、BBS等发布新闻、表达观点。这不仅丰富了救援报道的内容,更重要的是这些个人化媒体改变了新闻报道的视角。新浪网“四川地震专题”为此专门设置了《博客关注》栏目。在网络上不仅可以看到前方记者发回的报道,还可以看到志愿者、灾区幸存人员的亲历报道。同时,新浪网打造了手机播报平台,手机用户可以采用直接登录手机新浪网的方式了解关于地震的新闻和其他内容,也可以发布寻亲消息。①

网络在突发事件之后的舆论形成过程中发挥着巨大的作用。网络可以迅速反映民意,汇聚舆论。汶川地震后,网民在网络上表达了对救灾款项和物资是否会挪作他用的忧虑,促使有关部门联合发文要求加强救灾资金监管,提高救灾款物管理使用效益和公开透明度。网有所呼,政有所应。网络给公众提供了一个表达意见、聚集民声的有效渠道,政府举措与网民的意见形成了良性互动。

---

① 周宏刚,郭学文.媒介融合趋势下网络传播的信息整合作用——以新浪网“四川地震专题”为例[J].青年记者,2008(21):53-54.

二、应急广播：满足受众异常信息依赖

美国传播学家梅尔文·德弗勒的"媒介依赖理论"认为，受众对媒介的依赖分为两种：一种是日常依赖，即媒介通过日常提供的信息满足受众的基本需求；另一种是异常依赖，当社会发生重大变化时，受众迫切需要通过媒介获取各种信息，了解环境，进行判断、决策、行动。而广播媒体在重大突发事件中面向灾民的内向性传播特征，满足了受众对信息的异常依赖，广播所提供的信息不仅满足了受众的知晓需求，更重要的是为受灾民众提供了判断与行动的指引，避免了信息匮乏引起的不良反应。以下通过两个案例，探讨广播在重大突发事件中提供异常依赖的功能。

(一)2008年风雪灾害：覆盖面广的有效救灾服务

2008年1月中旬开始，我国南方大部分地区遭受严重的雨雪冰冻灾害，加之春运的滚滚人流，受灾区域之大、受灾人数之多、受灾时间之长都是历史罕见。冰雪突袭造成断电，电视、网络等媒介顿时"失语"。通讯中断，高速公路车辆拥堵，城市居民夜晚只能靠蜡烛来照明。从1月21日开始，中央人民广播电台打破既定节目编排，在覆盖全国的"中国之声"推出全天不间断的特别直播节目《爱心守望 风雪同行》，成为政府抗灾救灾决策部署的重要平台、灾民与外界沟通信息的主要渠道。数以万计的受困听众尤其是长时间滞留在路上的听众通过电话、手机短信等方式反映问题、寻求帮助，节目汇集各方信息，协调、配合各级政府部门进行紧急救援。

2月1日晚，特别节目播出了滞留在京珠高速公路上的司机的求助短信：从新疆运送天然气的槽车司机朱师傅向电台求助，由于长时间滞留在京珠高速公路湖南郴州段，槽车内天然气压力异常，可能有泄漏危险。这条信息引起公安部高度关注，在

电台与公安部的配合下，湖南省郴州市公安机关组成救援组，救援车队连夜搜寻到冰雪之中的两辆槽车，专业人员迅速对槽车压力情况进行检查，采取减压措施，并将槽车牵引出高速公路，到郴州液化气公司进行处置，化危为安。①

南方冰雪重大灾害中，中央人民广播电台向交通部、铁道部、民政部、公安部、中国气象局等有关部委派驻记者，全天驻守在其应急指挥中心，第一时间报道受灾地区的天气、受灾情况、相关的救灾政策和措施等方面的信息。国务院各有关部委积极响应，大力支持中央电台工作，将中央人民广播电台作为发布灾情及抗灾、救灾信息的首选媒体，公安部、铁道部将《爱心守望 风雪同行》特别节目作为第一信息发布平台。直播期间，中央人民广播电台与公安部相关部门沟通，在拥堵严重的河南、陕西、湖北等11省的执勤交警中，挑选了100多位民警担任交通信息员，随时提供交通路况服务及相关信息。交通部将有关省份交通厅路政人员及收费站工作人员的电话提供给电台，供电台24小时咨询、协调有关工作。此时的广播已成为受灾地区政府、行业部门和受灾民众进行即时有效的信息沟通和救灾的"社会神经中枢"，显示了广播在及时救灾减灾中不可替代的作用。

冰雪灾害引发大面积停电，导致电视、电脑无法使用，灾民陷入"信息孤岛"，迫切需要收音机了解外界情况。由于平时缺乏危机管理意识，市场上收音机严重缺货。仅以受灾严重的郴州为例，郴州市政府紧急搜寻收音机库存，仅有76台。市政府紧急向省政府求援，调集了2 000台收音机。

《爱心守望 风雪同行》特别直播在23天时间里，播出时长近200小

① 魏胜利，侯永生.爱心守望 风雪同行——记中央人民广播电台抗灾救灾特别直播节目[J].新闻战线，2008(3)：10-13.

时，累计播发消息 6 000 多条。在抗击冰雪灾害中，《爱心守望 风雪同行》全天直播，“中国之声”成为灾区人民乃至全国人民第一时间了解抗灾救灾信息的主渠道；成为党、各级政府和有关部门指挥抗灾救灾行动的最有效的组织与实施平台；成为民众参与互动、凝聚爱心的社会公益平台。时任中共中央政治局常委李长春专门批示：“在各种媒体争芳斗艳中，广播仍是不可替代的媒体，特别是其‘随身听’的特点，深受百姓喜欢。要坚持三贴近原则和以人为本、服务群众的宗旨，不断改革创新，扩大影响力和感染力。特别直播《爱心守望 风雪同行》就很感人。”[①]

根据 CSM 媒介研究监测数据显示，“中国之声”推出《爱心守望 风雪同行》特别直播后，在北京地区的 7：00—23：00 时段，创造了 0.75％的相对高收听率，相比直播前大幅提升。同时，直播雨雪冰冻灾害事件期间，听众平均忠诚度从直播前的 10.3％上升至 11.5％，说明听众连续收听“中国之声”节目的意愿增强，听众对节目的依赖度明显提升。[②] 不仅“中国之声”的报道广受关注，受雨雪冰冻灾害波及地区的地方电台也受到了听众的广泛关注。在抗击雨雪冰冻灾害期间，广东、河南、湖南、江西等地的广播媒体也投入了相当大的资源进行及时报道。据 2008 年 2 月针对广州地区雨雪冰冻灾害情况所做的调查结果显示：(1)广播是受灾群众接触最多的媒体，超过 60％的市民认为广播是了解雪灾情况的最好渠道。(2)广播充分发挥了信息平台的作用，新闻、交通等播报交通信息的频率成为人们春节期间最常收听的频率。(3)广播在雪灾事件的报道中，被听众评为最快捷、最及时的媒体。[③] 广播在 2008 年雨雪冰冻灾害中的表现印证了麦克卢汉对广播的判断：“电视对广播的影响之一，是使它从娱乐

① 中央电台总编室.沧海横流现本色 应急关头显身手——解析中央电台近年来突发公共事件报道的作为及前景[J].中国广播电视学刊，2010(12)：11-13.

② 王兰柱.2008 中国广播收听年鉴[M].北京：中国传媒大学出版社，2008：206-208.

③ 梁毓琳.2008 年广播市场竞争态势[J].数据广播，2008(3).

媒介转变为社会的中枢神经系统。”①

(二)汶川地震:广播在灾区“不可替代”

中央人民广播电台“中国之声”在2008年5月12日汶川地震的当天即推出了全天候的《汶川紧急救援》特别直播节目,以客观、透明、高效的信息开放态势和跟踪滚动、互动参与等声音文本形式,将广播特定的媒介优势与潜能开发到接近极限。《汶川紧急救援》特别节目体现出广播的快速、高效和参与危机管理的功能:“第一时间”发布抗震救灾信息;“第一时间”记者进入抗震救灾现场;“第一时间”连线成为特别直播的主打形态;“第一时间”打造抗震救灾的信息平台。抗灾报道的事件特征使信息关注度远高于一般报道,实用功能的添加使其更加引人注目。宝成铁路抢修遇到困难,电话连线现场记者将需解决的问题告知有关部门,相关部门听到广播后立即调配技术人员为抢修疏通隧道提供帮助。《汶川紧急救援》多频次滚动播出汶川、青川、绵竹等灾区急需何种抢修物资、生活物资的信息;灾区小型机械设备严重短缺,交通运输部门在节目中播发消息,号召全行业积极捐赠,得到广泛响应。各地捐赠小型机械228台、发电机组70套。根据央视-索福瑞的调查显示:本次救援期间,“中国之声”收听率上涨77.8%。《汶川紧急救援》特别报道节目每天收到听众短信20 000条以上,最高达27 000多条,是平常节目的几十倍。②

汶川地震中,四川本地电台全天开播抗震救灾特别节目,体现了危机传播中本地广播服务的“不可替代”性。2008年5月12日下午14时28分,汶川大地震发生。在其他信息通道短暂失灵的情况下,成都人民广播电台的直播却没有中断。地震发生后不久,成都人民广播电台在室外搭起直播室,抗震救灾特别节目《我们在一起》开播。人们通过广播寻找亲人、互报平安,广播成为“桥接”各种通讯及技术手段的公共互动信息通道,沟通、组织

① 麦克卢汉.理解媒介——论人的延伸[M].何道宽,译.北京:商务印书局,1999:367.

② 《中央人民广播电台抗震救灾简报》第19期。

和发动社会各方力量，最终形成了一股强大的对抗地震灾害的合力。

> 12日22:00，电台应市交委请求，播出了“向社会征集150辆大客车、200辆大货车用于救灾，在茶店子、金沙、北湖车站集结”的信息，不到半个小时，市交委反馈电台：征集车辆数已满足需要；凌晨1:00电台又应市交委要求播出了“需要大量出租车集结运送都江堰伤员”信息，播出10多分钟后，去都江堰的高速公路入口即被大批出租车堵死。由于当时交警尚未接到放行通知，所以有司机将此情况通过热线反映，电台立即反馈给相关部门，很快成灌高速开始免费通行，及时打开了救援通道。
>
> 一位货车司机在江油至成都的路边发现一名孕妇处于困境后致电电台，春熙路商会刘先生听到节目后立即联系救援，请求江油熟人进行搜寻，结果顺利找到受困孕妇并将其送入医院。

成都人民广播电台在车站、公园、社区等设立的广播落地点，有效发挥了“社区效应”，用广播的“链条”整合了社会大众。地震发生后，成都人民广播电台近两年来在成都市区多个公共场所建设的广播落地点发挥了意想不到的重要作用。这些落地点覆盖了车站、公园、社区等多个人流量集中、人口聚集度高的区域。地震发生后，多个公交场站的候车乘客和司乘人员高度关注广播，许多乘客静立倾听，还不断要求提高播放音量，久久不愿散去。浣花溪公园内的广播吸引了10多万人驻足倾听。余震期间，园内夜间留宿的5万—6万群众几乎通宵收听广播，随时关注最新信息。[①] 成都人民广播电台在地震后的表现证明，在公共危机时刻，广播可

① 刘平.社会抚慰、社会组织与社会动员：广播电台在地震灾害中发挥的特殊功能与启示——以成都人民广播电台为例[J].新闻界，2008(8)：124-126.

在第一时间打开广大公众的信息接收渠道，并可凭借其快捷权威的信息迅速起到稳定人心、引导舆论的作用，同时还能以高度的互动性发挥供需互通、组织救援的作用，是政府应急机制中不可缺少的关键组成部分。

(三)芦山地震:办在灾区的“国家应急广播”

2013年4月20日8点2分，四川芦山发生7.0级强烈地震。地震当天，中央人民广播电台决定在芦山震区试验开播“国家应急广播·芦山抗震救灾应急电台”。国家应急广播·芦山抗震救灾应急电台从4月22日开播到5月23日结束，历时32天。在芦山、宝兴两地通过灾民安置点高音喇叭、调频、中波、短波等广播频率和卫星、网络等方式，第一时间发布政府救灾与安置的政策措施、次生灾害预警，发布志愿者和百姓的救援与求助信息，传播卫生防疫知识并对灾区群众进行心理疏导。这是首次以“国家应急广播”的呼号开办的面向灾区的应急广播电台。

芦山应急广播能够覆盖芦山80%以上的地区，成为政府应急管理的工具、灾区百姓的求助台。县政府每天安排两位政府部门负责人通过应急电台现场发布本系统在抗震救灾过程中需要提示、告知群众的相关事项。共有当地民政局、卫生局、交通运输局等十几个部门的负责人走进帐篷直播间，与百姓互动交流。

5月是芦山的雨季。雅安市气象局和芦山县气象局主动与应急电台联系，每天传来天气预警预报信息。4月23日清晨，芦山开始降雨。地震后降雨会导致山体滑坡、崩塌、泥石流等次生灾害，及时提醒百姓防范是政府的当务之急。上午10时，芦山县国土资源局办公室主任顶着一头的雨水送来《芦山县国土资源局告全县人民书》，他说，这是刚刚打印出来的，他第一家就送到了应急电台，并反复叮嘱尽量多播几遍，让更多的灾区百姓知道。应急电台立即插播此条信息，在中午、下午、晚上，各时段反复播出，在芦山持续一整天的降雨中，持续发出“亲人们，请一定注意避险”的温暖提示。

把电台办到灾区去，专门面向灾区民众传播实用信息，这在国外早已有之，但在中国是首次。芦山应急电台的实践再次证明了突发事件中广播的可靠、经济、有效。区域性、社区性应急广播发展空间广阔。将来，国家应急广播体系将会与国家灾害应急预警信息发布体系紧密衔接，发挥出更积极的作用。[①]

三、预警与救灾并重：日本应急广播参考

“广播说马上会发生大地震，提醒大家做好预防措施，不到30秒，地震真的发生了。”

——亲历了日本3·11大地震的留学生说

(一)新潟地震与“广播救了灾害大国日本”

日本是一个自然灾害频发的国家，全世界震级在里氏6级以上的地震，20%以上发生在日本，火山爆发、台风等灾害性天气也时有发生。长年的多发性灾害提升了日本政府、社会、媒体和民众的抗灾救灾能力，日本广播在防灾救灾中起到了不可估量的重要作用。2005年，日本著名的广播电视专业杂志 *Galic* 在新潟地震一周年和阪神大地震十周年之际，召开了“广播在重大灾害中的作用”研讨会。研讨的主题是“广播救了灾害大国日本”并发表专刊文章。当然，重大灾害的救助主体是政府和社会，但大众传媒在防灾救灾中的积极主动的责任担当以及民众的自救意识亦是重要因素。广播作为一种大众传媒，当然没有能力完全改变灾害

① 邓炘炘在“在最需要的地方发出应急广播的声音——‘芦山应急电台’的实验意义”研讨会上的发言，北京，2013年7月2日。

大国的命运,但是,从广播媒介与政府和民众的互动关系来看,“广播救了灾害大国日本”确有其特定的意义和内涵。

1964年6月的新潟地震达到7.5级,震后2分钟,日本新潟的广播电台利用自备发电机恢复了播音,主持人和记者站在电台房顶边查看灾情边广播:“这里刚刚发生了地震,现在大地正在剧烈摇晃,震源、震级待有消息马上播出。请大家不要惊慌……”当时,半导体收音机已相当普及,许多人把收音机挂在脖子上边收听边救灾。地震发生时新潟学校的孩子们安然无恙,老师们事后说:“我们是通过收听广播来引导学生安全避难的,如果没有广播后果不堪设想。”新潟市的市志上有这样的记载:“当年关于灾害的流言蜚语非常少,这正是广播所起到的作用,广播在这场灾害中所做出的功绩是值得授予特殊奖励的。”①

2004年10月23日,日本新潟县中越地区发生了6.8级强烈地震,死亡21人,2 000人受伤,有28万户家庭断电,6万多居民外出避难。地震发生后,当地的广播收听率急剧上升,平时广播的收听率为4.6%,地震后广播的收听率上升到13.8%。2005年,日本著名的媒介调查公司Video Research在灾区进行了“灾害与媒体”的调查。其中对“最初接触的是哪种媒体”的回答是:广播71.6%,电视15.6%。对“灾害发生一周后,你用哪种媒体来收集与灾害相关信息”的回答是:广播90%,报纸57.8%,电视56.9%。调查结果明确显示:灾害发生时“最值得信赖的媒介是广播”。2005年第2期的*Galic*曾这样描述过:“当地震发生时,当地电台立即向被困在新干线里的乘客进行了广播:‘救援工作正在有序展开,虽然停电导致停车,请您不要惊慌,耐心等待,朋友们加油、加油。’很多被困乘客听到广播后都哭了。说明当灾害发生、人们处于慌乱不安的状态时,广播里的一句话可以成为激励他们的重要力量。”

---

① 曹璐,张彩.重大灾害事件中的日本广播——从“广播救了灾害大国日本”谈起[J].现代传播,2008(2):41-42.

新潟地震后权威调查机构对灾民进行了广播、电视、互联网的传播效果调查。结果如表 5－2 所示：

表 5－2 地震后灾民对广播、电视、互联网的传播效果的看法

	电视	广播	互联网
信息快速	26.5	85.8	1.4
信息内容值得信赖	28.4	78.2	1.9
是身边的信息源	16.6	48.3	0.9
得到鼓励	10.0	26.1	—
放松心情	10.4	21.8	—
有用	27.5	77.7	2.8
非常有用	16.6	67.3	0.5

调查还显示，有 32.7％的人震前从不收听广播，但在震后一周内这个数字减为 9％。

地震发生后灾民最想了解的信息排行如表 5－3 所示：

表 5－3 地震发生后灾民最想了解的信息排行

地震发生后最想知晓的三种信息排行：	一周后最想知晓的三种信息排行：
地震源及规模 亲友的安全 余震可能性及规模	市政设施信息 余震可能性及规模 避难所等与今后生活相关的政府决策

（二）日本广播地震预报——提供拯救生命的黄金时间

日本气象厅使用了一套地震预警系统，该系统通过探测地震最初小范围的振动（地震纵波），预测出地震的震中和强度，并向公众发布警报。此系统能预报的信息包括主震和余震发生的时间以及震级。如果可能发生的地震震级高于 5 级（日本将震级分为 0—7 级），日本气象厅将发布一个地震早期警报（Earthquake Early Warning），警告人们在几秒或 50 秒之后会发生强烈地震。日本广播协会（NHK）开发了一套用于发送气象厅发布的地震警报的系统，该系统已于 2007 年 10 月 1 日投入运行，它可以通过 NHK 的 12 个无线电广播和电视频道向全国发送日本气象厅的警报。[①]

一次地震会发出两种波：引发最初的小范围振动的为纵波（P waves），另一个可能引发强烈振动的为横波（S waves）。纵波的传播速度大约为 7km/s，而横波的传播速度大约是 4km/s，也就是说，这两种地震波会在不同的时间到达后一个地区，这个地区距离震中越远，则两种震波到达的时间差越长。日本气象厅的系统利用这个时差，根据先检测出来的比大地震提前到达的地震纵波，确定出震中和震级，并向公众发出警报。

自 2006 年 8 月以来，日本气象厅就开始向铁路、工厂、医院等重要机构提供地震警报，考虑到公众还不太了解地震预警系统及其是如何工作的，所以最初没有通过广播机构和公共扬声系统向公共区域发布警报。2007 年 6 月 21 日，日本政府中央防灾委员会宣布，从 2007 年 10 月 1 日开始日本气象厅将向公众发布地震警报。NHK 电视台随后向公众播出了一系列有关此警报系统的教学片，而之后发生的一系列地震也在很大程度上提高了公众对地震预警系统的认识。

日本自 2004 年 2 月开始测试地震预警广播系统，到 2006 年 6 月共发布了 855 次预警，其中只有 26 次是假警报，系统在 2007 年 10 月正式投入使用。虽然系统正式使用后暴露出一些局限性，预报信息难以达到非常精准，但地震预警广播系统还是发挥了其应该有的作用。2008 年 6 月 14 日，日本东北地区发生了里氏 7.2 级地震，日本气象厅在地震发生前 10 秒发出了地震预警广播。2011 年 3 月 11 日日本发生了 9 级大地震，“数百万日本人在大地震发生前大约一分钟得知了地震的消息”。虽然地震预报只是提前不到一分钟的时间，但这一分钟却可能成为拯救生

① 房磊，裘冠村.日本、尼泊尔紧急预警广播系统探究[J].广播与电视技术，2008(7)：62-66.

命的黄金时间。所以日本气象厅始终重视“临震警报”。在地震袭来之前，哪怕能提前10秒预警，对于人们实行自我保护都是非常重要的。日本地震预警体系带来的启示是，相比于灾后的救助，灾前预警能够更加有效地减少灾害带来的损失，将广播纳入灾害预警体系，需要从机制、体制层面进行规划与保障。

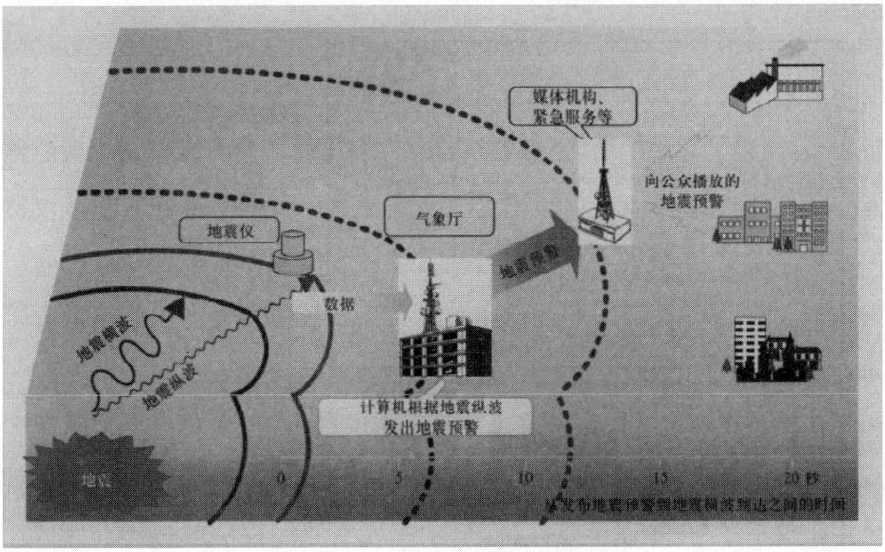

图 5－1　地震预警系统概念图 ①

(三)日本灾害应对机制

日本政府和社会在建构防灾减灾对策与机制方面经历了逐渐完善和调整的过程。1961年日本政府制定并颁布实施了《灾害对策基本法》，规定“国家、地方政府、公共团体及其他公共机关要建立有关防灾救灾的必要体制，并明确其责任所在”。还明确规定：“NHK作为新闻机构是国家唯一指定的公共机构，担负着向全国民众传达国家气象局、政府内阁，各

① 房磊，裘冠村.日本、尼泊尔紧急预警广播系统探究[J].广播与电视技术，2008(7):62-66.

市、县、镇的医疗单位以及电、煤气、水等有关生活信息的责任。”同时，日本的《放送法》(第六条第二项)还规定日本的商业电台在暴风、暴雨、洪水、地震和大规模火灾等灾害发生时，必须进行有效的防灾救灾广播，成为当地政府指定的“地方公共机构”。

20世纪90年代以来，每次重大突发灾害发生时，日本总务省都会特批开设临时救灾调频广播电台，主要有两种：一种是把灾区原有的社区广播发射功率提升到50W来进行救灾报道，灾害发生后广播电台立刻转播救灾特别节目；另一种形式是在市政府内开设临时救灾调频广播电台。此外，在突发灾害发生时，政府官员要充分利用广播便利、快捷、广域的特点，第一时间面向听众及时发布防灾救灾信息。日本山口县的萩市市长有一项“特权”：市长的专用手机开通后能够立即中断该市正在播出的广播节目，此时的专用手机相当于市长向市民发布防灾救灾信息的直播间话筒。

东京政府制定了一系列关于公共安全的政策，提出了若干措施来确保东京市民生活安全与安心，其中一条是“为了让东京居民在灾害发生时能够不慌不乱、井然有序地行动，2006年建立的灾害情报系统进入试行阶段。在现有系统的基础上，一个可以通过手机登录的提供灾害情报的网页系统将开始运作，政府应努力建立一个能够快速提供东京居民所需的防灾救灾情报的体系”。①

阪神地震后，日本人的家中增添了一个特殊物件——防灾急救包，包中除了必备的急救药品、水之外，还有一台一机三用的多功能收音机，这台收音机除了收听广播还具备手电筒功能和手机充电功能。从《灾害对策法》的修订至防灾减灾急救包中的收音机，无不体现了应急广播的机制保证和无处不在的减灾防灾的国民意识。②

①② 曹璐，张彩.重大灾害事件中的日本广播——从“广播救了灾害大国日本”谈起[J].现代传播，2008(2):41-42.

除了日本以外，美国、欧洲等国家高度重视应急广播，投入大量资金，分别建立了覆盖广泛、技术先进、反应快速的应急广播系统。可见，在新兴媒体时代背景下，应急广播是广播媒介功能中最重要的部分，广播也是各种媒体中最适合用于灾区内危机管理的媒介。我国虽然还没有形成全国性的应急广播体系，以及可分级分区发布、统一调度、统一管理的系统，但“国家应急广播体系”建设已经提上“十二五”规划的日程。

四、危机广播:“危机预警”与“危机执政”的有效平台

(一)政府视角:广播是危机管理中的重要部分

中华人民共和国成立初期，出于社会稳定和政权建设的考虑，中共中央和中央人民政府对公共危机事件的传播进行严格限制和管理，强调媒体对灾难新闻报道应持慎重态度，不能渲染灾情。[①] 在当时军事斗争尚未完全结束、经济百废待兴、国内外敌对势力虎视眈眈的政治背景和社会环境下，公共危机事件十分敏感，新闻报道稍有不慎就可能引发社会动荡，我国政府对媒体报道公共危机事件进行严格管控有其特定的历史背景。

1957 年至 1978 年十一届三中全会前，我国国内政治环境的非正常化致使政府对新闻及新闻媒体的控制开始走向极端和片面，在观念上不承认社会主义国家有“危机”，天灾人祸等危机事件成了媒体的“禁区”——要么封锁消息，不予报道；要么只讲抢险救灾的英雄事迹，而非灾祸本身的情况，如损失、责任、处理等，一概回避。[②] 因此出现“灾害不是

① 1950 年 4 月 2 日，中央人民政府新闻总署给各地新闻机关的《关于救灾应即转入成绩与经验方面报道的指示》中明确地提出“各地对救灾工作的报道现应即转入救灾成绩与经验方面，一般不要再着重报道灾情”。因为“这种报道可能造成悲观失望情绪；同时给予帝国主义反动派夸大我国灾情，进行挑拨造谣的借口”。中央人民政府新闻总署给各地新闻机关关于救灾应即转入成绩与经验方面报道的指示[G]//中国社会科学院新闻研究所.中国共产党新闻工作文件汇编：中.北京：新华出版社，1980：62-63.

② 夏鼎铭.“客观主义报道”辨析[J].新闻大学，1988 年夏季号.

新闻，抗灾救灾才是新闻"的报道模式。在这种观念的影响下，危机事件的受害者往往变成无足轻重的数字被一带而过。这样的危机传播方式虽然在一定程度上降低了危机事件对社会稳定的冲击，但却是以背离新闻真实性原则、牺牲公众的知情权为代价的。

从1978年至2003年，危机传播进入有限开放的时期。十一届三中全会以后，一方面由于观念转变，另一方面由于传播技术的进步，我国媒体开始涉足公共危机报道的"禁区"。1979年8月12日《解放日报》刊载的《一辆26路无线电车昨日翻车》和1980年7月22日《人民日报》《工人日报》对"渤海二号"石油钻井船翻沉事件的报道成为我国媒体介入公共危机事件的标志性事件。前者冲破了媒体"报喜不报忧"的戒律，拉开了改革开放以后我国媒体公开进行公共危机报道的序幕；后者则打破了"重大事故不能见报"的禁令，开创了我国新时期舆论监督的先河。[①]

20世纪90年代后，随着民主与法制建设的进步，以及新闻改革的发展，媒体对各类公共危机事件报道的数量和质量也有所提高。孙玉胜在《十年——从改变电视的语态开始》中回顾："除了群体事件、外交事件仍需慎重处置以外，对其他突发事件，近十年来新闻媒介开始有了不同程度的介入，经历了由不发消息到发消息，再到如何发消息，甚至如何早发消息的过程。"媒体对公共危机事件的报道数量增多，透明度和客观性不断提高。

2003年的"非典"危机后，"危机传播"概念进入我国公众的视野，并引起政府、社会各方以及学界重视。2003年8月，中共中央办公厅、国务院办公厅发出《关于进一步改进和加强国内突发事件新闻报道工作的通知》，明确规定要建立和完善信息报告、新闻发布和应急协调机制，实行责任追究制度，并第一次增加了发挥新闻媒体的预警和服务功能、必要时采取非常措施、争取先入为主效果以及高度重视互联网报道等内容。政府和各公共管理部门逐步确立了及时公开信息、主动引导舆论、掌握舆论主

---

① 顾潜.中西方新闻传播：冲突、交融、共存[M].上海：复旦大学出版社，2003：125-127.

动权的突发事件应急处置的思想，另外新闻管理部门也开始重视媒体在公共危机中的预警和服务功能。目前，我国对于自然灾害的报道，从汶川地震后出现新的转折，趋向全面、开放、透明。

2008 年 10 月 16 日中共中央办公厅、国务院办公厅发布的《突发公共事件新闻报道应急办法》中，明确提出要充分发挥广播媒体的特殊作用，将应急广播体系纳入国家应急体系总体规划，把广播媒体作为应急信息发布的重要平台。2012 年发布的《国家基本公共服务体系“十二五”规划》第十章《公共文化服务》指出，“为全民免费提供基本的广播电视服务和突发事件应急广播服务”，其服务对象为“城乡居民”，保障标准是“在突发公共事件发生前后及时获得政令、信息等服务”。中央人民广播电台正在筹建的国家应急广播体系应当成为中国应急信息的“聚集地”和“中转站”，将形成纵向垂直协调，横向互相沟通，中央、地方、公众三方互动的突发公共事件传播系统。需要强调的是，应急广播体系并不是独立的机构，而应是国家应急体系中的有机部分，是政府危机预警与危机管理平台的重要组成部分。

(二)危机广播视角:“站在受灾民众的立场上”

“以人为本”是科学发展观的核心。所谓的“本”就是根本、本位，也就是考虑问题的基础和原则；至于“人”则是哲学上普遍意义的“人”，不是特指某类群体，我们在这里可以将其理解为“人民”“人性”“人格”或“人权”。“以人为本”实际上就是说一切工作把“人”放在第一位，要着眼于“人”，以“人”的生存和发展为根本目的。“人”既是一切工作的出发点，也是一切工作的落脚点。“以人为本”在当前的学术界和管理界似乎已成为一个不言自明的普遍规则，但是要避免它成为空口号就需要全面理解它的含义。危机传播中，大众传播媒介的“以人为本”原则，是对我国政府“以人为本”执政理念的贯彻落实。

在危机报道中提出“以人为本”，要强调这里的“人”到底是哪些人：这里的“人”是指广大人民群众，在危机事件中首先指那些受到危机直接或间接侵害的人。“以人为本”原则要求媒体在危机传播中对当事人的命运给予关注，表达同情并尽可能实施救助和救援；“以人为本”还要求媒体对于受众给予足够的关照。“施拉姆认为可以将重大事件报道分为三个阶段：事实传播、治疗、解释和采用。它们分别与信息流、感情流、影响流对应。”[①]危机传播流程与此类似，值得注意的是，在危机信息传播过程中始终存在着受众的不同需要与反应。所以，大众传播媒介应该时刻把受众的需要、受众的感情、受众的价值取向纳入其对传播策略的制定之中。

NHK 节目制作人阿部博史认为，媒体在灾后最重要的任务是播报受灾地区民众最需要的信息。在 3·11 日本大地震后，灾区民众最需要了解哪些地区需要注意余震的出现，哪些人还没有被转移到安全的地方，哪些地方可能会发生海啸，核电站周围的放射性物质具体数值是多少等。[②] “站在受灾群众的立场上”，应是广播在重大突发事件报道中的传播视角。为了加强重大灾害事件报道的针对性，日本广播总结了广播应对的“灾害报道十条”[③]：(1)自始至终重视灾害信息的准确性；(2)反复告知抗灾救灾机构的电话号码和联络方式；(3)准确报道受灾地区范围、灾情规模以及灾后出行路线；(4)尽一切可能为受灾民众服务；(5)充分体现对受灾民众的人文关怀；(6)充分发挥广播的贴近性、地域性、互动性等优势，使广播真正成为灾区民众的生命线；(7)适当进行信息服务分流，确保防灾救灾信息主渠道畅通；(8)重视培养灾害报道的专业记者；(9)建立灾害报道工作手册制度；(10)要选择适当的报道角度与方式。

BBC 对于报道灾难、重大事故等国内外紧急状态有其特别规定：当涉及人员死亡、受伤或失踪时，应当尽可能确保受害者、遇难者姓名不在

① 张国良.现代大众传播学[M].成都：四川人民出版社，1998：231.

② NHK 这样报道大地震[N].南方周末，2011-03-24.

③ 张彩，曹璐.重大灾害中的日本广播——从“广播救了灾害大国日本”谈起[J].现代传播，2008(2)：41-42.

BBC 的消息源中披露出来。不披露受害者、遇难者姓名可能会引起有关人员的不必要的忧虑，但第一时间通过广播、电视或网络披露受害者、遇难者姓名则更加不妥。BBC 也规定，在涉及灾难和重大事故的报道中，应当尽快缩小对事件的关注范围，例如为了避免引起更多人的恐慌，应说明空难飞机的航线、班机号、出发地和目的地。[①] 可以看出，BBC 的报道规定是从尊重受害者以及保护灾难相关人员的角度出发的。

(三)重庆"5·6"风暴的反思——中国危机预警机制的"短板"

重庆"5·6"风暴灾害反思 拉不响的夺命警报[②]

重庆垫江县气象局副局长韩强的手机里保存着 5 月 5 日的一条短信：

"预计今天晚上到明天白天，我县将有一次雷雨天气过程，雷雨时局部地区伴有短时大风、冰雹等强对流天气。"

这条带有"雷雨、大风、冰雹"关键词的短信在当天下午 3 点半发送到约 700 人的手机上，包括县级部门的相关官员，学校、乡镇干部、村里的信息员等。在韩强的设想中，如果这个为决策服务的信息传输系统起作用的话，这 700 人可以将信息再度传播，覆盖全县 90 万人口，起到预警减灾作用。

不过，这一及时的提醒过于简单、粗糙，不足以引起任何人的警觉。风暴过后的第四天，垫江县应急办主任刘洪君在记者提醒之下，才忆起收到过这条短信，但在手机上已找不到，它跟日常的天气预报一样被删除了。

在重灾区沙坪镇李白村，许多村民对这种提示短信不以为

---

① 陈永庆.解密 BBC：世界传媒王国的成长之路[M].北京：华夏出版社，2009：180.

② 何海宁，袁端端.重庆"5·6"风暴灾害反思 拉不响的夺命警报[N].南方周末，2010-05-12.

然，他们也不明白“大风”的危险含义。在气象术语里，“大风”指风力达8级，陆地表征为“可折断小树枝，人迎风前行感到阻力甚大”。村民们想当然地以为就是“风很大”而已。

灾难狠狠教育了忽视它的人们，5月6日深夜0点48分，沙坪镇瞬间风力达到了11级，已经是台风量级的威力。暴雨夹杂着冰雹，持续了整夜。截至10日，全县20人死亡，1 100余间房屋成为废墟，3万多间房屋受损。

类似案例也发生在日本，针对1991年日本台风19号的调查结果显示，虽然预报了瞬间风速每秒达60米，但是不理解数据所代表的危险程度的居民大有人在。[①] 联合国国际减灾战略（简称ISDR，International Strategy for Disaster Reduction）将预警定义为：由专门的机构提供及时和有效的信息，使处在危险中的个人或组织迅速采取行动以避免或减少风险，并准备有效的应对措施。[②] 预警信息仅仅做到科学还不够，重要的是立足于受众的理解把握程度来制作恰当的内容。灾害预警的定位应从技术层面的讨论拓展至传播学角度。

2010年8月7日，甘肃省甘南藏族自治州舟曲县发生特大山洪泥石流灾害。国家减灾委专家表示，舟曲县发生特大泥石流灾害背后的原因，是目前“地方防灾减灾能力真的很差”，特别表现出我国城镇建设对地震、洪水以外的设防考虑较少，灾就成了大害。[③] 提高减灾防灾能力，首先要加大对高风险地区各种灾害的监控密度，另外就是要做到信息的有效传输，保证将获得的信息传达给老百姓，让高灾害风险地区的老百姓都有防灾意识。对暴雨可能引发的泥石流灾害提前采取有效行动，哪怕提前几

---

① 孙庚.日本灾害信息学研究的历史与现状[J].国际新闻界，2010(1)：111-116.

② 温秋阳.中国应急广播建设思路[J].中国广播，2014(4)：77-80.

③ 国家减灾委专家.地方减灾防灾能力太差[EB/OL].(2010-08-17)[2011-03-15].http://news.163.com/10/0817/00/6E8HADMC0001124J_3.html.

分钟预警，就可能挽救生命和降低损失。

自然灾害对日本国民的生活影响巨大，灾害发生时的避难行为伴随着普通人的生活。日本灾害信息学[①]专家研究发现，避难行为和灾害预警关系密切。在灾害信息学研究初期，有一种看法不在少数，即传播预警信息会给社会带来恐慌。事实上，大量案例证实，除了灾害频发地区，大多数人对灾害预警不以为然，不采取防范、避难措施，结果往往伤亡惨重。从1983年的日本海中部地震、1992年的长崎水灾等案例中发现，低估灾害的破坏程度是普遍现象，特别是在历史上未曾受灾或灾害不多的地区，这样的倾向更加明显。因此，如何让人们正确认识灾害的严重程度，预警和避难过程中的传播内容、传播技巧显得尤为重要。其中，灾害信息内容是问题的核心。预警的功能是向人们告知危险的存在，提示人们应该采取怎样的警戒、避难措施，如果作为防灾主体的民众不能充分把握警报内容和含义，就会严重影响预警的效果。亚广联秘书长贾瓦德·孟塔基认为，在灾害高发地区，媒体（尤其是广播和电视）应该在所谓的“安静期”期间（即灾害发生的间歇期）形成并提升主动播发信息的能力。制片人和编辑应该主动制作信息量大的预警性节目，使受众能参与其中并得到教育。灾前预警、逃生路线、行动计划、生存方法，包括所有社会反应计划，可以被制作成寓教于乐的节目，从而吸引年轻受众，同时年长的成熟消费者也会喜欢。[②]

应对危机是预防与反应两方面的有机互动。受到历史上无数沉痛教训的启发，联合国前秘书长安南曾针对“重应急、轻预防”的非理性状况，于1999年7月提出“人类必须从反应文化转变为预防文化”的命题。据

① 灾害信息学，是指研究有效防灾减灾所必需的信息的内容、传播者、受众、传播方法、信息传播系统的科学。孙庚.日本灾害信息学研究的历史与现状[J].国际新闻界，2010(1)：111-116.

② 孟塔基.拯救生命：为灾害做好准备——亚广联构建弹性社区媒体活动[J].中国广播，2014(10)：22-23.

第三届国际预警大会的资料显示，预警机制的收益约是投入的2到4倍。应急广播的预警信息要突出简单、明了、实用的特点，保证预警信息是及时的、可认知的、有指导性的，才能发挥防灾减灾作用。①

第二节　社区广播：为民服务的超本地媒介

> 乡土风格的社区节目是给无线电广播增添个人化层面的事物之一。无线电广播是大众传媒，不过它还保持着一份与个体听众交谈的能力。②

社区媒体自20世纪后半期以来在世界各地产生与发展，自成风景。社区广播成为在公共广播和商业广播之外的另一种独特的广播形式。国际传媒与传播研究协会（IAMCR，International Association of Media and Communication Research）将社区媒体定义为："源自公民社会领域，于公民社会传播，引起公民社会回响……这是存在于国家和市场之外的媒介传播领域（通常是非政府和非营利的），但同时可能使国家和市场发生互动。"③有学者认为，社区媒体是以社区的名义创办并以服务社区为己任的媒体，一般指地理位置上的社区（共同体），其表现形式可以是报纸，也可以是公共广播电视。④ 可见社区媒体偏重强调自身的公益性质。

大众媒介从新闻的重要性与显著性出发，往往更加关注重大主题，地方化的新闻没有得到应有的重视。从民众日常生活的角度来了解他们的需要，房屋租售、停水停电、警情提示等琐碎信息比宏大主题更加实用和

① 温秋阳.中国应急广播建设思路[J].中国广播，2014(4)：77-80.

② 阿尔巴朗，彼茨.无线电广播事业[M].詹正茂，张莹，张莉，译.北京：清华大学出版社，2007：93-94.

③ 靳雷.社区广播比较研究——以印度达坎电台和澳大利亚阿德莱德电台为例[M]//赵华.2010广播比较研究.北京：中国广播电视出版社，2011.

④ 黄婉怡.媒介融合背景下的美国社区媒体[J].传媒，2015(9)：60-61.

重要。社区媒体具有显著的接近性特征，一方面是物理空间上与受众的贴近，另一方面表现在社区媒体的内容与受众心理和情感上的密切联系。2005年墨尔本国际广播会议强调，广播除了公共服务广播和商业广播之外，还应加上一类——社区广播。社区广播作为社区媒体的一种，体现了广播的多元发展路径，也为社区中的民众提供了贴身、有效、灵便的信息服务渠道。

一、社区广播的功能

社区是一个从西方引进的概念。“社区”是由同质人口组成的关系亲密、彼此交往、互帮互助、富有人情味的社会群体。[①] 随着人们对社区的作用与意义的认识加深，社区发展与建设被越来越多的国家重视。社区发展在缩小贫富差距、改善社区环境、缓解社会矛盾、提高生活质量等方面都有积极意义。20世纪90年代以来，尤其是21世纪之后的十年，我国社区建设在全国各地蓬勃兴起，深深根植于当今中国城市社会的全方位转型。[②] “十二五”规划纲要提出：“以居民需求为导向，整合人口、就业、社保、民政、卫生、文化以及综治、维稳、信访等管理职能和服务资源，加快社区信息化建设，构建社区综合管理和服务平台。”[③]媒介在社区信息化建设过程中扮演着相当重要的角色，基于地方新闻的社区广播对于

① 1951年，联合国针对许多发展中国家出现的贫困、失业、经济发展迟缓等问题，通过了390D号议案，倡议开展“社区发展运动”，试图通过开发各种社区资源，发展社区自助力量，通过建立社区福利中心来推动全球经济社会发展，并为此提供资金技术援助，从而发起了世界范围内的“社区发展”运动。1955年，联合国发表了《通过社区发展促进社会进步》的报告书；1959年，联合国在英国举办了《欧洲社区发展与都市社会福利》研讨会，着眼于通过社区发展来促进社会进步。谢芳.美国社区[M].北京：中国社会出版社，2008：5-6.

② 1986年，民政部首先倡导在城市基层开展以民政对象为服务主体的社区服务。1991年，国务院赋予民政部主管社区建设的职能，社区建设作为政府的一项重要工作被提上日程。2000年11月，中共中央办公厅、国务院办公厅〔2000〕23号文件转发了《民政部关于在全国推进城市社区建设的意见》，这些纲领性意见的出台，标志着我国社区建设进入了新的发展阶段。

③ 我国国民经济和社会发展十二五规划纲要(全文)[N].人民日报，2011-02-17.

社区建设有以下几个方面的作用：

第一，传播社区建设理念，构建社区文化。公民的公共参与有助于社区成长，社区广播可以帮助传递这种价值观念。社区广播的功能不仅在于单纯的信息告知，还有助于社区理念的培养和社会文化的培育。社区广播鼓励同一社区内所有居民的积极参与。

第二，扩大活动参与。社区广播可以鼓励社区成员参与社区活动。有的社区电台联络了同一种族的人们（如泰国清迈的山区部落电台），或联系同一行业的人员（如玻利维亚的矿工电台），或联络有同一兴趣爱好的人群（如形形色色的音乐台）。这类电台的目的是鼓励社区对话和信息交流，满足各类人群的个性需求，从而促进人们更有效地参与社区活动。

第三，促进人际沟通。世界各国的社区广播各具特色，但也有相通之处，即社区广播的主要任务是“增进社区内部之间的相互了解”“提供新的平台，以促进社区不同人群的对话”“给社区内较少有机会在媒体上表达意见的少数民族以表达言论的渠道”。①

社区广播既关注社区公共事务，又与民众的日常生活结合起来，提供参与感和人际互动。社区广播深度嵌入人们的日常生活，把地方化的传播实践与促进社区生活、提升社会参与意识连接起来，在制度与生活的互相建构中获得动态发展。

二、国际社区广播参考：本地传播的基础细胞

（一）日本社区广播：便利与有效防灾的媒介

日本第一家社区广播电台诞生在1992年。大量社区广播开播是在1995年阪神大地震之后。当阪神地震发生时，位于神户市的两家主要面向当地外国人广播的社区电台迅速改变播出方针，展开了跨越国籍的救

① 张彩.多维视角看中日社区广播的发展[M]//中国传媒大学党报党刊研究中心.人民共和国党报论坛（2009年卷）.北京：中国传媒大学出版社，2010.

助。两家社区电台播出的救援物资情况、避难场所位置、医疗设施等信息，得到了当地灾民的极高评价。社区广播在灾害发生时起到的巨大作用引起了强烈反响，日本各地方自治体纷纷开办社区广播。截至2008年，日本共有200家左右的社区广播电台。

日本社区广播的三大特征是：密切联系地域、社区居民积极参与、及时提供防灾对策。所涉及的信息类型依次为：天气、交通信息，当地自治体的通知，当地活动、生活信息，当地新闻，音乐信息，休闲信息，购物信息，体育信息，全国新闻，时尚信息等。日本社区广播选择信息的标准是本地居民关心、本地居民需要。信息来源多元，包括报纸、地方自治体的通知、居民、杂志、E-mail、电台工作人员、气象协会、电视、其他电台、节目制作公司、互联网、音像店、政府各机关、道路交通信息中心、学校等。

日本社区广播的覆盖范围被限定在半径10公里之内，规模很小。平均每个台的正式工作人员只有五六人。绝大多数的社区广播的节目制作、技术、主持人等都要依靠志愿者。这样不仅解决了电台人员不足的问题，而且还形成了积极有效的协作体制。社区广播主持人大多由当地居民担当，有的主持人话说时还掺杂着当地方言，从而缩小了与听众的距离。

（二）英国社区广播：强调民族、文化多样性

英国主要有三类无线电广播电台：一类是以BBC为典型代表的“公共电台”；一类是以Classic FM、Absolute Radio为代表的290多家“商业电台”（Commercial Radio）；一类是200多家的“社区电台”（Community Radio）。

英国社区广播经历了非法“海盗”电台、BBC地方电台、真正的社区广播电台三个阶段。近年来，英国社区广播的发展非常快，它作为“地域润滑剂”，通过传播地域性强的信息，在提高地域凝聚力方面作出了积极贡献。

英国社区电台为非营利性质，所有权归社区所有，多数电台由社区志愿者管理和运营。根据英国通信办公室 2008 年 2 月颁布的有关社区广播的现行规定，大部分社区电台使用 FM 电波，服务区域半径限制在 5 公里之内。目前拥有营业执照的 206 家社区电台中，有 171 家已经广播，34 家目前尚未广播。[①] 171 家电台的类型分布如下：

表 5-4　英国 171 家社区广播电台类型数量及所占比例

类型	数量(家)	占总数比例(%)
综合	98	57.3%
少数族裔	28	16.4%
青少年	16	9.3%
宗教	10	5.8%
军队社区/军营	9	5.3%
文艺	3	1.7%
音乐	2	1.2%
老年	2	1.2%
健康	2	1.2%
教育	1	0.6%

从空间分布上看，每个城市大约有 1—3 家社区电台，一般为 1 家综合电台、1—2 家分众电台，覆盖城市中心及其周边乡村地区。军队社区/军营的社区电台，一个地区只有 1 家，专门向士兵及其家属和后勤保障人员提供和军队有关的新闻、音乐及服务性信息。

英国境内的移民越来越多。据 2010 年英国官方数据显示，20 世纪 90 年代，每年来英的移民数量为 5 万人，而现在每年来英的移民总数则为 20 万人。少数族裔的受众往往是主流媒体服务的盲区。虽然 BBC 有

① 张彩，欧阳春雪.英国社区广播："社区造就的广播"[M]//新闻传播学前沿 2009－2010.北京：中国传媒大学出版社，2011.

针对英国的少数族裔提供“多种文化节目”的责任，但是由于BBC预算有限，常常是通过单一的节目为少数族裔服务。英国的社区广播承担了为少数族裔服务的责任。詹姆斯·库兰在《大众传媒与社会》中阐释了英国移民社会里媒介的作用：“移民社区的媒介，常常是移民们和祖国之间重要的纽带。作为一种沟通祖国和异乡客的渠道，这些媒介常常被那些对祖国的政治还保有积极兴趣的人当作动员某种政治上的支持行为或者反对行为的一种手段。它们也被用来发展当地的一种共识，也可以作为本地社区对更宽泛的东道国社区有所要求的一种表达手段。英国的黑人最初都是来自非洲和加勒比海的移民的后裔，这一重要的特征反映在英国涌现出来的目标受众媒介在数量和多样性的差异上。”

英国社区电台在各自的办台理念中均强调对民族和文化多样性的重视。在节目的编排过程中具体表现在三个方面。第一，注意平衡英语与少数族裔的语言；第二，音乐选曲力求多样化；第三，在语言类节目的辩论/讨论、即时街头采访（vox pops）、戏剧、书籍阅读中加入少数族裔参与者和相关话题。

为了在与地方广播市场其他电台的竞争中保证听众的数量和稳定性，各社区电台在节目理念中强调了“会员专属”（membership exclusive）和与其他电台不同的“独特服务”（unique service）。例如曼彻斯特的一家社区电台在运营承诺中专门强调了“密切地域”（ultra local）的理念，即对社区内和社区外与本社区相关的内容和话题进行全面、细致、深入的跟踪和挖掘，向社区成员提供全方位的、一般综合性新闻台无法提供或者无暇关注的信息服务。

虽然我国的广播运行体制与英国、日本等国有较大差异，但他国的社区广播经验也有值得借鉴之处。英国和日本的社区广播具有一些共同的特征：不以营利为目的，开办的目的在于为本地居民服务，具有公益性质；内容密切联系本地居民，激发本地居民参与节目制作、主持与提供内容的积极性。在差异上，日本社区广播更加强调应对灾害的作用，而英国社区广播更注重民族和文化多样性的服务。我国在发展社区广播的过程中，既可借鉴国际社区广播成功的理念与成熟的运行方法，也要探索适合我国国情的社区广播发展路径。

三、中国社区广播定位：为民服务的超本地媒介

（一）我国社区广播的现状

目前，我国有两类社区广播。

一类是以社区为内容的专业频率，例如大连社区广播。开播于2006年的大连社区广播（FM95.6）是我国第一家较为成熟的社区广播电台，为大连531个社区的居民服务。频率立足于关注社区老百姓的衣食住行，倡导社会和谐。2010年，大连社区广播调整为大连新城乡广播，频率内容也做出了相应调整。这种社区广播还是以社区为内容的广播专业频率，仍然是一个地方专业台的架构。

另一类是社区自办广播。

> 北京市劲松五区和六区两个居民院里，近十年来都有一项特殊的服务，凡遇和居民生活息息相关的紧急情况，社区都会利用广播在第一时间通知大家。2008年9月3日，这个微型广播站将在整个劲松街道推广，本周内将有超过100个小喇叭挂进劲松各小区。
>
> 劲松中社区管辖的两个小区内总共有二十多个喇叭，一间小屋，一个小话筒，一男一女两名社区工作人员兼职做广播员。凡是有通知、重要消息需要通过广播告诉居民的，就拟一个简短的小稿播出去。设备虽然简单，规模甚至连个广播站都算不上，可是作用都发挥在了“肯节儿”上。停水停电的紧急通知、谁家

的汽车挡了急着要施工的地下井、园林局给树喷药、谁家的被子还晾在外头，广播里一通知，马上就起作用，减少了居民不少的生活困扰。

——《北京青年报》，2008.9.3

据笔者了解，近年来开办的社区广播越来越多，除了以上提到的北京市朝阳区劲松社区，见诸媒体的还有杭州市南肖埠社区、自贡市自流井区郭街、嘉兴市城南街道长新社区、鸡西市鸡冠区富强社区、铜川市金锁关镇窑洞社区、深圳市平湖街道禾花社区等。这些社区广播有以下几个共同的特点：

一是社区广播的内容大多包括新闻、社区热点、政策宣传、服务信息、亲情播放等。社区广播的"超本地化"和灵巧便捷，赋予了它有用有效的传播效果。北京麦子店街道枣营南里社区广播的理念是"播出我们身边的事"。他们把播出内容分为 10 个版块：时事政治、我与奥运同行、社区风采、安全通报、青少年园地、便民信息、老年天地、文体动态、知识之窗和亲情点播。某天社区广播播出一条信息："因自来水集团要在小区附近进行管线施工检修，自 8 月 23 日 22 时至 8 月 24 日 6 时暂时停止供水，请居民朋友在停水前储水，以免给生活带来不便。"在小区遛弯儿的徐大妈听见社区广播播出的这则通知后，赶紧回家准备接水。社区广播因其有用、有效逐渐融入了社区居民的生活。

二是因地制宜，根据不同小区的特点设计内容。一些老社区以老年居民为主，考虑到老年人的生活习惯(在家时间长，中午有午休的习惯，比较容易感到被打扰)，社区广播侧重播报政策信息和生活服务信息；而一些新的社区住户较为年轻，白天都在外面上班，比较容易接受"背景音乐"。杭州一家社区广播播放舒缓的轻音乐，双休日上午、下午各播三个小时，工作日只在上下班时间播，同时控制好音量，"路上听得见，进了楼就听不见”的标准普遍被居民接受。

三是从居民角度考虑，广播要既有用、有效又不扰民。杭州一家社区的社区广播有音乐广播和紧急广播两套系统，音乐系统是专门用来放音乐的，只能在楼房之外听到；在每个楼道里另外安装一套广播系统，专门用来播放紧急通知。楼道的广播平时几乎不启用，但一旦播出，居民隔着房门在房间里也能听到。这些通知往往都属于紧急通知或特别提醒等有用的信息，居民也不会有被打扰的感觉。

（二）发展社区广播的思路

人们对资讯内容的需求在微观上已达到社区层面。印度政府在2006年发布了《社区广播准则》，准则规定，社区广播节目必须与社区的教育、发展和社会文化相关。社区广播电台被要求制作至少50%的地方性节目，尽可能地用当地语言或方言。虽然没有严格禁止娱乐节目，但准则要求，社区广播的重点节目应是发展性节目。按照规定，社区广播严禁办新闻节目，但特定门类的新闻，包括体育和评论、交通信息、天气预报、文化事件、学术活动信息、公共信息提示，例如用电、供水、灾难预警、健康预警等是可以在社区广播中播出的。① 社区新闻往往是主流媒体的盲区，社区广播可填补这一盲区，为社区居民提供更贴近生活、更生动的信息内容。社区广播具有丰富的内容资源，如房屋、医疗、市场、法律、学校、教育、体育、文艺等，这些都是与社区居民息息相关的信息；另外，社区广播对国家新闻和世界新闻的解读具有独一无二的本地视角，它会从本社区受众的需要来选择和解读，成为社区民众的“电子秘书”。

社区居民和志愿者参与多个传播环节。吸纳受众参与社区广播的创意、策划、选材、播报、反馈等环节，开发受众群体智慧，将社区广播纳入社区生活公共话语平台。新兴媒体时代传者与受众的身份更为接近，受众

① 靳雷.社区广播比较研究——以印度达坎电台和澳大利亚阿德莱德电台为例[M]//赵华.2010广播比较研究.北京：中国广播电视出版社，2011.

的主体作用更为突出。印度社区广播达坎电台的创办者认为，社区广播在农村地区是一个“强大和真实”的媒体，他们发动社区群众自己准备节目在电台播出，调动社区群众关注、收听、参与社区广播的积极性，让社区群众感到他们的生活就在广播里，他们的问题、行为被关注、讨论与解决。

从危机传播视角看，社区广播是应急广播体系的神经末梢。社区里的“大喇叭”在重大突发事件发生时，可以成为“平安广播”。5月12日是国家“防灾减灾日”。2010年的“防灾减灾日”主题是“减灾从社区做起”。社区作为社会的基本构成单元，是广大人民群众工作、生活的重要场所，是防灾减灾的前沿阵地。社区不仅在第一时间直接面对灾害，也要第一时间应急处置灾害。提高社区综合减灾能力和开展自救互救的水平，对于减少人员伤亡、减轻灾害损失意义重大。社区广播在社区防灾减灾中的作用主要体现在预警防灾信息的发布等方面。在灾害预警体系建设中，开设社区广播、农村“大喇叭”是解决预警信息“最后一公里”覆盖问题的有效途径。

嵩县在各村设“平安大喇叭”向群众发防汛预警①

7月以来，嵩县接连遭受暴雨袭击，特别是7月23日至24日的强降雨使嵩县遭遇百年不遇洪水。但大灾之中全县没有出现人员死亡，得益于该县的防汛预警机制。

今年，该县组织16个乡镇开展防汛应急演练并建立了5分钟预警系统，县气象局全天候雷达监测雨情，强降雨预报信息5分钟内即可通过县防汛指挥部平台传给各个防汛岗位工作人员，做到家喻户晓。全县各个重点防汛工程全部由县领导、乡领导、委局领导、村干部、驻矿员分包负责，在各行政村设立“平安

① 河南日报，2010-08-03.

大喇叭”，向群众发出预警。

县财政对每个配备“平安大喇叭”的村补助500元，拨付专款为气象局配备发电设施，为防汛办配备卫星电话2部，为县交通部门配备20台运输车辆，为县水利部门配备4艘冲锋舟，全县16个乡镇都成立了100人以上的机动抢险队，集结民兵11 900人成立防汛突击队，保证随时拉得出、用得上。

嵩县预警机制在今年的大灾面前取得了明显的效果。7月23日至24日的洪水中，全县所有防汛工作人员迅速到岗，各行政村立即通过“平安大喇叭”向群众发出预警，全县累计转移群众2 182户，共7 908人，疏散游客5 000余人，没有一起伤亡事件。

2010年5月以来，中国大部分地区都遭受了严重洪涝灾害。国家减灾委、民政部的统计显示，截至2010年8月6日，当年的洪涝灾害已造成全国2亿人(次)受灾，1 454人死亡，669人失踪，1 214.8万人(次)紧急转移安置。在雅安市名山区，192个行政村通过“村村通”广播覆盖工程在2012年底通上了广播。在2013年发生的芦山地震中，村里的广播成为各乡镇、村社区的重要应急工具。4月20日，地震发生后不到20分钟，官田村三组村民在广播里听到了村支部书记张学军的“呐喊”：“各位父老乡亲，地震造成了通讯中断，接下来会有余震，请大家不要在屋里待着，全部撤离到空旷的安全地带。”[①]河南嵩县和雅安市利用“平安大喇叭”进行预警的案例值得思考。

从20世纪80年代中期开始，广播的全国人口综合覆盖率就落后于电视，广播在与电视的竞争中渐渐处于下风。广播业整体处于下滑衰落的状态。有线广播网在20世纪70年代末达到发展和覆盖的顶点，而后

① “村村响”覆盖 雅安名山区小广播发挥大作用[N].四川日报网，2013-05-16.

从80年代中期开始逐渐衰退。这其中有体制、经济、技术和行业等多方面的原因。为了改善广播电视对全国，特别是广大农村和边远穷困地区的传播覆盖，1998年，国家启动了“村村通广播电视”工程，迄今已经取得了重要的进展。[①] 2009年，我国各地区广播事业持续发展，特别是地理位置较偏远、经济较落后的地区也开始大力推进广播基础设施建设。《全国“十二五”广播电视村村通工程建设规划》指出，到2015年底，基本完成广播电视村村通工程建设任务，基本实现广播电视“户户通”。“村村通”工程不仅解决了广播电视收听、收视的问题，也将应急信息通路延伸至一个个社区和村落。

第三节　广播媒介与信息公平

新兴媒体时代的受众，除了那些能够获得并熟练使用新兴媒介的受众群体，他们拥有选择媒介的经济能力与使用自主权，还应包括国情背景下大量的“信息贫困”人群。虽然我国新兴媒介的使用普及率快速提高，并会持续以较快速度发展，但不能忽视的是在处于社会转型期的中国，社会阶层分化逐渐产生，以及因区域、职业、性别、年龄等因素造成的社会差距，使得仍有数量巨大的受众难以自由享受信息化社会的便利。从这个层面来说，广播媒介的大众传播模式没有过时，并且还会在相当一段时期内发挥作用。传统广播作为凝聚、动员和整合社会或社区资源的媒介，具有协调不同社会群体、达成社会共识等重要的社会沟通功能。

一、公平配置信息资源是广播的媒介责任

信息公平论是指20世纪70年代末提出来的试图改变全球信息传播不平衡、不公平状态的传播改革理论。在信息资源已经成为国家经济实

---

① 邓炘炘.动力与困窘：中国广播体制改革研究[M].北京：中国经济出版社，2006：167.

力和国际竞争力核心战略资源的大背景下，通过为发展中国家及有特殊需要的地区、群体和个人提供物质手段和信息产品来保护与促进其公平获取、使用信息的权利，以缩小“数字鸿沟”，建成包括所有人在内的真正意义上的信息公平和信息均衡的和谐社会已成当务之急。

从人类社会的发展来看，工业社会造成了人们在物质财富占有上的差距，产生了财富分配上的不公平；随着通讯、计算机的发展，社会信息化在全球范围内的快速推进，人们在信息的分配和占有等方面的巨大差距，已经成为一种新的社会不公平，即信息不公平。所谓信息不公平，是指信息领域中体现的社会不公平现象，具体指由于信息资源在不同主体之间配置或分配不均衡甚至不公道所产生的差距拉大以及由此并生的信息霸权、信息垄断、信息歧视等不公平现象。[①] 实际上，信息不公平是指一个社会信息资源的分布和信息财富的分配不具有公平特性，各不同信息主体在获得和利用信息方面不平等。随着信息技术的发展，这种不公平现象越发严重。

施拉姆在《大众传播媒介与社会发展》中指出：信息不仅在国家间流动失衡，在国家内的流动也很不平衡，信息水平总是随着与城市距离的增加而迅速下降，大城市比农村地区更容易得到信息，这种差距在不发达国家非常明显。由于我国经济社会发展的不均衡，东西部之间、城乡之间、行业之间和不同人群之间存在着较大的信息差距和信息失衡，信息不公和信息失衡造成的分化可能演化成严重的社会问题，例如社会不满情绪上升、不稳定因素增多，不利于和谐社会的建设和经济社会的持续发展。[②] 目前，信息公平论已成为与公平社会、和谐社会建设相关的一个论题。

从社会责任的角度来讲，大众媒介应作为公众的讲坛，而不是少数人

---

① 蒋永福，刘鑫.论信息公平[J].图书与情报，2005(6)：2-5.

② 邵培仁.信息公平论：追求建立世界信息传播新秩序[J].浙江传媒学院学报（哲学社会科学版），2008(2)：25-29.

的传声筒。由于我国文化产业具有文化与经济两种属性，媒体需要兼顾社会效益与经济效益。而广播媒体的收入主要依靠广告收入，广播要想获得最丰厚的广告收入回报，它所锁定的目标收听人群就必须是广告商所要推介产品的最大规模的目标消费群体，它所提供的信息产品就必须是这些目标听众最想听和最爱听的。消费实力和消费决策力越强的听众群体，越容易受广告商青睐，而相比之下，弱势群体虽然在人口学意义上具有一定的规模，但消费水平偏低，购买能力较弱，无法构成广告商所追求的消费市场。因此，媒体在决定其频率资源和节目资源分配时，往往就会把目光投向社会强势群体，过分追求“购买力强”的少数人，而或多或少地忽略了对人民大众的信息服务。

弱势群体是指由于自然、经济、社会和文化方面的低下状态而难以像普通人那样去化解社会问题造成的压力，导致自身陷入困境、处于不利社会地位的人群或阶层。弱势群体有三个基本特征：第一，弱势群体的形成受各种因素的影响，既可能是客观的或自然的因素，如社会的制度安排、生理特征上的健康状况低下、先天或后天残疾等，也有可能是主观的或人为的因素，如对女性的性别歧视、对城市农民工的社会歧视。第二，贫困是弱势群体在经济利益上所面临的共同困境。“弱势群体”这个概念虽然不能完全与“贫困人口”这个概念画等号，但至少是高度重叠的。第三，在社会和政治层面，他们也往往处于弱势的地位。这主要表现在他们表达和追求自己利益的能力较低。他们掌握的资源很少，尽管可能人数众多，但他们的声音很微弱，他们对利益的诉求很难在社会中发表出来。[①] 因此，弱势群体往往也是“信息贫困”[②]人群，是在信息资源获取与利用方面处于弱势的人群。

在我国国情背景下，由于受接触媒介所需要的文化程度、经济成本、

---

① 冯书泉.构建和谐社会必须关注弱势群体[J].人民论坛，2005(2)：41-43.

② “信息贫困”既包括信息能力贫困，也包括信息权利贫困。

技术手段等软硬件条件的限制，相对于报纸、电视、网络等媒介形态，广播是比较贴近普通大众尤其是弱势人群的媒介。广播的经济成本低廉，适合在边远贫困地区普及，对受众的文化水平要求不高，任何文化程度的听众都可以使用，可以将广播形象地比喻为一种“好吃不贵”的媒介。

二、为“信息贫困”人群提供公平、有效的信息服务

广播针对“信息贫困”人群提供有针对性的服务，“让所有人都能有节目可听”。广播媒体在服务公共利益方面应涵盖多元化(diversity)、普遍服务(service-to-all)、信息品质(information quality)三大要素。[①] 虽然我们离这一目标尚有距离，阻碍广播履行公共服务功能的因素也很复杂，但不能因此停止前进的脚步。在频率专业化、类型化发展过程中，如何在国家政策支持下，保障“信息贫困”人群的社会权益与信息需要，是新的媒介格局中传统广播未完成的课题。

(一)对农广播:为农民服务的“及时雨”

广播的传播特性决定了其在公共服务信息领域拥有更多的传播优势，尤其是在信息技术不发达的农村地区等。我国的13.7亿人口中，有6.7亿在农村，占总人口的一半。[②] 中国最大的消费市场在农村，最大的消费群体是农民。2009年1月至5月，农村消费增幅八年来首次超过城市。这不仅对“三农”来说是好事，也为对农广播发展提供了经济环境。

我国广播发展从市场回报的角度考虑，明显存在重城轻乡的倾向。近年来，党和政府对“三农”问题给予了高度重视。[③] 国家广电总局把

---

① 张春华.传媒体制、媒体社会责任与公共利益——基于美国广播电视体制变迁的反思[J].国际新闻界，2011(3):58-64.

② 中华人民共和国统计局网站，http://www.stats.gov.cn/ztjc/zdtjgz/zgrkpc/dlcrkpc/.

③ 2005年，中共十六届五中全会提出建设社会主义新农村。同年11月，中共中央办公厅、国务院办公厅下发《关于进一步加强农村文化建设的意见》，为进一步加强农村广播影视事业建设确定目标。2007年，中共十七大提出建设覆盖全社会的公共文化服务体系。2008年，中共十七届三中全会进一步提出关于推动农村改革发展的战略部署。

2005年确定为“对农服务年”，提出将“村村通”作为广播电视为“三农”服务的重点。“村村通”应成为社区广播的“农村版”，成为深入宣传“三农”政策、普及科学种田方法与法律知识、服务农业与农民生活的“电子秘书”，成为在突发事件中防灾减灾的“生命线”。[①] 2003年，我国第一家省级对农广播频率——陕西农村广播开播。2007年，陕西农村广播创收2 500万，得到社会效益与经济效益的双丰收。2013年陕西农村广播开播十周年，听众规模总量达到2 000万人。忠实听众达到1 000万，听众总体满意度和听众平均收听时长均排在全省广播媒体前列。在拥有广泛听众的同时，陕西农村广播进一步发挥气象灾害预警作用。陕西省气象局与广播电影电视局合作建立气象灾害预警信息发布协作联动机制，致力于提升基层灾害预警能力。山东、吉林、辽宁、黑龙江、甘肃、江西、河南、湖北、河北等农业大省也都先后开办了专业农业频率。农村很大程度上处于被媒体边缘化的地位，对农广播以农民为目标受众，很大程度上突出了对农服务的主体性，成为农民的话语平台，改变了农民在媒体中的“失语”状态。

2006年，天津11个区县共同打造了区县联盟广播频率，办“让农民觉得好听、实用、看得见”的广播，搭建起农村走向城市的桥梁、城市了解农村的窗口。区县联盟广播以农民、区县镇的居民和外来务工人员作为目标受众，把原来各区县的“散兵游勇”组合成了一支富有活力的“正规军”，每天18个小时以“三农”为主要内容的节目，除2个小时由区县电台制作外，其他全部由区县联盟广播制作。天津区县联盟广播创收已过千万。天津区县广播联盟通过互相交流和资源共享，降低了运作成本，联盟成员之间互通互联，形成合力。中国广播电视协会副会长张振华认为：对农广播要做好顶天立地的节目，走联合之路是必然的。如果形成一种良

---

① 曹璐.广播新闻理念与实务创新研究[M].北京：中国广播电视出版社，2007：67.

好的机制，对农广播会上一个台阶。[①]

随着新兴媒体渗入农村市场，绝大多数农民和农民工拥有了手机。通过手机收听广播更为贴身、便捷，更易发挥广播伴随工作状态的功能。接收渠道的多样化成为对农广播内容服务的“短板”。与近7亿农村广播受众相比，对农广播资源仍然非常有限。这种频率分配的不均衡是城乡二元结构在广播业中的体现。对农广播在新闻信息服务、突发事件应急、自然灾害避险、社会心理引导等方面还有很大的拓展空间，对农广播需要成为广播体制建设中的战略性保证。

（二）将广播融入老年人生活

老龄化作为人口年龄结构的变化，为可持续的社会经济运行带来新的挑战。2014年，中国60岁以上的老年人口已经超过2亿，占全国总人口的15.9%，这一比例明显高于10%的联合国传统老龄社会标准。[②]1999年，我国60岁以上人口占比10.41%，2011年的比重是13.7%，可见老龄化加速明显。在我国，2亿多的老年人不仅是一个庞大的物质消费群体，也是一个很大的文化消费群体。老年人不仅需要物质上的赡养，更需要的是精神生活上的赡养；不仅需要活得有尊严，也需要精神文化生活的充实与丰富。

据CSM媒介研究在2013年的调查显示，广播媒体受众老龄化的倾向仍然突出，2013年全国广播市场人均每日收听广播时长为77分钟，55—64岁的中老年人的每日收听时间在114.5分钟，65岁以上老年人的每日收听时间是118.9分钟，明显高于青少年听众。而且中老年听众的收听时间并没有随着不同季节的调查而出现大幅度的变化，收听广播在

① 孙铭欣.中国对农广播联盟：逆势之下 应运而生[EB/OL].(2009-04-17)[2015-04-06].http://media.people.com.cn/GB/22114/144546/152595/9151181.html.

② 中国经济的人口图谱 社会人口老龄化加速[EB/OL].(2015-01-21)[2015-04-06].http://news.xinhuanet.com/fortune/2015-01/21/c_127405445.htm.

中老年人群的全天生活中占据一定的时间。

广播成为中老年人日常娱乐消闲的重要工具，究其原因，主要有以下几个方面：中老年人相对有较为充裕的闲暇时间；中老年群体大多经历了广播的繁荣期，有收听广播的习惯，对广播有一定的感情；中老年人视力有一定程度的退化，广播作为声音媒介是一种合适的伴随媒介。

2005年7月1日，以“服务民众健康，关爱老年身心”为宗旨的江西民生广播（原江西健康老年广播）正式开播，这是我国第一个专为中老年人开办的频率。此前，长春少儿与老年生活广播和黑龙江97频道已经开播，但严格来说不是专业化的老年广播频率。2009年1月1日，中央人民广播电台第十套节目——老年之声正式开播，是专门针对老年人开设的频率，立足于全方位打造老年人的精神文化家园。中央人民广播电台老年之声的开播，标志着我国的老年广播进入一个新的发展阶段。但是整体来看，中国老年广播仍显“势单力薄”，突出表现为专业频率与节目数量不足，内容大多集中在健康、保健上，难以满足老年听众日益多元的收听需求。

老年广播应以“积极老龄化”作为节目制作理念。积极老龄化是以承认老年人的人权和联合国关于独立、参与、尊严、照料和自我实现的原则为基础的。积极老龄化是在健康老龄化基础上提出的新观念，倡导老年群体和老年人自身在整个生命周期中，不仅保持身心健康状态，而且要积极地面对老年生活，作为家庭和社会的重要资源，继续为社会做出有益的贡献。[①] 从20世纪90年代开始，我国经济加速发展，人民基本上摆脱贫困达到温饱水平，相当一部分达到小康水平。老年人已经有能力超越生活的基本需求，追求健康、生活质量、生命质量。而我国目前的老年广播频率与节目多从“健康老龄化”的理念出发，对健康、保健的话题涉及较多，与“积极老龄化”理念尚有一定差距。老年广播以“积极老龄化”的理

---

① 张彩.老龄化社会与老年广播[M].北京：中国传媒大学出版社，2007：170-171.

念经营老年节目，不仅是对老年人身体健康的关心，更是对老年人生命状态的呵护。

除了对农广播、老年广播，残疾人也应该成为广播服务不可忽视的人群。2006 年，“1+1 视障人声音工作室”在北京成立。这个工作室拥有一个由 7 名视障人士和 1 名肢残人士组成的制作团队，最初他们出于兴趣制作声音产品放到网络上，现在他们制作的关于残疾人生活与精神的广播节目已在全国 20 多家电台播出。“1+1 视障人声音工作室”认为：在广播的世界里任何人都属于“盲人”，而盲人对于声音的敏感性更胜于健全人。① 工作室是残疾人展示自我、服务自身的积极尝试，而作为大众媒介的广播对残疾人的关注却非常有限。社会弱势群体是否得到关注和关爱是评价一个社会是否文明的标尺。为弱势群体提供媒介接近权和话语表达权，使他们享受知情权、参与权等公民权利是广播媒介的应尽的义务。

三、热线理政：社会对话的组织者

广播谈话节目形式从无到有，从封闭走向开放，蕴含着一个生存空间不断扩大的过程，同时也是“人”的生存空间与“话语”空间不断增长的过程。哈贝马斯是这样定义公共话语空间的：“公共话语空间”是指在政治权利之外，作为民主政治基本条件的公民自由表达以及沟通意见、达成共识的社会生活领域。“公共领域”是同“私人领域”相区别的，在现代社会以前，私人领域和公共领域是泾渭分明的，后者主要用于讨论公共事物。② 谈话节目常被看作社会缩影的公众论坛。

在广播谈话节目之前，平民没有畅谈自身故事或观点的即时渠道，也

---

① 北京 1+1 视障人声音工作室 他们用耳朵报道奥运[EB/OL].(2007-10-15)[2015-04-08].http://www.china.com.cn/sport/zhuanti/2008ay/2007—10/15/content_9052063.htm.

② HABERMAS, JURGEN.The public sphere:an encyclopedia article (1964)[J].New German critique,1984(3):49-55.

没有固定的渠道——除了写信给报纸编辑。在广播谈话节目中，普通民众是节目的一部分。《华盛顿邮报》的媒体作家霍华德·库尔茨（Howard Kurtz）认为，谈话性广播节目促成博客现象提早发生，而且博客在很多方面都有谈话性广播节目的痕迹。这两种媒体让“被主流媒体排拒在外的人群”能够彼此交流。[①]

民生热线节目可谓广播谈话节目成功创新的典范。随着1997年河北人民广播电台的《阳光热线》开播，民生热线类节目如雨后春笋般在全国各地出现，如陕西人民广播电台的《秦风热线》、山东人民广播电台的《关注质量》、广东人民广播电台的《民声热线》，收听率都不错，其中珠江经济台的《民声热线》为广州地区2008年收听率最高的节目。以浙江人民广播电台《阳光行动》为例，它由浙江省政府纠风办与浙江人民广播电台合办，节目围绕发生在老百姓身边的困难和问题，一段时间选择一个群众关注的热点话题，主持人请相关部门负责人进入直播间，现场接听热线电话，回答和处理群众的投诉。节目先后选择了群众困难生活问题、民工追薪问题、关注春运及食品安全问题、群众看病难看病贵问题、减轻企业负担问题、药价虚高问题、农村土地问题、经济适用房问题等话题，多位省级职能部门领导走进电台直播室，直接与群众沟通交流。节目为普通百姓提供了一个表达意见与解决问题的渠道。

调查数据显示，有30％的听众喜欢参与一些时事新闻评论以及各种社会现象评论节目；民生热线是广播媒体为政府与群众之间开辟的一个沟通渠道，随着听众参政议政意识的增强，这类节目越来越受到听众的欢迎，广播的社会服务功能也得以充分体现。

值得注意的是，目前这类节目还存在以下问题：第一，对于听众来说，节目的新鲜度过低，听众对一成不变的节目会有一种厌倦感，要听众保持对节目的新鲜感和忠诚度，需要有所创新；第二，对听众提出的问题的解

---

① 吉摩尔.草根媒体[M].陈建勋，译.南京：南京大学出版社，2010：8.

决与落实情况,也在很大程度上影响着听众对该节目的忠诚度;第三,近期互联网上也开设了政府与网民在线沟通的栏目,广播如何发挥声音传播的优势、保持此类节目的竞争力成为关键。

施政类谈话节目,发端于美国前总统罗斯福的"炉边谈话"。① 罗斯福在其 12 年总统任期内,共做了 30 次"炉边谈话",每当美国面临重大事件时,总统都用这种方式与美国人民沟通。在罗斯福上任后雷厉风行地推动第一次新政时,这种方法的作用表现得最为突出。现在,美国总统每周也会在白宫网发表五分钟的广播录音讲话。2008 年 10 月 13 日,韩国总统李明博通过韩国各个广播电台进行了他的第一次广播演说。李明博在时长 8 分 30 秒的题为《大家好,我是总统李明博》的演说中强调:"保证和增加就业将是政府的首要任务。"并在此后的每周一都围绕一个主题进行 10 分钟以内的宣传政府政策的演讲,将广播谈话常规化。

2010 年 12 月 26 日,时任国务院总理温家宝走进中央人民广播电台"中国之声"直播间,参与了 1 个小时的谈话直播节目。这天播出的是特别节目《重返灾区——"中国之声"温暖行动》,温家宝通过电波慰问青川、玉树、舟曲灾区人民,与记者连线,并与全国的听众朋友互动交流。温家宝以拉家常式的谈话方式,直面敏感问题,化解民众的疑虑与不满,唤起信心和希望。在谈到舟曲泥石流灾害时,温家宝透露"地方的干部听了我的意见,很快就把比较真实的伤亡人数向外界通报了";在谈到如何使人民生活得更有尊严时,他表示"第一就是要保障每一个人享有宪法和法律所给予的自由和权利";在谈到物价问题时,他表示网友的"一番话刺痛了我的心",并承认"确实最近一段时间全国物价上涨,在物价上涨的情况下

① 1933 年 3 月 12 日,罗斯福就职总统后的第 8 天,他在总统府楼下外宾接待室的壁炉前接受美国广播公司、哥伦比亚广播公司和共同广播公司的录音采访,工作人员在壁炉旁安装扩音器。总统说:希望这次讲话亲切些,免去官场那一套排场,就像坐在自己的家里,双方随意交谈。哥伦比亚广播公司华盛顿办事处经理哈里·布彻说:既然如此,那就叫"炉边谈话"吧,于是就此定名。

中低收入者的生活就显得更为困难”。在面对“房价总理说了不算，总经理说了算”的问题时，他表示，这个讲法不准确，也不全面。房价有政府应该管理的部分，有市场应该管理的部分，总理应该管的主要是保障性住房，解决的主要是中低收入者的问题。很多听众听温家宝做直播，其实也是期待在物价和房价等民生问题上，得到答案和承诺。“炉边谈话”意在化解公众的疑虑与不满，唤起信心与希望。《新京报》的社论《共度时艰，需要更多的“炉边谈话”》这样写到：“政治之事并非完全是抽象的政策，需要‘心与心的交流’。民众不只是渴望更多的利民政策，而且也希望能够和国家领导人平等而真诚地沟通。……心与心在交流中，会靠在一起，会彼此相信。这实际上是用‘心’去强化一种信赖和一种契约关系。由此，民众才会对政策放心，也才会对未来安心。”[①]

施政类广播除了领导人的讲话外，还可以作为行政人员进行城市管理及政策宣讲的平台。比如 2015 年成立的北京城市服务管理广播，它是全国第一家以城市管理和服务为主要内容的广播电台，2 年多来共有 1 800 多人次的政府官员到直播间与市民直接沟通交流，《市长市民面对面》《市民对话一把手》等受欢迎的节目，实质上都是施政类广播的一种变身。

广播热线理政类节目，通过传播话语的多元参与表达，增进社会成员之间的沟通理解，消除隔阂，减少偏见，成为社会对话的有效平台。新兴媒体时代，网络、手机兴起，民间信息通过新的媒体技术加入舆论格局的博弈之中。传媒技术平民化趋势，公民权利意识的觉醒和公民知情权的提升，使得公众议题设置成为可能。广播不仅是政府信息、政策的重要传播平台，也是引导公众舆论的重要渠道。在社会转型时期也是公众对政府和改革表达意见、实施监督的重要渠道。

---

① 共度时艰，需要更多的“炉边谈话”[N].新京报，2010-12-27.

四、情感类谈话：营造健康的社会心理

传播学家吉妮指出，谈话节目可大致分为四种类型：新闻资讯类的谈话节目、喜剧式访谈类谈话节目、心理咨询的谈话节目、对少数观众的特殊题材类谈话节目。[①] 其中心理咨询的谈话在我国大多也叫做情感类谈话。广播情感类谈话节目包含了大众传播和人际传播的特点，信息流向是双方、多向的，而将人际交往纳入广播传播过程则弥补了广播传播因深层情感联系和心理基础不足而在传播效果方面存在的欠缺。

随着我国改革开放的深化，社会转型的加速，社会各阶层贫富差距的扩大和利益分配的不平衡，人们的生活越来越富裕，但幸福感并没有增加。有数据显示，民众收入与幸福感逐渐呈背离的趋势。[②] 在2011年的两会上和各地的“十二五”规划纲要中，幸福已经成为关键词和高频词，构建幸福城市、提高国民幸福指数被各地列为主要奋斗目标。增加幸福感，首先要促进民富，还要提高保障水平、让老百姓能安居乐业。此外，构建积极的社会心理也是民众认识幸福与感知幸福的重要因素。

积极心理学是美国心理学界的一个新的研究领域，矛头直指在过去近一个世纪中占主导地位的消极心理学模式。积极心理学的研究证实，和一般人相比，那些具有积极观念的人具有更好的社会道德和更佳的社会适应能力，他们能更轻松地面对压力、逆境和损失。积极心理学是一门关于幸福的科学，其关注个体的积极品质，以发展普通人的美德、潜力和提升幸福感为目标，这一宗旨正符合中国现阶段构建和谐社会的发展要

---

① SCOTT，GINIiGRAHAM.Can we talk? —the power and influence of talk shows[M].New York：Plenum Press，1996:273.

② 1979年至2005年，GDP的平均年增速为9.6%，城镇和农村居民人均可支配收入年平均增长率分别为6.0%和7.0%；但据中国社会科学院发布的《2007中国社会形势分析与预测》显示，2004、2005、2006年中国城乡居民总体幸福感分别为3.79、3.73、3.64，呈下降趋势。另根据荷兰伊拉斯谟大学和美国密歇根大学社会研究所的调查显示：1990年中国国民幸福指数为6.64，1995年上升到7.08，但2001年却下降到6.60。结论是“中国人的幸福感仍在下降，现在的中国人没有10年前快乐了”。

求，其观点对于中国构建和谐社会有着重要的启示意义。

广播情感类谈话节目为处于社会转型期的受众提供心理减压的平台，特别是为弱势群体提供表达渠道，让他们把意见、情绪释放出来，通过与主持人的平等交流、积极互动，人们释放了压力，避免了社会不良情绪的积淀和暴发，因此，也有人把广播谈话类节目叫做“社会减震器”和“社会减压阀”。[①] 从心理学的角度来说，将广播情感类谈话节目比作“社会减震器”和“社会减压阀”，主要针对的是社会消极心理，似与心理学领域多年来的研究重点“消极心理学”是同一视角。将“积极心理学”的理念与方法引入广播谈话，不仅使广播情感类谈话节目成为“消极情绪”的出口，更有利于构建积极的社会心理，从正向的、积极的、建设性的视角引导听众走出负面情绪，提高对幸福的认识力与感受力。

北京城市服务管理广播的《老年之友》栏目在2009年和2010年清明节期间的节目中开展了“生命文化大讨论”，探讨生与死的话题，引导人们正视生死，带领人们认识生命文化，树立积极、乐观的生活态度。节目虽然没有明确提出“积极心理学”的概念，但它从某一个侧面传达出“积极心理学”的理念：以理性、积极、乐观的态度认识生命，快乐生活、充实生活、有意义地生活。“积极心理学”对于社会转型中的中国，尤其是弱势群体的社会心理构建具有特殊意义。

本章小结

本章论述了当前国情背景下广播发展的几个方向：应急广播、社区广播以及对“信息贫困”人群的有效服务。广播在借力新技术拓展传播能力的同时，仍存在社会服务功能方面的“短板”。目前广播运营过程中公共服务仍显缺失的现状，其主要症结并不是广播媒体责任缺失，而在于中国传媒体制的现实矛盾。广播媒体的事业性质要求媒体承担社会责任，产

① 刘岫.广播谈话类节目的社会减压功能[J].东南传播，2006(12)：37-38.

业化运营使媒体需自行解决主要经济来源。广播业需要在社会责任与商业利益之间找到平衡点。在现实操作中，社会责任是一种柔性的约束，而经济利益是关系到媒体生存发展的硬件，公共利益在二者博弈中受损的情况难以避免。即使在新兴媒体发展如日中天的当代，广播仍然是最贴近普通大众尤其是弱势群体的媒体。广播的媒介特征与责任决定它应成为所有公民公平使用信息的便捷渠道，成为普通百姓、贫困人群、弱势群体利益表达的有效渠道，成为最贴近普通百姓的人本媒体。

应急广播并不是新生事物。1998 年我国发生特大洪灾，在当时的抢险救灾中广播就发挥了应急处理的有效功能。近年来在数次重大突发事件中的实践证明，广播在重大突发事件中具有其他媒介不可比拟的内向型传播优势，能够有效满足重大突发事件中受众的异常信息依赖。将广播纳入国家突发事件应急体系已从呼吁提上日程。

社区信息化建设已被写入"十二五"规划纲要，从国际经验来看，社区广播在本地信息服务、激发居民参与社区活动、促进人际沟通、构建社区文化等方面具有重要作用。中国社区广播应定位在"为民服务的超本地媒介"，是社区信息化建设中的有机部分，以及广播发挥本地服务功能的基本细胞。

在新兴媒体迅速发展、信息化水平大幅提高的同时，广播不能忽视为国情背景下的"信息贫困"人群提供社会服务。胡锦涛 2009 年 10 月 9 日在世界媒体峰会讲话中指出，媒体"要切实承担社会责任，促进新闻信息真实、准确、全面、客观传播"。针对老年人、残疾人、农民等广大"信息贫困"人群的信息资源公平配置是广播媒介的社会责任，在广播硬件铺设与内容服务上，应为他们提供信息获取与使用上的公平，以"积极心理学"的理念引导正向社会心理的建构。

结　语　听觉复兴的可能

毋庸置疑，这是视觉狂欢的时代。现代文化产业日益演化为视觉独大的产业，视觉符号产品不断产出，视觉质量追求极致。视觉成为压倒一切的主流，“景观社会”“拟像”“读图时代”热度不减，而听觉以及其他感觉长久以来处于被漠视和压抑的状态。传播领域的听觉元素，作为物质形式以及文化形式的存在方式之一，是人们认知世界、传递信息、表达情感的常规渠道。在视觉文化遍布的当下，为了寻求更加平衡的认知方式，听觉文化研究由此被提出，“声音”这个元素乃至听觉文化的文化价值、审美价值与社会意义，值得重新审视与解读。

一、唤醒听觉的文化意义

如麦克卢汉所说，印刷术的发明使得阅读成为认知的主要方式，标志着视觉至上时代的到来，听的艺术同时衰减。之后，与工业社会、机械化、城市化相伴而来的噪音渐渐成为人们生活的底色，听觉不再是个人联通社会与自然的通道。[①] 形形色色的视觉文化符号充斥人们的日常生活，视觉文化的生产、传播和消费越来越丰富和复杂。看电视、看电影、看演出、看各式各样的电子屏幕取代了听广播、听故事，本质上属于听觉艺术的音乐也要加上伴舞、音乐录像等视觉符号以达到“视听一体”，一旦如

① 杨震.当代听觉文化的现状与问题[J].学术论坛，2011(11)：164-168.

此，声音在其中就仅仅被当成了影像的附加元素。基于视觉文化发展对理论的需要，自1980年以来，视觉文化成为备受学术界关注的话题，许多新的理论和学派出现，在跨学科边界上已凝聚成一个极具包容性的研究领域，研究范畴“集媒体研究、文化研究、艺术史、电影研究、美学、社会学、符号学、性别研究等多个学科或研究于一体”①，是一项整合性研究。相比于此，听觉文化在日常生活空间中不断被压缩，理论话语的存在感若有似无。1997年，德国美学家沃尔夫冈·韦尔施(Wolfgang Welsch)出版《重构美学》一书，审慎地表达了一种展望：人类将走向一种听觉文化。他在书中的假想沿袭了约阿希姆·恩斯特、贝伦特、海德格尔以及罗森斯托克·休赛等人将文化的注意力向听觉转向的呼吁。2009年，美国德州大学奥斯汀分校举办了主题为“对倾听的思考：人文科学的听觉转向”的国际学术研讨会。会上对听觉转向的呼吁，并不是要将其作为“最主要的感官”，而是倡导一种多感官疏通的认识方式，如米歇尔·布尔在《听觉文化读本》中所说的那样：“只是想借用向声音转移的机会来获得用耳朵思考的可能。任何分离感官、让其各自为政的想法都是愚蠢的，同样愚蠢的是对感官的滥用和遮蔽，这与分离没有区别。”麦克卢汉对听觉文化的立场，是将其作为支撑媒介生态平衡的一个动态的感官点，以此来消解所谓的视觉权威。他们虽从不同的理论角度出发，但对听觉在感官谱系中位置的认识却颇为一致，人类“集体失聪”的状态需要、或许正在改变。

唤醒听觉，寻求信息来源平衡与感官多元，来自对视觉中心的隐忧，以及对理性至上、意义缺失的批判。“在理性的统治下，五官只是摄取信息的工具而已，感觉本身并没有独立的价值，视觉只是因其提供的信息最多、最有效而赢得了理性的加冕。”②而与视觉相比，听觉更是人类的感性生存维度。传统文化中，布道、讲经皆是通过声音，倾听自然之音以感受

---

① 周宪.视觉文化的转向[M].北京：北京大学出版社，2008：1.

② 杨震.当代听觉文化的现状与问题[J].学术论坛，2011(11)：164-168.

万物生机，在人们情感丰富、信仰在心的时候，听觉便会觉醒。韦尔施说："核查、控制和把握属于视觉，听觉则要求专心致志，意识到对象转瞬即逝，并且向事件的进程开放。视觉属于存在的本体论；听觉则属于产生于事件的生活。这便是何以视觉亲近认知和科学，反之，听觉则亲近信仰和宗教的原因。"[①]呼唤听觉文化的觉醒，意在促进理性文明与情感体验的互融相通，使生活走向真正的"诗意的栖居"。国内学者们也开始探讨听觉文化理论建构的方向与可能。国内第一个以听觉文化为主题的学术会议——"听觉与文化"学术研讨会于2015年召开，旨在探讨如何更好地认识和应对理论与实践中广泛存在的视听失衡情况，推动听觉文化获得自己应有的地位。对于听觉文化的未来，从不同学科角度以及跨界整合的视角，可延伸出多维深耕的可能，传媒领域则是重要的方向之一。在今天新的媒介生态之中，声音来自自然、社会，人类听的欲望在技术创新与听觉设备更迭的帮助下被重新激发，由此形成了新的听觉环境。

二、媒介变革与听觉文化变迁

部落时期-口语传播时代是听觉偏向的时代，信息的传播来自人的交流，艺术、教育与文明通过口口相授得以流传，西方代表如希伯来文化与犹太文化，而古代中国尤为重视听觉在文化传承中的作用。文字发明之后，眼睛的作用被强化，印刷术的发明使书籍与教育得到普及，人的视觉空间进一步扩大。经由印刷到电子传播时代，图像信息及其生产和消费跃居显要位置，因此，电子传播时代的文化更倾向为一种视觉文化。在麦克卢汉眼中，电子时代的听觉空间并不是仅强调耳朵这一种感官，而是一种浸入式的、融入式的传递与接收信息的模式，需要动用全身的器官去感受信息。广播的出现是20世纪听觉文化历史上具有标志意义的事件，广播大大促进了听觉文化的发展，曾经承载了一段时期人们对声音的文化

① 韦尔施.重构美学[M].陆扬，等，译.上海：上海世纪出版集团，2002：221-222.

记忆。美国广播“外星人入侵地球事件”曾使百万听众信以为真,《新闻和报纸摘要》的播音伴随几代中国人的清晨记忆。随着电视、电影等视觉媒介的崛起,视觉符号成为娱乐时代、消费时代以及后现代文化的绝对代表。画面抢夺了人们的绝对注意,似乎只有曾被声音媒体温暖过不舍情怀的人,或因各种条件无法去看的人,才会选择去听。广播以事实打破了“被消亡”的论断,保持小而美的姿态偏安一隅。

新兴媒体时代的到来打破了传统媒体的生存逻辑,改变了每一个人的生活状态,重新定义了社会诸多领域的发展路径。地铁上的读报行为被大小电子屏幕所替代,“每人一屏”消解了电视在客厅的中心地位,分享经济进入个人生活的各个方面。当下的听觉文化图景同时发生巨变,听众成为一个个旨趣不同的听者,他们获取声音产品的场景多元,方式趋于多平台尤以移动互联终端最为活跃,声音产品的内容愈加丰富与鲜活。2009 年至 2011 年,声音内容的价值开始在互联网上渐渐凸显,有声读物出现,一些互联网音频应用将传统广播电台的内容向互联网迁移。之后的互联网音频领域在竞争中欣欣向荣,声音内容与听者需求的契合度愈来愈高。其中的佼佼者喜马拉雅 FM,内容生产模式为 UGC(User Generated Content,用户生产内容)+ PGC(Professionally Generated Content,专业生产内容)+独家版权,提供几十个大类的声音内容待听者去发现。大数据为分析用户兴趣、实现精准推送提供了支持,你在什么时候想听什么,我就给你什么。听者成为控制的关键,这与传统电台“我播你听”的逻辑具有基因性的不同。喜马拉雅 FM 在 3 年内获得 2.5 亿的用户规模,甚至从未听过传统广播的新生代与“二次元”人群开始在网络音频平台扎堆并建造起自己的社群乐园,麦克卢汉口中的“重新部落化”已通过“人以听分”的方式呈现。同时,传统广播仍具活力,甚至成为受新兴媒体影响最小的传统媒体,国内外诸多业内人士认为地面广播、数字广播仍将持续增长。在媒介格局变化、新景象层出不穷的背景下,耳朵作为

“文化的器官”，听觉作为一种内在的能力，在传统与新兴之间获得了绽放的可能。

三、数字媒介时代听觉文化的三个维度

技术的发展与听觉文化的演进密切相关。在数字媒介时代背景下，思考人们身处什么样的听觉环境，用怎样的方式与心态在听，听与被听存在着怎样的社会关系，是考察当代听觉文化的关键问题。

虚拟空间提供新的听觉体验。在传播依靠口耳相传的时代，现实生活中的物与情通过听觉得以表现。进入“机械复制时代”，欣赏声音更加容易，同一声音内容可以得到大量复制并保存。“唱片凭借留声机、广播等工具和媒介，可以使所录的声音得到传播。尤其是广播，在传播声音方面可谓达到了极致。”①在以模拟广播为代表的传统听觉媒介中，听者是被动的信息接收者，听的选择权仅在于何时、何地打开收音机，旋转一个按钮找到一个可听的频率，或者在特定的时间准时“约会”喜欢的节目。数字技术的出现让人能够对几乎所有声音进行框取、切割和混合，听觉主体进入一个“幻真”的世界，对于声音世界的倾听处于一种虚拟环境之中。② 技术的发展改变了人们听的内容和方式，虚拟世界中的听觉媒介为人们提供了不同以往的听觉感受。移动互联网平台上的新型听觉媒介，从传播链条各环节来说都不能再以“广播”来概括。大众文化与新技术的结合使声音符号变得丰富且焕然一新，数字声音的来源之多元，创意之自由，内容之细分，选择之灵便，以传统广播难以企及的程度实现。脱口秀这种非常适合声音传播的节目形态，在传统广播中不温不火，在互联网音频平台上却大放异彩。优酷土豆的自制文化系列节目《看理想》中，梁文道、陈丹青、马世芳三位主讲人，以严肃、批判、理性的内容淡化了大

---

① 葛涛.声音记录下的变迁[J].史林，2004(6).

② 李念.数字传媒语境中的听觉文化研究[D].广西师范大学，2013.

众文化的平庸色彩，所讲话题分别为读书、绘画、音乐。这类“高冷文艺范儿”的内容，都在虚拟空间中找到了听众，上线后大受赞赏。新兴媒体时代所携带的数字化与互动性基因，为真实、有趣、“不端着”的听觉产品提供了丰厚滋养。对于今天的听者来说，信息消费与生产的界限不再泾渭分明，听觉资源的获取与使用方式变得多样。“‘听觉体验’将随着环境的日益智能及其与人类共鸣的加深而引来更多的关注。”①

私人听觉空间的意义凸显。听，是个人生活与存在的一部分。广播技术的发展史，就是一部声音媒体与听者关系的变迁史。历史上第一个矿石接收机必须使用耳机才能收听节目，彼时收听广播是一种相当孤立的活动，而且限制听众在很小的范围内收听。20 世纪初期，真空管无线电接收机几乎完全取代矿石收音机。扬声器与接收器合并，使收听广播可以成为家庭活动，广播作为“背景”构建了一种公共听觉空间。20 世纪 60 年代初期，晶体管取代真空管，调幅、调频和立体声的发展，让接收音质有了极大改善，收听广播再一次变成一种孤立的活动，广播也成为一种伴侣式的媒体。随着视觉媒体崛起，听觉空间陷入被边缘化的境地。数字听觉手段和材料，赋予了现代人对听觉环境进行“私有化”的能力。移动互联网与智能硬件的结合，造就了当代的个人移动媒体，听的功能也被内化到新的机器当中。一副耳机背后是基于听者个人旨趣的“声音 list”，每个“list”都是独一无二的个人听觉空间，相声、音乐、清谈与脱口秀的组合也许难以同时存在于任何一个传统广播频率当中，却可以安然陈列于听者的榜单之中，听什么、什么时候听、怎么听，成为一个私密的个人文化事件。随身听“是现代‘流浪者’——自给自足的城市旅行者，为了应付各种天气和各种情况并在一个自我包围、自我设置的声音气泡中穿过城市

① 基思，本雅明.都市研究与城市生活的叙事[M]//汪民安，陈永国，马海良.城市文化读本.北京：北京大学出版社，2008：70.

所必需的装备”。[1] 当下的听觉产品在极大满足了携带方便和选择自由的同时，将本身属于环境的一部分声音隔离开，在人身体里灌注自主的声音，身外的人潮、车流、风景已经成为装饰品，一副小小的耳机俨然拉开了自己与世界、自己与他人的距离，数字听觉空间重新塑造了个人的文化身份与社会关系。

听觉促进感性维度文化的创新。周晓虹教授将中国人在现代化进程中所体验到的价值观和社会心态的独特嬗变称之为“中国体验”，几乎所有的人、群体或组织都希望能有更为迅疾的改变，深切的期待与精神压力慢慢演化成一种四处蔓延的“全民焦虑”。[2] 中国人社会心态的失序问题不会彻底解决，但我们在现代化进程中追求成熟与理性的心态，“安其所，遂其生”的心理需求真实存在。[3] 听觉的复活，契合了现代人的情感匮乏的现状与精神需求。“声音直接引起激动，作为有机体本身的震动。听觉与视觉常常被列为两种‘理智的’感官。实际上，尽管听觉已经取得了巨大的理智范围，耳朵在本性上却是情感的感官。”[4]听者的收听愉悦来自于他从声音媒介中“遇到”的陪伴关系，听者的匿名性以及声音的陪伴，使听者从“真实生活”的重担中获得解放。正如坐在黑暗的屋子里谈话，话语就突然获得了新的意义和异常的质感，这种质感在晚上更为鲜明。[5] 当前，睡前是移动音频的第一使用场景。[6] 小说、儿童、音乐、娱乐、相声评书、历史人文、情感生活，从这些最受欢迎的声音内容类别可以看出声音已成为浮躁社会自我疗愈的药剂，一定程度上承载着弥补精神缺失的

---

① 杜盖伊，霍尔，简斯，等.做文化研究：索尼随身听的故事[M].霍炜，译.北京：商务印书馆，2003：23.

② 周晓虹.焦虑：迅疾变迁背景下的时代症候[J].江苏行政学院学报，2014(6)：57-57.

③ 费孝通.中国城乡发展的道路——我一生的研究课题[M]///费孝通.费孝通文集：第12卷.北京：群言出版社，1999：315.

④ DEWEY J.Art as experience[M].New York：Perigee Book，1980：264.

⑤ 邓炘炘.动力与困窘：中国广播体制改革研究[M].北京：中国经济出版社，2006：46.

⑥ 资料来源于国内规模最大的音频分享平台喜马拉雅 FM 的 2015 年音频用户收听习惯图谱。

"治愈"功能。"叙事改变了人对时间和空间的感觉。当人们感觉到自己的生命若有若无时,当一个人觉得自己的生活变得破碎不堪时,当我们的生活想象遭到挫伤时,叙事让人重新找回自己的生命感觉,重返自己的生活想象的空间,甚至重新拾回被生活无常抹去的自我。"①这便是我们在夜半时分热衷于"听"的心理动因。数字声音的"低进入壁垒"激发了专业与非专业人士的声音创造力,优秀的声音产品不问出处,"受过教育并拥有自由支配时间的人,他们有丰富的知识背景,同时有强烈的分享欲望,这些人的时间汇聚在一起,产生巨大的社会效应"。② 参与制作和分享声音的用户数量愈多,创意的力量就愈加强大。数字声音的丰富带来听觉文化繁荣的前景,有助于恢复曾存在的感性文化之维度。

2008年,在韦尔施呼吁听觉文化十几年后,他在接受青年学者的采访时表达出一种反思:"我承认,当时自己确有这样一个宏伟的构想,可发展到今天,却出现了截然相反的情况:视觉文化的地位得到了进一步的巩固,而迈向听觉文化的转变未能出现。"③尽管听觉文化的发展路线并未如预期所望,但得益于技术发展与文化变迁,媒介领域的听觉产品没有屈服于视觉文化的垄断,也并未消失,它以稳定渐变的发展成为学术视野中对现代性批判和重塑的一种方法。当我们的听觉环境越来越多地被商业化声音密集轰炸,当城市噪音影响了精神放松与灵魂幸福感的传递,当悦耳的自然声音环境成为用来怀念的记忆,人们更加渴望美好的听觉空间。新媒介时代恰如其分地构造出个人听觉空间,为焦虑的现代人创造了一个较为感性的听觉世界,这个世界"热烈而高度审美且充满了'直接而亲切的意义'"。④ 听觉体验将随着环境的日益智能及其与人类共鸣的加深而引来更多关注,听觉文化在个人生活与学术话语中的复兴已成为可能。

---

① 刘小枫.沉重的肉身:现代性伦理的叙事纬语[M].北京:华夏出版社,2004:6.

② 舍基.认知盈余:自由时间的力量[M].北京:中国人民大学出版社,2011.

③ 吕甍.电影声景:流动的城市文化——以新世纪上海电影为中心[D].华东师范大学,2015:28.

④ 傅晓玲.关于听觉叙事的一个理论建构[J].学术论坛,2014(9):104-109.

我们仍须做新的尝试与研究，去保护那些对我们有益的声音并解释其原因；去创造一个更加悦耳的听觉世界，以实现理性文明与情感体验的真正融通。

后 记

本书是我在博士毕业论文的基础上修改而成的。选择新兴媒体时代广播发展研究这一课题,并不是一次有路可循的旅行,更像是在茂密丛林中的探索。科技发展如此之快,以至于我们无法预想未来会出现怎样的具有颠覆性的技术,再次革命性地改变媒介景观与受众选择。但我相信,只要人的听觉存在,不管广播会变成什么模样或者改为什么名字,我们仍需要声音媒介满足耳朵的渴望。本书是我这些年来学习广播、研究广播的一份答卷,虽然粗浅但却真诚。本着"先有后好"的态度,我会保持聆听,继续思考声音媒介这一富有价值与魅力的课题。

深深感谢我的导师曹璐教授,多年来言传身教,是导师更是慈母。她始终保持对知识与教职的敬畏之心,不吝用自己的全部热情与智慧为学生搭建人生的阶梯。她牵我走进广播研究的大门,带我体验在学术中吃力爬坡的过程,教我用善意、正向与积极面对一切。对于这本书以及我的成长,导师用心至深,用力至勤。希望拙作能够不负她的付出与期望。

感谢成美教授、邓炘炘教授、张彩教授、罗哲宇副教授，为我提供诸多真知灼见。

感谢亚洲传媒研究中心的领导、同事们的帮助与支持。

感谢我的家人，他们是我努力的意义。

感谢我的母亲。她离开我已经快十年了。多少次面对困难的时候，我都会想起她曾对我说：跑 800 米时有一段是最累的，不要放弃，过去就好了。若本书是我的点滴成绩，那是因为她教会我坚持。

2016 年 3 月 31 日